KB181610

미중 카르텔

갈등적 상호 의존의 역사

—

미중
카르텔

—

박홍서 지음

후마니타스

차례

들어가며   7

1   투키디데스 함정이라는 유령   12

2   미국과 중국의 첫 대면   30
   원교근공과 문호개방의 만남

3   국민당의 부상과 미국의 접근   48
   중국 통일과 일본의 도전

4   미국, 장제스, 마오쩌둥의 삼중주   66
   국공 내전과 미국의 전략

5   한국전쟁이라는 파국   84
   스탈린의 미중 갈라놓기

6   미군은 왜 베트남 17도선을 넘지 않았을까?   100
   중소 분쟁과 미중 공감대의 형성

7   미중 화해와 의도하지 않은 결과   118
   중월전쟁과 한미 관계의 악화

8   중국의 개혁 개방과 달러 체제로의 편승   138

9   중국 위협론 대 반미 민족주의   158

10 자본주의 국제 질서와 미중 관계의 구조화   176
글로벌 거버넌스와 주권 경쟁의 관성

11 타이완 딜레마   196
포기할 수도 싸울 수도 없는 미국과 중국

12 북한이라는 '게토'   214
한반도 안정을 위한 미중의 전략

13 일대일로와 위안화의 국제화   230
대미 취약성 극복하기

14 중국의 기술 굴기와 미중 무역 전쟁   246
미국은 왜 중국의 기술 굴기를 경계하는가?

15 미국과 중국의 군사력 경쟁   262
신용 게임

16 중국은 미국을 넘어설 수 있을까?   280
종합 국력 더하기 문제 해결 능력

17 친미와 친중 사이   300
한반도는 무엇을 할 것인가?

미주   322

찾아보기   358

일러두기

- 외국어 고유명사의 우리말 표기는 국립국어원의 외래어 표기법을 따랐다. 그러나 관행적으로 굳어진 표기는 그대로 사용했다.
- 중국 인명의 경우 아편전쟁(1840년)을 기점으로 이전의 인물은 한자 독음으로(예 : 모문룡), 이후의 인물은 중국어 발음대로 표기했다(예: 마오쩌둥).

들어가며

이 책의 초고를 완성할 무렵 코로나 바이러스가 전 세계로 확산돼 감염자와 사망자가 폭증하기 시작했다. 독자들이 이 책을 읽고 있을 무렵 상황이 어떻게 변해 있을지 지금으로서는 가늠하기조차 어렵다. 전염병은 늘 인간의 역사와 함께했지만 2020년 코로나 사태처럼 그 전염 속도가 빨랐던 전례는 없었을 것이다. 혹자는 코로나 사태를 '새로운 형태의 제3차 세계대전'이라 부르고, 또 어떤 이는 코로나 사태를 기점으로 인류 역사를 다시 기원전B.C과 기원후A.D로 나누기도 한다. 그만큼 많은 사람들이 코로나 사태를 전 지구적 재난으로 받아들이고 있다.

이 같은 전 지구적 재난 앞에서, 미국과 중국이 협력이 아니라 대립의 수위를 높여 가고 있다는 소식이 연일 들려오고 있다. 미 대통령 트럼프는 코로나 바이러스를 '차이나 바이러스'라 부르며 중국을 비난하고 심지어 "중국과 모든 관계를 끊겠다"라고 압박했다. 중국도 물러서지 않았다. 외교부장 왕이는 코로나 사태를 정치화해 중국에 '오명'을 덮어씌우지 말라고 반발했으며, 관영 언론들은 "미국이 미쳐 날뛰게 놔두자"라는 극언을 퍼부었다. 양국은 홍콩과 신장 위구르 문제 등을 둘러싸고 대립하고 있다. 급기야 서로의 영사관을 맞폐쇄했다. 미 국무장관 폼페이오는 "자유세계는 중국에 맞서 싸우고 변화시켜야 한다"라고 호기롭게 선언했다.

미중 간 불협화음은 2017년 트럼프 집권 이후 더욱 두드러지는 양상을 보였다. 트럼프 정권은 중국이 미국의 일자리를 뺏고 첨단 기술을 훔친다며 전면적인 무역 전쟁을 개시했다. 정치나 군사 안보 문제에서도 양국은 서로를 자극했다. 중국은 타이완 및 남중국해 문제가 자국의 주권 사항이라는 주장을 이어 갔으며, 미국은 타이완에 무기를 팔고 남중국해에서는 '자유항행' 작전을 강화했다. 미 국방부는 "인도-태평양 전략 보고서"Indo-Pacific Strategy Report를 통해 중국이 장기적으로는 전 지구적 범위에서 패권을 추구할 것이라고 명시했다. 미 국방장관 마크 애스퍼는 중국이 러시아나 불량 국가들보다 더 위협적인 '잠재적 적대국'이라고까지 했다. 여론조사 기관인 퓨 리서치 센터의 2020년 7월 조사에 따르면, 중국에 대한 미국인들의 호감도 역시 15년 이래 최하 수준으로 떨어졌다. 비호감도(73%)가 호감도(22%)를 압도한 것이다.

이런 상황에서 많은 이들이 미중 경제 관계의 '결별'decoupling, 非同調化 혹은 '신냉전'의 도래를 말하는 것이 이상한 일은 아니다. 1979년 수교 이후 심화된 미중 간 경제적 상호 의존이 이제 종결될 것이고, 나아가 미중 관계는 과거 미소 관계처럼 전 지구적 수준에서 노골적인 적대 관계로 변해 갈 가능성이 크다는 이야기다.

미국과 중국 간에 갈등과 긴장이 고조되고 있는 상황에서, 양국 관계를 '카르텔'로 표현하는 이 책은 일종의 모험일 것이다. 그러나 필자는 미국의 관점과도 중국의 관점과도 거리를 둔, 좀 다른 시각으로 차분하게 미중 관계를 바라볼 것을 제안한다. 한반도에 사는 사람으로서 미국과 중국에서 생산·유통되는 관련 논의들에 대해 비판적인 태도가 필요하지 않을까 하는 원초적인 믿음 때문이다. 이 책은 그런 시도의 일환이다.

이 책은 미중 관계가 대립적이라고 말하지 않는다. 미중 관계가 국제 질서 안정을 대전제로 하는 카르텔에 가깝다고 주장한다. 또한 미중 갈등과 경쟁도 그런 대전제 아래서 전개된다고 설명한다. 이 책은 미중 양국이 정교한 로드맵에 따라 담합 관계를 구축했다고 주장하는 것은 아니다. 양국 정책 결정자의 의도가 무엇이든 양국 관계의 '구조'가 카르텔과 유사하다는 것이다.

필자는 미중 관계를 19세기부터 이어진 큰 그림으로 설명한다. 200여 년간 이어진 양국 관계에서 미국은 일관되게 문호개방정책을 주장하며 경제 이익 확보를 최우선 목표로 설정했고, 중국은 미국과 협력해 주변국의 위협이나 국제 문제에 대응하려는 원교근공遠交近攻 전략을 수행했다. 양국 관계의 단절은 한국전쟁 이후 20여 년에 불과했다. 특히 개혁 개방기 중국은 미국이 주도하는 자본주의 국제 질서의 '충실한' 구성국이 되었다.

이 책은 미중 관계를 설명하는 분석 도구로 국제정치학의 현실주의 이론을 사용한다. 현실주의 이론은 국가들의 행태를 정체성 같은 관념 변인이 아니라, 세력 관계나 국가이익 같은 물질 변인으로 설명한다. 문화가 다르고 정체성이 다르다 해도 '결정적인 순간'에는 이익을 극대화하려 한다고 본다. 경쟁 이론인 구성주의 이론이 국가들의 '정체성'을 핵심 독립변수로 설정하는 것과 대비된다. 사실, 미중 관계를 논하면서 현실주의라는 전문적인 학술 이론을 거론할 필요도 없을지 모른다. 우리는 현실주의 이론을 몰라도 이미 직관적으로 세상을 그렇게 설명해 왔기 때문이다.

이 책이 현실주의 이론을 통해 미중 관계를 설명한다고 해서, 현실적으로 행동하는 것이 곧 윤리적이라고 말하는 것은 아니다. 이 책에서 현실주의 이론은 현상을 설명하는 분석 도구에 불과하다. 힘과 이익, 그리고 합리성으로 세상을 설명한다고 해서 그것이 도덕적으로 옳다고 말하는 것은 아니다. 이상주의자라도 때로는 세상의 정의와 평화라는 자신의 가치를 이루기 위해 현실주의 논리로 무장할 수 있다. 이른바 적의 무기로 적과 싸우는 것이다. 일종의 학적學的 게릴라 전술이다. 이 책은 미중 관계의 이면에서 작동하는 권력의 통치 전략에 대해 비판적 태도를 취한다.

이 책은 1장부터 9장까지는 시기 순에 따라 미중 관계를 설명했다. 미중 관계에 알려지지 않은 새로운 사실관계를 발굴하려는 것이 아니라, 특정 국면에서 나타나는 사건들을 기존 시각과는 차별적으로 분석하고자 했다. 10장부터 15장까지는 현재 일어나고 있는 이슈들을 분석했다. 16장은 미중 관계의 미래를 전망했으며, 마지막 장에서는 한반도가 무엇을 해야 할지에 대해 이야기했다. 필자와 이 책을 읽는 독자들 대부분이 한반도에 살고 있고, 미중 관계는 한반도의 미래를 결정하는 핵심 변인이기 때문이다. 미중 양국 모두에게도 한반도 문제는 중요하다. 각각 남북한과 동맹 관계를 이루고 있는 상황에서 한반도 문제는 미중 관계를 파국으로 몰아넣을 수도 있기 때문이다.

미중 관계는 어떻게 흘러왔고, 왜 그렇게 흘러왔을까? 또 앞으로 어떻게 흘러갈까? 미국과 중국은 어떤 관계를 그리고 있으며, 어떤 세계를 꿈꾸고 있을까? 한반도에 사는 우리는 미중 사이에서 어떤 태도를 취해야 할까? 세상에는 너무나 많은 변인이 있기 때문에 그 정확한 답을 찾기는 불가능할 것이다. 그럼에도 미국과 중국이라는 행위자가 있다는 사실, 그들 사이의 세력 관계가 존재한다는 사실, 그리고 그런 구조 속에서 양국 모두 생존하려는 의지가 있다는 사실은 우리가 미중 관계를 이해하는 중요한 단초가 될 것이다.

이 책은 너무나 많은 분의 도움이 있었기에 비로소 세상에 나올 수 있었다. 필자가 알거나 알지 못하는 수많은 분의 가르침과 격려가 없었다면 이 책은 결코 출간될 수 없었을 것이다. 일일이 감사의 말씀을 전하지 못해 지면을 통해서나마 깊은 감사의 말씀을 드린다. 출판 과정에서 많은 분의 도움을 받았다. 이 책의 토대가 됐던 글을 읽어 주고 논평을 해준 박민호, 박준형, 이홍규, 장영희, 장윤미, 하남석, 한병기 선생께 감사한다. 마지막으로, 늘 막내에게 묵묵히 격려와 응원을 보내 주는 가족에게 고마운 마음을 전한다.

1

투키디데스
함정이라는
유령

투키디데스는 2500년 전 스파르타와 아테네 사이의 전쟁(펠로폰네소스 전쟁)을 기록한 그리스의 역사가였다. 그는 아테네의 급속한 부상에 따른 스파르타의 공포심을 펠로폰네소스 전쟁의 주요 원인으로 꼽았다. 델로스 동맹을 기반으로 한 아테네의 급속한 성장은 에게 해에서 스파르타의 패권적 지위와 양립할 수 없었기 때문에 전쟁이 불가피했다는 것이다. 이런 상황을 '투키디데스 함정'이라 하는데, 최근 미중 관계를 논의하는 자리에서 자주 거론되고 있다. 패권국 미국이 중국의 부상에 두려움을 가지기 때문에 상호 충돌이 불가피하다는 주장이다. 하버드 대학교 석좌교수인 그레이엄 앨리슨이 대표적인 주창자이다. 그는 지난 500년간 총 16개의 패권국-부상국 관계 중 12차례가 전쟁으로 끝났다는 사실을 거론하면서 미중 관계도 예외가 아닐 것이라고 주장한다. 미중 양국이 북한 문제로 한반도에서 다시 전쟁을 벌일 수 있다고도 말한다.[1] 한국에서도 앨리슨의 책은 꽤 인기를 끌고 있다. 미국 학계의 영향력이 강한 분위기 속에서 그리 놀랄 일도 아니다.

미국 내에서 '중국 위협론'은 소련 붕괴 직후인 1990년대 초부터 빠르게 확산됐다. 위협의 주체가 소련에서 중국으로 바뀐 것이다. 중국의 급속한 성장으로 미중 간의 세력 전이가 이뤄질 것이라는 현실주의자들의 주장부터, 중국과 서방은 문화 자체가 달라 협력할 수 없다는 구성주의자들의 주장까지 그 근거는 다양했다. 투키디데스 함정론은 그런 중국 위협론의 최신판이라고도 할 수 있다.

문제는 투키디데스 함정론이 여러 논리적 오류를 안고 있다는 것이다. 무엇보다 패권국과 부상국 사이의 역사 속 전쟁 사례들은 미중 관계의 미래를 확증하는 데 타당한 근거가 될 수 없다. '귀납의 오류'를 범하고 있기 때문이다. 하얀 백조를 수억 마리 관찰했다고 해도 모든 백조가 하얗다고 말할 수는 없다. 다음번 백조가 블랙 스완일 수도 있기 때문이다. 따라서 미래가 과거의 반복일 것이라는 주장에는 오직 인간들의 '믿음'만이 존재한다. 300년 전 철학자 데이비드 흄이 이미 정리해 놓은 문제다.[2] 역사 속 패권국과 부상국 사이의 전쟁 사례는 '참고 자료'에 불과하다.

앨리슨 역시 역사가 그대로 반복된다고 주장하지는 않는다. 과거의 사례를 현재에 그대로 가져오는 것은 그 자체로 함정이 될 수 있다고 경계한다.[3] 따라서 그는 연역 논리를 통해 패권국과 부상국 사이의 충돌 가능성을 뒷받침하려 한다. 부상국이 세력 격차를 빠르게 좁혀 오는 상황을 패권국은 위협적으로 느낄 수밖에 없으며, 바로 이런 '구조적 압박'이 파국을 초래한다는 것이다.[4] 사실, 국제정치에서뿐만 아니라 인간들 사회에서 흔히 볼 수 있는 상황이다.

물론 그런 구조적 압박이 자동적으로 전쟁을 초래하는 것은 아니다. 앨리슨도 미중 양국은 핵무기를 가지고 있고, 세계대전 당시 유럽 국가들과 달리 지리적으로 떨어져 있으며, 경제적 상호 의존이 심화돼 전쟁은 필연적인 것이 아니라고 설명한다.[5] 그럼에도 그는 역사의 불확실성과 우연성을 강조한다. 빌헬름 2세의 경쟁심과 질투심이 제1차 세계대전을 촉발했던 것과 비슷한 상황이 벌어질 수도 있다는 것이다.[6]

그러나 이런 주장은 엄밀한 설명이라 할 수 없다. 사후적 설명이기 때문이다. 구조 변인으로 현상을 설명하다 난관에 부딪히자 행위 변인(우연성 및 속성)을 도입한다. 그리고 상황에 따라 양자를 오간다. 이런 식의 설명은 마치 "미중 간 전쟁은 일어나거나 일어나지 않는다."라고 예측하는 것과 다르지 않다. 미래에 무슨 일이 발생하든 모두 '정당화'되기 때문이다. 전쟁이 발생하면 우연성 때문이고, 반대로 전쟁이 발생하지 않으면 핵무기 같은 원인 때문이라 말할 수 있다. 과학철학자 칼 포퍼가 강조하듯이, 이처럼 반박이 불가능한(반증 가능성이 없는) 주장은 과학적 설명이 아니라 점성술에 가깝다. 자기 예언적 '믿음'에 불과하다는 것이다.[7]

핵무기나 지리적 요인, 그리고 경제적 상호 의존 등을 고려하면 미중 간 전쟁은 가능성이 희박하다는 결론이 현실적이다. 부상국으로부터 위협을 느낀다는 것과, 부상국과 실제 전쟁을 벌일 수 있다는 것은 별개의 문제다. 은행을 아무리 털고 싶다고 하더라도, 중무장한 '1개 사단'이 지키고 있으면 실행에 옮길 수 없는 것과 같다. 하늘을 날 수 있다는 몽상이 아무리 강해도, 맨몸으로 빌딩 옥상에서 뛰어내릴 수 없는 것과도 같다. 정치학자 케네스 왈츠가 설명하듯이, 어떤 사건이 가능하려면 그럴 수 있는 상황이 충족돼야 한다. 이른바 '허용적 원인'permissive cause이다.[8] 미중 관계에 그런 조건이 충족되지 않았음에도 전쟁 가능성이 크다고 주장하는 것은 결국 자기 예언적 비관론이 된다. 앨리슨도 그런 비관론을 경계하고 있지만, 정작 스스로 그런 함정에 빠져 있다는 사실을 간과하고 있다.

핵이라는 리바이어던

미래는 늘 열려 있기 때문에 미래가 어떻게 변할지는 아무도 모른다. 따라서 미래에 대한 전망은 현재까지의 사실관계에 기초해 미래를 추론하는 작업이라 할 수 있다. 이렇게 보면, 미중 관계는 이전의 패권국-부상국 관계와 몇 가지 차이가 있다.

첫째, '핵 억지력'nuclear deterrence의 유무다. 핵무기 시대 이전의 국가들은 협상이 막히면 전쟁이라는 방식으로 문제를 해결할 수 있었다. 군사 전략가 칼 폰 클라우제비츠가 "전쟁은 또 다른 수단에 의한 정치의 연속"이라고 규정했던 것도 이런 맥락에서였다.[9] 그러나 핵무기 시대에 그런 행태는 더는 통용될 수 없다. 핵전쟁은 곧 공멸이기 때문에 국가들은 전쟁으로 해결하던 난제들을 이제 정치적으로 풀어야만 한다. 철학자 질 들뢰즈의 논의를 빌어 표현하면, 핵무기 시대 국가들은 어디로 튈지 모르는 '전쟁 기계'를 오히려 더욱 엄격히 통제해야 한다.[10] 400년 전 토머스 홉스는 국가라는 괴물(리바이어던)이 등장해 만인 대 만인의 투쟁이라는 전쟁상태를 종결시켰다고 주장했다. 그렇다면 핵무기는 이제 국가 간 전쟁상태마저 종결시킨 진정한 리바이어던이라 할 수 있다. 최소한 핵 억지력을 보유한 국가 간에는 그렇다. 이는 "핵무기가 확산될수록 국제 관계가 더 안정될 것"이라는 왈츠의 주장이나, "핵무기가 자전거처럼 만들기 쉬우면 주권 해체와 전쟁 종결이 가능할 것"이라는 소설가 조지 오웰의 주장과 맞닿아 있다.11

핵 억지력은 단순히 핵무기를 보유한 것과는 다르다. 핵 억지력은 내가 상대방으로부터 핵 공격을 받았을 때 살아남아 핵으로 보복할 수 있는 능력을 의미한다. 핵미사일을 발사할 수 있는 잠수함 전력이 대표적인 무기다. 미중 양국이 핵 선제공격으로 상대방의 본토를 파괴할 수 있다고 해도 태평양 어딘가에 있을 상대의 잠수함까지 모조리 제거할 수는 없다. 미사일 방어 체제가 상대의 보복 공격을 무력화시킬 수 있다지만, 기술적으로 완벽하지 않아 날아오는 핵미사일을 모조리 막을 수는 없다. 워싱턴과 베이징 하나쯤은 지도상에서 사라질 것이다.

앨리슨의 주장대로 '불확실성'이나 '우연성' 때문에 핵전쟁이 일어날 수도 있지 않을까? 물론 인간사에서 그런 요인을 완전히 제거하기는 어렵다. 그렇다면 우리는 이렇게 반문할 수 있다. 왜 냉전기 미국과 소련은 서로 노골적인 적의를 숨기지 않았는데도 핵전쟁을 하지 않았을까? 핵전쟁은 차치하고 왜 재래식 전쟁조차 극도로 회피했던 것일까? 왜 실수라도, 우발적이라도 그런 파국은 벌어지지 않았을까?

1951년 4월, 대통령 해리 트루먼은 유엔군 총사령관 더글러스 맥아더를 명령 불복종으로 경질했다. 중국군이 대규모로 개입하면서 한국전쟁의 전세가 역전되자, 맥아더는 공공연히 중국에 대한 핵 공격을 주장했다. 트루먼은 중국에 대한 핵 공격이 소련의 핵 반격을 초래해 제3차 세계대전으로 비화할 수 있다며 맥아더를 물러나게 한 것이다.[12] 소련이 미국의 주적이라는 사실과 미국이 소련과 전쟁을 할 수 있다는 사실은 별개임을 잘 보여 준다. 소련도 다르지 않았다. 스탈린은 애초 김일성의 남침 계획을 승인한 장본인이었지만, 막상 전쟁이 개시되자 그 배후에 소련이 있다는 사실을 철저하게 은폐했다. 전쟁 발발 3일 후 개최된 유엔 안보리에 소련 대사 야코프 말리크는 출석하지 않았다. 회의가 열리는 시간에 그는 유엔 건물에서 멀지 않은 곳에서 한가롭게 식사를 하고 있었다. 그가 출석해 북한을 규탄하는 유엔 결의안에 거부권을 행사했다면, 이후 유엔군 파병은 현실화될 수 없었을 것이다. 말리크는 물론 스탈린의 지시를 따랐을 뿐이다.

한국전쟁 직전에도 스탈린은 북한 주둔 소련군 고문단에 전원 철수 명령을 내렸다. 니키타 흐루쇼프가 그 이유를 묻자 스탈린은 이렇게 대답했다.

우리의 고문단을 북한에 두는 것은 너무 위험하단 말이오. 그들은 포로가 될 수도 있소. 그러면 우리가 한국전쟁에 개입했다는 비난을 받을 텐데 그걸 원하지 않는단 말이오. 전쟁은 김일성의 문제요.[13]

스탈린은 미국을 적대국으로 간주했지만 실제 전쟁을 원하지는 않았던 것이다.

많은 이들은 1962년 쿠바 미사일 위기 당시 미소 양국이 실제 전쟁을 벌일 수도 있었다고 주장한다. 물론 일촉즉발 상황이었음을 부인할 수는 없다. 정말 전쟁이 일어났다면 이후 인류 역사가 뒤바뀔 수도 있었다. 그러나 전쟁은 일어나지 않았다. 쿠바 미사일 위기가 전쟁으로 비화되지 않은 건 단순히 운이 좋았기 때문이 아니라, 공멸을 회피하자는 미소 양국의 강력한 '합리성'이 있었기 때문이다.

> 밧줄 가운데에 전쟁이라는 매듭이 꼬여 있습니다. 양쪽에서 줄을 세게 당기면 당길수록 그 매듭은 더 세게 묶여 결국에는 매듭을 맨 사람조차 풀 수 없습니다. 이런 상황을 당신한테 굳이 설명할 필요는 없겠지요. 당신 역시 우리가 배치한 무기들이 얼마나 끔찍한 것인지 누구보다 잘 알고 있을 테니까요.[14]

존 F. 케네디 정부가 '데프콘 2'를 발령해 쿠바에 대한 군사행동 가능성을 높이자, 흐루쇼프는 케네디에게 이렇게 친서를 보냈다. 불과 며칠 전 미국의 해상봉쇄를 공격 행위로 간주하겠다는 위협과는 사뭇 달라진 태도였다. 소련은 그렇게 미사일 배치 계획을 철회하고, 미국은 터키 배치 미사일 철수로 화답함으로써 쿠바 미사일 위기는 종결됐다. 핵전쟁 직전까지 갔다는 쿠바 미사일 위기는 사실 '전쟁은 곧 공멸'이라는, 강대국 간의 공감대를 가장 극적으로 보여 준 사례라 할 수 있다.[15]

1946년 알베르트 아인슈타인은 "핵무기는 인간의 사고방식만을 빼고 모든 걸 바꿔 버렸기 때문에 우리는 전대미문의 참사에 다가가고 있다."라고 말했다.[16] 그러나 그의 말은 반만 맞을지 모른다. 오히려 인간의 사고방식이 바뀌지 않았기 때문에 핵무기라는 궁극의 무기는 전쟁을 차단할 수 있는 것이다.

'지리'라는 브레이크

미중 전쟁을 어렵게 만드는 두 번째 요인은 양국의 지리적 환경이다. 독일이나 일본은 영토가 협소해 힘이 커질 때마다 인접 국가들을 침범했다. 그것은 다른 강대국의 세력권을 침해하는 행위였기 때문에 충돌은 불가피했다. 미중 관계는 이와 다르다. 각각의 영토가 광활하고 세력권이 상대적으로 명확하다. 특히 중국은 유럽연합의 세 배에 달하는 영토와 몇 곱절의 인구를 가지고 있다. 신장이나 티베트 문제, 그리고 지역 격차 등 국내 통합조차 어려움을 겪고 있다. 그런 중국이 독일이나 일본과 같은 방식으로 세력권을 넓힐 가능성은 크지 않다.

"태평양은 미국과 중국의 이익을 모두 담을 만큼 넓다." 중국 국가주석 시진핑의 말이다.[17] 양국이 세력권 다툼을 벌일 이유가 없다는 것이다. 지리적 요인이 국가들의 세력 팽창을 막는다는 것은 '공세적 현실주의'offensive realism 이론의 대가인 존 미어샤이머도 인정하고 있다. 그는 강대국 정치가 결국 전쟁으로 끝날 가능성이 크다고 주장한다. 모든 강대국은 서로 패권국이 되려고 다투기 때문에 '비극'이 불가피하다는 것이다. 패권국이 되는 것이 안보를 지키는 가장 좋은 방법이므로 그렇게 행동한다는 것이다. 이런 암울한 전망을 하는 미어샤이머조차 해양이라는 지리적 요인이 전쟁의 방파제 역할을 한다는 점을 분명히 한다.[18]

중국이 전통적으로 과잉 팽창을 자제하려 한 것도 이런 이론적 설명을 뒷받침한다. 2000년 전 한 무제는 자손들에게 대외 전쟁보다 민생 안정에 힘쓰라는 유훈을 남겼다. 한 무제는 집권 기간 내내 공세적인 대외 정책을 추구했다. 흉노, 남월, 그리고 조선 등을 침공해 직할 통치를 시도했다. 그러나 그로 인해 한나라의 재정은 악화됐고 민생은 피폐해졌다. 그의 유훈은 이에 대한 반성이었다.[19] 15세기 초 명 조정이 정화의 해외 원정을 전격적으로 중단한 이유도 비슷하다. 정화는 수십 년 동안 거대 함대를 이끌고 전 세계를 돌아다녔다. 명의 우월한 문명을 과시하면서 각지의 진귀한 물자를 실어 왔다. 그러나 그런 원정은 역사가 폴 케네디의 표현대로 '값비싼 사치'에 지나지 않았다. 북방에서 몽골의 위협이 여전한 상황에서 그런 일에 막대한 재정을 낭비할 이유가 없었던 것이다.[20] 1949년 신중국 수립 이후 연루된 전쟁 역시 세력권 확대를 목표로 한 것이라기보다는 인접 지역으로부터의 안보 위협에 대한 대응적 성격이 강했다. 한국전쟁, 베트남전쟁, 중인전쟁, 중월전쟁이 그 사례다. 타이완에 대한 공세도 샤먼 앞바다에 위치한 진먼 도金門島와 마쭈 도馬祖島에 대한 포격이 최대치였다.

"중화 민족은 평화를 사랑하는 민족이다."[21]라는 시진핑의 말처럼 중국이 정말 평화를 애호하는 국가인지는 증명하기 어렵다. 그러나 그렇게 행동하는 것이 더 실리적이기 때문이라고 해석할 수는 있다. 대내 통합도 제대로 안 된 상황에서 대외 팽창은 자살 행위에 가깝다. 동유럽까지 세력을 넓혔던 원나라가 100여 년 만에 무너진 이유도 여기서 찾을 수 있다.

중국만 과잉 팽창을 경계했던 것은 아니다. 미국 역시 그랬다. 과잉 팽창을 자제하려 한 역사 속 중국의 행태가 단순히 '과거에 그랬으니 미래에도 그럴 것'이라는 귀납적 전망이 아님을 보여 준다. 1823년 미 대통령 제임스 먼로는 유럽 열강의 식민지를 침범하지 않겠다고 약속 했다. 단, 유럽 국가들이 아메리카 대륙을 넘보지 않는 한 그렇게 하겠 다는 조건을 붙였다. 미국으로서는 아메리카 대륙이라는 거대한 내부 식민지가 존재하는 상황에서 굳이 열강과 식민지 쟁탈전을 벌여야 할 이유가 없었다. 미국이 영국의 패권에 도전하지 않았던 배경에도 이런 현실적 계산이 있었다. 미국은 패권국으로 올라선 이후에도 과잉 팽창 을 적절히 관리하려 했다. 1969년 닉슨 독트린은 이를 분명하게 보여 준다. 닉슨 정권은 지역 분쟁 관리를 동맹국들에 전가함으로써 미국의 부담을 최소화하려 했다. 베트남전쟁으로 막대한 재정 부담에 직면하 고 있던 미국으로서는 합리적 선택이었다.[22] 흥미로운 점은 닉슨 독트 린의 핵심 파트너가 바로 중국이었다는 사실이다. 미중 양국의 세력권 이 중첩돼 있었다면, 닉슨 정권은 과연 중국에 접근할 수 있었을까?

상호 의존이라는 접착제

핵무기와 지리적 위치만을 놓고 보면, 미중 관계는 과거 미소 관계와 유사한 측면이 있다. 각각 핵 억지력을 보유하고 있으며 광활한 영토를 가졌다는 점에서 그렇다. 그러나 현재 미중관계는 이에 더해 또 다른 강력한 전쟁 차단 요인을 가지고 있다. 양국이 자본주의 국제 질서의 핵심 구성국이라는 사실이다. '차이메리카'Chimerica라는 용어가 있을 정도로 경제적으로 양국은 한 몸이 되었다.[23] 실제 양국 간 무역 규모도 어마어마하다. 2019년 양국 간 제조업 상품 무역 거래만 봐도 수출입을 합쳐 5581억 달러에 달한다. 2018년 본격화된 무역 분쟁으로 전년에 비해 1000억여 달러가 감소했음에도 그 정도 수준이었다. 중국에게 미국은 최대 무역 상대국이고, 미국에게 중국은 세 번째 무역 상대국이다.[24]

물론 제1차 세계대전 직전에도 강대국들 간의 상호 의존도가 높았다는 반박이 가능하다. 심화된 상호 의존이 전쟁을 막기는커녕 오히려 조장했다는 것이다.[25] 그러나 당시와 현재 미중 경제 관계를 동일 선상에서 놓고 볼 수는 없다. 당시 상호 의존은 기본적으로 제조업 강국들 사이의 상호 의존이었다. 레닌의 설명대로, 유럽 열강은 해외시장에 물건을 팔기 위해 첨예한 경쟁을 벌였다. 독일은 제1차 세계대전 직전 생산력의 발전 속도가 가장 빨랐으나, 그에 걸맞은 원료 공급지와 시장을 확보할 수 없었다. 이미 영국과 같은 자본주의 선도국들이 해외 식민지를 대다수 선점하고 있었기 때문이다. 따라서 전쟁은 독일이 이런 난관을 돌파할 수 있는 거의 유일한 수단이었다. 세계대전은 그렇게 일어났다.

현재의 미중 경제 관계는 이와 다르다. 동일한 제조업 상품을 팔기 위해 경쟁하는 관계가 아니라, 미국은 중국에 달러와 지식을 수출하고 중국은 미국에 제조업 상품을 수출한다. 상호보완적이라는 것이다. 2019년 미중 간 무역 거래액인 5581억 달러 가운데 중국은 무려 3452억 달러에 달하는 무역 흑자를 얻었다. 이 수치만 보면 중국의 일방적 이득인 것 같지만, 일종의 착시 효과라 할 수 있다. 미국의 대중 무역 적자는 그만큼 달러라는 미국의 '독점 생산품'을 중국에 수출한 것과 같기 때문이다.

기축통화인 달러는 단순한 통화로 볼 수 없다. 미국이 독점 생산하고 유통하는 결제 상품이라고 간주하는 것이 적절하다. 제조업 상품과 다르지 않은 것이다. 전 세계 국가들은 무역 대금을 결제하기 위해, 제조업 생산에 필요한 원료를 구매하기 위해, 그리고 외환 위기에 대비하기 위해서라도 달러를 확보해야 한다. 달러가 부족하면 최악의 경우 국가 부도에 빠질 수도 있다. 한국의 IMF 위기가 바로 그런 경우였다. 달러를 어디서 확보할 수 있을까? 달러를 확보하는 가장 확실한 방법은 미국과의 무역 거래에서 흑자를 내는 것이다. 따라서 미국의 대외무역 적자는 미국이 그만큼의 달러를 전 세계로 수출하는 행위와 다르지 않다. 미국의 막대한 무역 적자가 미국의 손해라고만 볼 수 없는 것은 이 때문이다.

현재 이런 방식으로 달러를 가장 많이 얻고 있는 국가가 바로 중국이다. 2019년 중국의 총 대외무역 흑자는 4120억 달러에 달했다.[26] 그런데 같은 해 대미 무역 흑자는 3452억 달러였다. 결국 중국은 경제 생존에 필수적인 달러의 84%를 미국으로부터 '수입'한 것이다. 그만큼 중국에게 대미 무역은 사활적이다. 대미 무역이 막히면 달러 부족으로 국가 부도 사태에 직면할 수 있다. 중국으로서는 상상하기도 싫은 최악의 상황이다. 따라서 중국은 미국 소비 시장을 활성화해 대미 수출을 증진시켜야 할 이유가 있다. 중국이 대미 무역 흑자로 벌어들인 달러를, 미 국채 매입 등의 방식으로 미국에 재환류시키는 것도 이 때문이다. 미 소비자들은 그렇게 유입된 '중국 달러'를 가지고 마트에서 중국 제품을 구매한다. 달러는 돌고 돈다. 미중 경제 관계의 단면이다.

> 보호무역주의로 자유무역 시스템이 위협받고 있다. 우리는 다자 무역과 자유무역을 지지한다.[27]

트럼프의 보호무역 정책에 맞서 시진핑은 계속 이런 주장을 반복했다. 안정적인 대미 무역을 희망하는 중국의 속내가 드러난다. 이제껏 전 세계를 상대로 자유무역의 중요성을 강조하던 당사자가 바로 미국 대통령이었다는 사실에 비추어 보면, 극적인 역할 교체라 할 수 있다.

무역 전쟁이 격화되면서 미중 경제 관계의 '결별'에 대한 전망들이 제기되기도 했다.[28] 미중 수교 이후 40여 년 간 지속됐던 상호의존 관계가 해체될 수 있다는 것이다. 그러나 트럼프 정권이 중국을 신랄히 비판하는 것과, 실제 결별이 가능한가는 다른 문제다. 40여 년간 강화된 미중 경제의 동조화는 단기간 내에 해체될 수 있는 것이 아니며, 무엇보다 양국이 상호 의존으로부터 얻는 효용이 여전히 압도적이기 때문이다.[29] 중국의 막대한 대미 무역 흑자는 말할 것도 없고, 미국은 달러 패권을 부양하기 위해서라도 중국이 필요하다. 사실, 트럼프 정권이 대중 무역 전쟁을 개시한 핵심 목적은 중국 시장으로부터 탈피하는 것이 아니었다. 그 반대로 중국 시장에서 미국 기업들의 활동을 '공평'하게 보장하라는 것이었다. 미국의 전통적인 대중국 문호개방정책과 다르지 않았다. 미국이 과연 거대한 중국 시장을 포기할 수 있을까? 말과 행동은 구분되어야 한다.

남는 것은 카르텔?!

미중 패권 전쟁을 전망하는 주장들은 이런 요인들을 간과한다. 혹은 이런 요인을 인정은 하지만, 우연성이나 불확실성 때문에 전쟁이 일어날 수 있다는 비관론도 있다. 미중 충돌 담론은 왜 그렇게 '유행'하는 것일까? 그런 주장은 혹시 정치적 이해관계와 연결된 것이 아닐까? 미국은 중국위협론을 명분으로 군산복합체의 이익을 확보하고 동맹 체제를 강화할 수 있다. 반면, 중국은 민족주의 정서를 적절히 활용해 통치 정당성을 확보할 수 있다. 타이완 문제는 늘 그런 식으로 소비되지 않았을까? 철학자 장 보드리야르의 표현을 빌리면, 미중 갈등은 이런 정치적 의도를 '은폐'하는 시뮬라크르일 수도 있는 것이다.[30]

물론 미중 갈등이 허구라는 것은 아니다. 양국은 전 지구적 코로나 사태에서조차 상대방을 비난하고, 타이완과 남중국해에서 대립각을 세워 왔다. 그렇다면 우리는 미중 갈등의 성격을 좀 더 세분화할 필요가 있다. 미중 갈등은 사생 결단식 제로섬 게임인가? 아니면 갈등은 하되 군사 충돌만큼은 회피하려는 경쟁인가? 미중 관계를 단순히 협력과 갈등의 공존이라고 설명하는 것은 방법론적으로 엄밀하지 못하다. 국가 간 관계에는 늘 협력과 갈등이 공존하기 때문이다. 따라서 분석이 유의미하려면 미중 간 협력과 갈등이 구체적으로 어떻게 연결되는지를 설명해야 할 것이다.

이런 맥락에서, 미중 관계는 일종의 카르텔 관계라 할 수 있다. 경쟁은 하지만 그 경쟁은 전체 구조를 붕괴시키지 않는다는 대원칙 아래에서만 진행된다. 카르텔은 경제학 용어다. 시장이 자유경쟁 상태라면, 기업들은 생존하기 위해 출혈경쟁도 마다하지 않는다. 따라서 기업들은 서로 담합하려는 경향이 있다. 이렇게 형성된 카르텔은 불확실성을 제거하고, 다른 경쟁자들의 시장 진입도 가로막는다. 시장은 이제 그들만의 리그가 된다. 강대국 간 관계도 크게 다르지 않다. 전쟁으로 인한 비용보다 담합으로 인한 효용이 크기 때문이다.[31] 심지어 국제정치에서는 카르텔을 법적으로 공식화하기까지 한다. 19세기 유럽 협조 체제나 20세기 워싱턴 체제, 그리고 얄타 체제는 모두 공식적인 카르텔 체제라 할 수 있다.

물론 카르텔 구성원들 사이에 갈등이 없는 것은 아니다. 상대방이 일방적으로 담합을 깰 수 있다는 경계심이 상존하기 때문이다. 실제로 유럽 협조 체제와 워싱턴 체제는 독일과 일본이 약속을 깨고 세력권을 확대함으로써 붕괴됐다. 그러나 미소 얄타 체제는 상대적으로 안정적이었다. 핵무기와 지리적 요인으로 인해, 전쟁이라는 파국으로 끝나지 않았다. 소련 스스로 해체됐을 뿐이다. 주류 시각은 냉전 질서의 종식을 미국의 승리라고 간주하지만, 카르텔 관점에서 보면 소련의 해체는 미국의 부담을 오히려 가중시킨 사건이라 할 수 있다. 냉전기 소련이 도맡았던, 공산권 국가에 대한 관리를 이제 미국이 단독으로 해야 했기 때문이다. 소련 해체 이후 유고 문제와 이라크 문제를 미국이 개입해

처리해야 했던 사실은 이를 보여 준다. 사회학자 이매뉴얼 월러스틴은 소련 해체 당시 가장 당황했던 국가가 다름 아닌 미국이었다고 주장하기도 했다.[32]

이런 맥락에서, 냉전기 미소 경쟁은 얄타 체제의 존속이라는 확고한 공감대 아래에서의 경쟁이라 할 수 있다. 지정학적으로 세력권 접점 지역에서 첨예한 다툼을 벌였지만, 상대방의 핵심 세력권을 침범하려고 하지는 않았다. 예를 들어, 1940년대 후반 냉전 시작을 알리는 트루먼독트린, 마셜플랜, 코민포름, 체코슬로바키아 공산 정부 수립, 그리고 베를린 봉쇄 등 일련의 사건은 상대방의 세력권을 뺏으려는 행동이라기보다는 얄타에서 합의된 각각의 세력권을 강화하겠다는 방어 의지라 볼 수 있다. 얄타회담에서 루스벨트와 스탈린이 획분했던 양국의 세력권은 대략적인 경계만 있었을 뿐 아프리카나 중앙아시아 등 제3세계 지역의 경계는 모호했다. 따라서 이들 지역에서 미소 양국의 다툼은 놀라운 일이 아니었다. 신냉전을 알리는 1979년 소련의 아프가니스탄 침공도 다르지 않았다.

현재 미중 관계는 미소 얄타 체제보다 더 안정적이라 할 수 있다. 앞에서도 말했듯이, 핵무기와 지리 요인에 더해 자본주의 국제 질서의 핵심 구성국이라는 경제 요인도 양국 관계를 떠받치고 있다. 그만큼 카르텔의 강도가 큰 것이다.

2

미국과
중국의
첫 대면

———

**원교근공과
문호개방의
만남**

1784년 2월 22일 미국 상선 '중국황후호'Empress of China가 뉴욕 항에서 출발했다. 중국 광저우로 향하는 미국의 첫 번째 상선이었다. 이전에도 중국차를 수입하던 배들은 있었지만, 영국으로부터 막 독립한 미국 배로는 처음이었다. 중국황후호를 시작으로 수많은 무역선이 중국으로 향했다. 차, 도자기, 비단 같은 중국산 상품이 미국 내에서 인기를 얻자 수입업자들은 막대한 수익을 올렸다. 중국은 꿈의 거래처였다.

사실 미국 독립 혁명의 시발이 됐던 보스턴 차 사건도 중국과 관련이 있었다. 영국은 동인도 회사에 중국산 차 무역에 대한 독점권을 주고, 식민지 미국인들에게는 차 소비세를 부과했다. 파산 직전의 동인도 회사를 회생시키기 위한 조치였다. 이에 밀수업자와 상인들이 강력히 반발했고, 결국 독립 전쟁으로 이어졌다. 이러했으니 이후 미국인들이 대중국 무역에서 자유무역을 강력히 옹호했던 것은 이상한 일이 아니었다. 거대 시장인 중국에 대한 환상도 강했다. 벤저민 프랭클린이나 토머스 제퍼슨 같은 건국의 아버지들은 중국을 가장 문명화된 나라로 생각할 정도였다. 공자를 예수에 비유하기까지 했다.[1]

중국과 미국은 그렇게 처음 만났다. 그 만남은 미국인들이 중국으로 다가온 결과였다. 중국은 단지 그 자리에 수천 년 동안 있었을 뿐이다. 근대 서구인들이 말하는 독립적인 주권국가로서가 아니라 '제국'으로서 그랬다. 중화 제국에는 경계가 없었다.[2] 세상 모든 것은 상제의 아들(천자天子)인 중국 황제의 소유물이었다. 실제로도 중국의 국력은 다른 나라들을 압도했다. 1960년 미 달러의 가치로 환산했을 때 1800년 중국의 1인당 GNP는 228달러였던 데 반해 서구 최강국이라던 영국과 프랑스는 150~200달러에 불과했다.[3] 산업혁명과 자본주의의 발달은 이런 힘의 우열을 한순간에 뒤바꾸었다. 이제 서구 자본주의국가들은 앞다퉈 거대 시장 중국으로 몰려들기 시작했다. 미국도 그중 하나였다.

아메리카 : '아름다운 나라'가 되다

미국과 중국의 공식 관계는 1844년 체결된 왕샤 조약望廈條約으로 시작된다. 아편전쟁 이전 서구 국가들은 자유무역을 요구했지만 청 제국은 단호했다. 18세기 말 건륭제는 영국 특사 조지 매카트니에게 "중국은 모든 물건을 가지고 있어서" 무역이 필요 없다고 했다.[4] 단지 광저우한 곳만을 열어 무역을 허락했을 뿐이다. 물이 높은 곳에서 낮은 곳으로 흐르듯, 인간들은 낙후된 지역에서 발전된 지역으로 이동하려 한다. 그런 이동이 적정 수준을 넘으면 발전된 지역은 문을 걸어 잠근다. 현재 유럽 국가들이 이민자를 통제하고 미국이 국경에 장벽을 쌓는 것처럼 말이다. 과거 청 제국의 모습이 그랬다.

그러나 산업혁명으로 힘을 갖게 된 서구는 이제 중국을 강제로 개항시키려 했다. 과거처럼 중국의 진귀한 물건을 수입하기 위해서가 아니었다. 자국의 공장에서 대량생산한 상품을 수출하기 위해서였다. 경제학자 존 홉슨의 지적대로 자본주의는 소비가 없으면(즉 과잉생산하면) 위기에 직면한다.[5] 영국이 일으킨 아편전쟁은 과잉생산을 해결하려는 폭력적인 처방이었다. 영국은 난징 조약을 통해 막대한 배상금과 홍콩 할양, 그리고 치외법권과 관세권을 얻어냈다. 그러자 다른 열강도 난징 조약에 준하는 조약을 청에 요구했다. 사자가 먹다 남긴 것을 챙기는 이른바 '자칼 외교'jackal diplomacy의 모습이었다.[6] 청은 그런 요구에 응했다. 다른 열강을 통해 영국을 견제하려던 이이제이以夷制夷 전략이었다. 미국과 왕샤 조약을 맺은 것도 그 일환이었다.

중국은 미국을 처음 어떻게 불렀을까? 왕샤 조약의 조문은 미국을 '亞美理駕洲大合衆國'이라고 표기했다. 앞 네 음절의 중국어 발음인 '야메이리쟈'는 아메리카의 음역임을 알 수 있다. 1858년 체결된 톈진 조약에서도 미국을 '大亞美理駕合衆國'으로 표기해 별 차이가 없었다.[7] 그 외에도 다양한 표현이 있었다. 미국 상선에 매달린 성조기의 별과 문양을 보고 중국인들은 미국을 '花旗國'이라 부르기도 했다. (청나라의 고위 지방 관직인) 양강 총독兩江總督의 참모였던 웨이위엔은 1843년 서양 각국의 물정을 기록한 『해국도지』海國圖志를 서술하면서 미국을 '弥利堅'이라 표기했다.[8] 또한 '米利堅'이나 '美利堅'이라는 표기도 있었다. 미국인들이 아메리카를 발음할 때 '메'자에 강세를 두어 중국인들에게는 단지 '메리카'로 들렸을 것이다. 이들 표기의 중국어 발음인 '미리젠'이나 '메이리젠' 모두 그 음역이었다. 이후 청나라가 무너지고 중화민국이 들어서면서 표기는 '美利堅'으로 단일화됐으며 지금까지 이어졌다. 현재 양국 간 행사에서 미국은 '美利堅合衆國'으로 표기된다. '美國'은 물론 그 간칭이다.

중국 사람들은 왜 미국을 '아름다운 나라'로 불렀을까? 단순한 음역일 수도 있지만, 표의 문자인 한자의 특성상 아무 뜻이 없다고는 할 수 없다. 혹시 그만큼 미국에 호감을 느꼈던 것은 아닐까? 같은 한자 문화권인 일본이 미국을 '米國'으로 표기하는 것만 봐도 그렇다.

일본은 1854년 미일화친조약에서 미국을 '亞墨利加合衆國'으로 표기했다. 17세기 초 마테오 리치가 중국에서 펴낸『곤여만국전도』坤輿萬國全圖에서 아메리카 대륙을 '亞墨利加'로 표기했다는 사실에 비추어 보면, 미일화친조약문 역시 그 표기를 따랐음을 알 수 있다. 그런데 1867년 막부가 반포한『법령전서』法令全書는 미국을 '米利堅合衆國'으로 새롭게 표기했다. 중국과 차별화된 표기가 등장한 것이다. 미일화친조약 당시에도 일본인들은 중국이 공식적으로 미국을 '亞美理駕合衆國'으로 표기한다는 것을 알고 있었다. 막부가 작성한 미일화친조약문의 한문 번역본에는 미국의 한자 명칭이 그렇게 표기돼 있었다. 따라서 미국을 '米國'으로 표기한 것은 일본만의 차별화된 호칭이라 할 수 있다.[9]

미국이 중국에게는 '아름다운 나라'가 되고, 일본에게는 '쌀나라'가 된 정확한 이유는 알기 어렵다. 여러 가지 추측만이 분분할 뿐이다. 단순히 발음상의 문제일 수도 있고 우연히 그렇게 굳어진 것일 수도 있다. 그런데 후일 중국 국민당의 실력자 장제스가 그 이유에 대해 언급한 적이 있다.

우리는 미국을 '美利堅'이라 부르는데 일본은 '米利堅'이라 부른다. 쌀은 원래 사람들에게 꼭 필요한 식량이다. 일본이 미국을 그렇게 부르는 것은 미국을 반드시 먹어 치우겠다는 의미다.[10]

일본은 미국을 언젠가는 한번 손을 봐줘야 할 나라로 보기 때문에 그렇게 부른다는 것이다. 장제스의 주장도 정확한 근거는 없으나, 어쨌든 중국의 최고 권력자가 그렇게 말했다는 사실이 흥미롭다. 중국이 일본과 달리 미국에 모종의 호감을 느끼고 있었음을 짐작할 수 있다.

미국은 타국을 탐하지 않는다

실제로 청나라 말기에 작성된 외교 문헌들은 미국에 대한 호감을 가감 없이 드러낸다. 앞에서 말한 웨이위엔의 『해국도지』가 그렇다. 웨이위엔은 미국이 영국의 식민지였으나 끝내 영국 '오랑캐'를 물리치고 독립했다는 사실을 높이 평가했다. 왕이 없음에도 민주주의 제도가 있어 민의가 잘 수렴되는 정치를 한다고 했다. 산업 수준이나 기술력, 군사력, 사회복지 체계 역시 탄탄하다고 했다. 이런 요인들이 합쳐져 독립 이후 미국을 단기간 내에 부강한 나라로 만들었다고 강조했다. 다음 구절은 미국에 대한 웨이위엔의 호감을 분명히 드러낸다.

미국은 강하고武, 지혜롭고智, 공정하고公, 사려 깊고周, 부유하고富,

우애롭다誼. …… 미국은 강하지만 약소국을 능멸하지 않는다. 중국에 거만하게 굴지 않는다. 따라서 불의한 일을 당하면 미국에 도움을 청해 해결하는 것이 우의가 아니겠는가.

아편전쟁 당시 상황으로 볼 때 이런 호감은 충분히 이해할 만하다. 미국이 강대한 영국에 맞서 독립을 쟁취했고, 빠르게 발전했다는 사실은 중국의 엘리트 계층에 분명 용기를 주었을 것이다.[11]

『해국도지』만 미국을 좋게 그린 것이 아니다. 우리가 익히 알고 있는 『조선책략』朝鮮策略도 다르지 않았다. 1880년 수신사로 일본에 파견된 김홍집은 『조선책략』을 가지고 귀국했다. 주일본 청 공사관 관리였던 황쭌셴이 지은 책이었다. 러시아라는 가장 큰 위협을 막기 위해 조선은 청과 번속 관계를 굳건히 하면서 지리적으로 가까운 일본과는 관계를 맺고結 미국과는 연대聯해야 한다는 조선의 생존 전략을 담고 있었다. 황쭌셴은 미국을 이렇게 묘사했다.[12]

미국은 독립 이후 선왕(조지 워싱턴)의 유훈에 따라 예의로써 나라를 세우고, 남의 토지와 인민을 탐내지 않고 굳이 남의 나라 정사에 간섭하지도 않았다. 중국과 조약을 맺은 지 10여 년이 되는데 조그만 분쟁도 없었다. 일본과의 관계에서도 통상과 군사훈련을 권유하고 불평등 조약을 개정하도록 도왔으니, 이는 천하만국이 다 아는 사실이다.

미국은 왜 이렇게 '착한' 국가가 된 것일까? 황쭌셴은 계속해 설명했다.

광활한 영토에서는 금은이 많이 나고 사람들은 공업과 상업에 능하여 천하에 으뜸가는 부국을 이루고 있다. 미국에게는 땅을 더 얻는다고 부가 늘어나는 게 아니다. 다른 나라의 토지와 인민을 탐하지 않는 것은 천하만국이 다 믿는 바이다.

황쭌셴이 지리 환경을 언급하는 것이 흥미롭다. 미국은 땅 자체가 워낙 크기 때문에 팽창해야 할 이유가 없다는 것이다. 한 무제가 과잉 팽창을 자제하라는 유훈을 남긴 이후 중화 제국의 왕조 대부분이 무리한 영토 확장에 나서지 않았던 이유와 다르지 않다.

이이제이와 원교근공의 파트너?

미국에 대한 중국의 호감은 물론 철저한 현실주의적 사고에 따른 것이었는데, 전통적인 이이제이 전략과 원교근공 전략이 그것이었다. 오랑캐로 오랑캐를 제압하고, 멀리 떨어진 나라와 협력해 가까운 적을 친다는 논리다. 이이제이는 자국이 직접 나서지 않고도 적을 제압할 수 있다는 점에서, 원교근공은 세력권이 상충되지 않는 먼 나라와 협력해 인근의 적국을 제압한다는 점에서 모두 합리적 사고에 기초한다. 이이제

이는 현실주의 국제 정치 이론이 설명하는 책임 전가buck-passing 전략과 유사하다.13 원교근공 역시 지리적 인접성이 국가 상호간 위협감을 증폭시키기 때문에 동맹은 멀리 있는 국가와 맺는 것이 합리적이라는 위협 균형balance of threat 이론과 유사하다.14 원교근공은 이이제이에 공간 개념을 추가한 전략이라 할 수 있다.

미국은 이런 이이제이와 원교근공의 최적화된 파트너였다. 미국은 중국과 떨어져 있었고, 영국처럼 중국을 침범하지도 않았다. 게다가 영국에 맞서 '빛나는' 독립 혁명을 쟁취하기까지 했다. 웨이위엔도 『해국도지』海國圖志에서 이 점을 명확하게 지적한다. 미국이 프랑스와 우호 관계를 맺고 영국을 물리친 행태를 원교근공이라 묘사하면서 중국이 따라야 할 지혜로운 정책이라고 강조한 것이다. 더욱이 영국은 미국을 두려워하기 때문에 미국과 연대하는 것이 효과적인 이이제이라고도 했다.15

실제로 아편전쟁 이후 중국은 미국을 끌어들여 다른 열강을 견제하기 시작했다. 중국이 영국과 난징 조약을 체결한 직후 미국과 왕샤 조약을 맺었던 것도 이 때문이다. 왕샤 조약은 최혜국 대우, 치외법권이나 관세권 부여 등 난징 조약과 내용이 별반 다르지 않았다. 패전국의 의무인 배상금 지불이나 홍콩 할양과 같은 조항만 없었을 뿐이다. 청 정부는 미국이나 프랑스가 영국과 담합해 중국의 이권을 나눠 가지는 시나리오를 가장 우려했다. 따라서 그런 '차이나 패싱'을 당할 바에야 차라리 중국 스스로 먼저 이권을 제공하는 쪽을 선택했다. 열강 간의 경쟁을 부추겨 중재자로서 중국의 입지를 확보하겠다는 계산이었다.16

1882년 조미 수교 역시 이이제이의 일환이었다. 1870년대 후반부터 청은 조선에 이른바 권도勸導 정책을 수행했다. 조선과 서구 열강의 수교를 지도하고 후원함으로써 한반도에서 러시아와 일본의 세력 확대를 견제하려 한 것이다. 이런 맥락에서 리훙장은 독일 출신 파울 게오르크 묄렌도르프를 조선의 외교 고문으로 천거했으며, 이후 조미 수교의 전 과정을 기획하고 지도했다. 특히 조미 수교조약 중 거중 조정居中調整 조항은 러시아와 일본을 견제하려던 중국의 속내를 드러냈다. 거중 조정 조항은 유사시 조미 상호 간 원조와 중재 의무를 규정했다. 러시아와 일본이 조선을 침공할 경우 미국의 힘을 빌리겠다는 계산이었다.[17]

물론 중국이 미국의 모든 정책을 수용한 것은 아니었다. 미국이 중국의 이익을 침해할 경우 비타협적 태도를 견지했다. 애초 대미 접근 자체가 실리에 기반하고 있었다는 점에서 당연한 행태였다. 조선의 지위 문제를 둘러싼 미중 갈등은 이를 보여 준다. 리훙장은 조미 수교조약문에 '조선은 중국의 속방'임을 명기하려 했다. 그러나 미국이 완강히 거부하자 결국 조약 본문이 아닌 사후 조회문 형식으로 조선이 속방임을 규정한다는 데 동의했다. 향후 중국이 조선의 지위를 미 정부에 문의하면, 미국이 이를 확인해 준다는 형식이었다. 중국은 조선에 대한 영향력 상실만큼은 적극적으로 차단하려 한 것이다.[18]

박정양 사건 당시 청의 행태도 다르지 않았다. 1887년 고종이 주미 전권공사로 박정양을 파견하려 하자 청은 이를 강하게 반대했다. 조선은 중국의 속방이기 때문에 독자적인 공사 파견이 불가하다는 것이었다. 주조선 미 공사 휴 딘스모어가 강력하게 항의하는 등 여러 우여곡절 끝에 박정양은 결국 미국으로 떠날 수 있었다. 그러나 이후에도 중국은 이른바 영약삼단另約三端을 들이밀며 박정양의 활동을 사사건건 간섭했다. 영약삼단은 박정양이 외교 활동을 하면서 준수해야 할 세 가지 원칙이었다. 미국 주재 청 공사를 먼저 만나야 하고, 외교 석상에서는 청 공사보다 아래에 앉아야 하며, 모든 일정은 그와 협의하고 지시에 따라야 한다는 것이었다. 박정양이 부임한 지 1년도 못 돼 귀국길에 오르게 된 것도 이런 원칙을 위배했다며 위안스카이가 고종을 압박했기 때문이다.[19]

아편전쟁 이후 '서구의 충격'에 당황하던 중국에게 미국은 한 줄기 희망이었다. 중국은 영국 오랑캐에 맞서 독립을 쟁취한 미국을 찬미했고, 중국에 오만하지 않았다며 호감을 보였다. 현실적으로도 미국을 이이제이와 원교근공 전략의 최적화된 대상으로 간주했다. 미국 역시 다르지 않았다. 한편으로는 중국에 호감을 보이면서 다른 한편으로는 통상 이익의 극대화를 추구했다. '문호개방정책'이었다.

중국 없는 문호개방정책

1899년 9월 미 국무장관 존 헤이는 영국·프랑스·독일·러시아·일본에 외교문서를 보내어 대중국 문호개방정책을 제안했다. 핵심 내용은 중국 내 모든 상인에게 '동등한' 기회가 보장돼야 한다는 것이었다. 당시 열강은 중국 내에 각각의 세력권을 설정하고 자국 상인들에게만 저관세와 같은 특혜를 제공하고 있었다. 미국이 제안한 문호개방정책은 최혜국 대우 규범에 근거해 이런 배타적 특혜를 철폐하라는 것이었다. 헤이는 이듬해 7월에 새로운 내용을 추가했다. 중국의 영토와 행정권은 분할될 수 없으며 온전히 보전돼야 한다는 내용이었다. 당시 의화단이 외국인에 대한 테러를 자행하자, 열강은 의화단 진압을 구실로 세력권 확장을 기도했다. 러시아의 만주 점령이 대표적이었다. 미국은 이런 행태에 반대하면서 중국의 영토와 행정권 보전을 주장한 것이다.[20]

청 정부는 미국의 문호개방정책을 반대하지 않았다. 청일전쟁 직후 나라가 열강에 의해 나뉠지도 모르는 상황에서 중국의 영토 보전을 주장하는 미국의 문호개방정책은 오히려 환영할 만한 것이었다. 삼국간섭 당시 청의 주미 공사였던 우팅팡은 미국을 끌어들여 열강 간 세력균형을 도모해야 한다고 정부에 건의할 정도였다. 개혁가 장즈둥 역시 만주에서 세력 확대를 꾀하던 러시아를 견제하기 위해 미국을 활용해야 한다고 주장했다.[21]

물론 미국이 중국의 입장에 동조해 문호개방정책을 추구했던 것은 아니다. 미국이 문호를 개방하라고 요구한 대상은 중국이 아니라 중국 내의 다른 열강이었다. 다시 말하지만 미국의 요구는 각 열강의 세력권 내에서 미국 상인에게도 동등한 통상 기회를 보장하라는 것이었다. 사실, 아편전쟁 이후 각종 불평등 조약으로 거의 모든 부분을 개방한 중국이 더 열어야 할 것은 없었다. 미국은 문호개방정책을 발표하면서 청 정부에 통보도 하지 않았고, 심지어 적대감을 드러내기도 했다. 국무장관 헤이는 "우리가 중국인들을 위해 많은 일을 해주는데 그들은 고마

운 줄도 모른다."며 불평할 정도였다.[22]

우리는 거대한 태평양 연안을 가졌고 아시아에 대한 무역도 확대하고 있으므로 그 지역에서 공정한 대우를 받아야 한다. 따라서 정부는 적절한 모든 수단을 통해 미국의 이익을 촉진하려고 한다. 현재 각각 독일, 영국, 러시아에 조차된 자오저우膠州, 웨이하이웨이威海衛, 그리고 뤼순旅順 및 다롄大連은 국제무역에 개방돼야 한다. 이들 지역에서 미국 시민과 그들의 상업 활동에 대한 차별대우가 없어진다면, 미국 정부의 의지가 실현되는 것이다.[23]

이는 1898년 12월 미 대통령 윌리엄 매킨리의 국정 연설 중 한 대목으로, 문호개방정책의 핵심이 미국의 통상 이익에 있음을 명확히 보여 준다. 문호개방정책은 신흥 강대국 미국의 전략적 외교정책이었다. 미국은 건국 이후 꾸준히 서쪽으로 세력을 확장해 나갔다. 서부 개척을 끝낸 이후에는 태평양으로 진출했다. 1898년에 하와이를 병합하고 스페인과의 전쟁에서 승리한 후 괌과 필리핀을 전리품으로 얻었다. 이제 남은 것은 중국이라는 거대 시장뿐이었다.

19세기 후반, 영국을 제치고 세계 최대 제조업 국가가 된 미국으로서는 시장을 확보하는 일은 사활적이었다. 광활한 중국은 매력적인 시장이었다. "우리는 잉여생산물을 팔기 위해 해외시장을 원한다."라는 매킨리의 말은 이를 분명히 보여 준다. 상원의원 앨버트 베버리지는 "우리가 잉여생산물의 소비자를 찾아 어디로 가야 하겠습니까? 지리학

이 답을 줍니다. 중국은 우리의 당연한 고객입니다."라고 주장하기도 했다. 당시 반제국주의와 평화주의를 외치던 신문인 『뉴욕상업저널』*The New York Journal of Commerce*조차 "4억 인구를 가진 중국 시장에 대한 자유로운 접근은 우리 제조업의 잉여생산물 처리 문제를 크게 해결해 줄 것"이라고 주장했을 정도다.[24]

문제는 후발 주자 미국이 중국 시장에 비집고 들어갈 틈이 없었다는 사실이다. 앞서 말했듯이, 영국을 비롯한 다른 열강이 이미 저마다 세력권을 설정하고 배타적 상업 활동을 하고 있었기 때문이다. 무력으로 이들 세력권을 잠식할 수도 없는 노릇이었다. 비용은 둘째치고라도 당시 필리핀 지배를 공고히 하는 데 힘을 쏟던 미국으로서는 군사적인 여력도 없었다. 미국 내 반전 여론도 신경 쓰지 않을 수 없었다.

문호개방정책은 이런 상황에서 미 정부가 취할 수 있었던 거의 유일한 대안이었다. 열강에게 각자의 세력권을 포기하라는 것이 아니라 미국에도 그들의 세력권을 개방하라는 요구였다. 국무장관 헤이도 문호개방정책의 현실적 한계를 잘 알고 있었다. 헤이는 열강이 문호개방정책을 '최종적이고 확정적으로'final and definite 인정했다고 선언했으나 그것은 표면적인 수사에 불과했다. 새롭게 대통령이 된 시어도어 루스벨트도 문호개방정책을 강압적으로 추구하지는 않았다. 만주를 점령한 러시아에 대해서도 노골적인 대립각을 세우지 않았다. 핵심은 미국의 통상 이익을 훼손하지만 말라는 것이었다.[25]

그럼에도 열강은 미국의 문호개방정책을 무시할 수만은 없었다. 그들의 이해관계와 부합하는 측면이 있었기 때문이다. 당시 열강은 전 세계에 걸쳐 상호 간 세력균형에 골몰하고 있었다. 따라서 그들은 중국에서 특별한 세력권을 갖지 않았던 미국과 연대해 다른 국가를 견제하려 했다. 영국, 러시아, 독일, 일본은 서로를 견제하기 위해 미국과 손을 잡았다. 중국에 조차지가 없었던 이탈리아는 당연히 문호개방정책을 지지했다. 만주에 영토적 야심이 있었던 러시아는 문호개방정책이 껄끄럽기는 했지만, 다른 열강으로부터 고립될 수 있다는 두려움에 정면으로 반대할 수 없었다.[26]

더군다나 열강의 입장에서 보면, 각자의 세력권 내에서 배타적 이익을 챙기는 것보다 서로의 세력권을 개방해 자유로운 상업 활동을 하는 것이 더 이득이었다. 열강이 한결같이 타국이 수락하면 자신도 문호개방정책을 수락하겠다고 한 것은 이 때문이었다. 일종의 다자간 '자유무역협정'FTA이었다. 미국은 후발주자로서 중국 내 이권을 챙길 수 있다는 점에서, 평화주의와 자유주의의 주창자로 스스로를 채색할 수 있다는 측면에서 일거양득이었다. 역사가 하워드 진이 요약하듯, 문호개방정책은 "유럽 열강의 전통적인 식민지 건설보다 더 세련된 제국주의"였다.[27] "자유라는 미사여구로 제국주의의 실상을 가렸다는" 점에서 말이다.[28]

이상과 현실 사이

수많은 미국인이 중국에서 벌인 교육·선교·의료 등 정열적인 자선 활동은 중국에 대한 애정이 없었다면 불가능했을 것이다. 선교사의 딸로 중국에서 반평생을 살았던 소설가 펄 벅도 그중 한 명이었다. 『대지』의 주인공 왕룽과 오란에 대한 애정 어린 시선은 당시 중국에서 활동하던 미국인 자선 사업가들 대부분의 시선이었을 것이다.

그러나 역사가 존 페어뱅크가 표현하듯, 중국에 대한 미국의 태도는 기본적으로 '양면적'이었다. 한편으로는 영국의 제국주의 행태를 비판하고 중국인들의 자유와 자결을 강조하면서도, 다른 한편으로는 영국이 만들어 놓은 불평등 조약 체계 안에서 자국의 실리적 이익을 챙겼다. 미국은 영국이 중국에 강요했던 최혜국 대우 지위를 공유했으며, 영국의 은행 시설을 이용했다.[29]

> 태평양 연안의 경사지를 몽골인들로 채우는 것보다 미국에 더 큰 재난은 없을 것이다.

1882년 미국에서 '중국인 배척법'Chinese Exclusion Act이 통과되자, 훗날 미국의 26대 대통령이 되는 시어도어 루스벨트는 이렇게 말했다. 중국인 배척법은 노동자들의 입국 심사를 강화하고 불법 이민을 방지하는 법이었다.[30] 루스벨트는 지독한 인종차별주의자였으며, 그것을 실제 정책에도 반영했다. 대통령 루스벨트는 1902년 효력이 한층 강화된 '중국인 배척법'에 서명했다. 그는 심지어 "미국과 중국은 같은 땅 위에서 서로 번창하며 살아갈 수 없다. 어느 한쪽이 사라져야만 한다."라고 말하기까지 했다. 중국 내 미국인들은 문호개방정책의 수혜

자가 돼야 한다면서도, 반대로 미국 내 중국인들은 몰아내야 한다는 이중적인 태도를 가졌던 것이다.[31]

청일전쟁 당시에도 미국은 일본을 지지했다. 봉건 국가인 중국보다, 자신들이 개방시켰고 메이지 유신을 통해 근대국가로 탈바꿈한 일본을 동아시아 정책의 파트너로 간주했다. 1904년 러일전쟁 당시에도 미국은 일본을 지지했다. 루스벨트는 노골적으로 "일본인들은 문명화된 인류가 벌이고 있는 게임을 대신하고 있다. 다시 말해 우리의 게임을 대신하고 있는 것"이라고 했다.[32] 미국은 1905년 7월 가쓰라-태프트 밀약을 통해 일본의 조선 지배를 용인했다. 일본이 조선을 지배하면 필연적으로 러시아의 남진을 막기 위해 최선을 다할 것이라는 논리였다.[33] 민족자결주의를 외쳤던 토머스 우드로 윌슨 정권도 다르지 않았다. 1917년 랜싱-이시이 협정을 맺어 문호개방정책을 지지받는 대가로 만주 지역에서 일본의 '특수 이익'을 인정했다. 미국은 1918년 파리 강화회담에서 일본의 21개조 요구를 중국에 강요하기도 했다. 독일이 차지하고 있었던 산둥 지역을 일본에 넘기라는 요구였다.[34]

물론 일본도 미국에게는 문호개방정책을 수행하기 위한 파트너에 불과했다. 만약 일본이 문호개방정책을 훼손한다면 미국의 적이 된다는 점은 분명했다. 1930년대에 실제 그런 상황이 발생했다. 페어뱅크의 표현대로 '언더독'underdog이었던 일본이 '탑독'topdog이 되려고 하자 미국은 일본을 '응징'하려 한 것이다.[35] 즉 1931년 일본이 만주사변을 일으키면서 중국을 독식하려 하자 미국은 이제 중국을 파트너로 맞아들여 일본을 견제하려 했다. 장제스의 국민당 정권이 그 파트너였다.

3

국민당의 부상과
미국의 접근

중국 통일과
일본의 도전

1921년 11월 21일 워싱턴. 미국을 비롯한 9개 강대국이 모여 국제회의를 개최했다. 워싱턴 회담은 이듬해 2월까지 석 달 동안 계속됐다. 회의 참가국들은 향후 국제 질서에 대한 의견을 나누고 규칙을 설정했다. 중국 문제는 회의의 중요 의제 중 하나였다. 물론 중국 대표들도 참가했다. 북양군벌이 장악하고 있던 베이징 정부와, 쑨원이 이끌던 광둥 정부가 각각 대표단을 파견했다. 당시 쑨원은 광저우에서 군벌 천종밍의 지원 아래 광둥 국민당 정부를 수립해 베이징 정부와 맞서고 있었지만 미국은 베이징 정부의 대표단만 인정했다. 광둥 정부의 대표 마쑤는 언론을 통해 광둥 정부의 입장을 알리는 데 만족해야 했다.[1]

그러나 국민당을 박대하던 미국의 태도는 몇 년 지나지 않아 뒤바뀌었다. 1926년 9월, 베이징 주재 미국 공사 존 맥머레이는 광저우를 방문해 국민당 정부 인사들과 연쇄 회동을 가졌다. 중국 내 외국 공사로는 최초였다. 미국은 국민당의 강경한 배외 정책에도 불구하고 유화적인 태도를 보였다. 국민당 정부가 자주적 관세 징수권을 일방적으로 행사할 때도 그랬고, 북벌군이 상하이로 진주하려고 했을 때도 유화적이었다. 다른 열강은 무력을 사용해서라도 상하이 조계지를 보호하려 했으나 미국은 이를 반대했다. 더욱이 1927년 1월 27일 미 국무장관 프랭크 켈로그는 불평등 조약을 개정하는 데 중국 정부, 중국 인민을 대표하는 그 어떤 단체와도 협상할 용의가 있다고 밝혔다. 베이징 군벌 정부뿐만 아니라 광저우 국민당 정부와도 협상하겠다는 메시지였다.[2] 워싱턴 회담 당시 국민당 대표를 문전박대하던 미국의 태도는 왜 바뀌었을까?

누구든 문호개방정책만 지지한다면

미국은 문호개방정책만 유지된다면 중국에서 누가 집권하든 개의치 않았다. 그것이 봉건적인 청조이든, 군벌이든, 아니면 공화 혁명 세력이든 상관하지 않았다. 1911년 신해혁명 당시 미국의 행태는 이를 잘 보여 준다. 애초 열강은 혁명정부에 호의적이지 않았다. 청 정부로부터 얻어낸 자신들의 이권이 침해될지 모른다는 우려 때문이다. 그러나 미국의 태도는 다른 열강에 비해 유화적이었다. 중국 내 미국인 선교사들은 혁명에 동조하기까지 했다. 쑨원과 혁명 세력 상당수가 개신교 신자였기 때문이다. 미국 정부의 태도 역시 다르지 않았다. 1912년 11월 대통령에 당선된 윌슨은 대중국 차관 문제를 협의하던 열강의 은행 협의체로부터 미국의 탈퇴를 결정했다. 차관의 조건이 너무 가혹하다는 이유에서였다. 또한 1913년 5월 베이징 주재 미국 공사는 쑨원으로부터 총통 자리를 넘겨받은 위안스카이와 만나 열강 중 최초로 중화민국을 승인했다.[3]

　미국은 왜 중화민국을 승인했을까? 청 정부로부터 약속받았던 이권이 다른 열강에 비해 적었기 때문이다. 특별한 조차지도 없었고 대중국 투자액도 적은 상황에서 현상 유지보다는 차라리 혁명정부와 선제적으로 관계를 개선하는 것이 차후를 위해서라도 실리적이었다. 위안스카이도 미국의 이런 의도를 간파하고 있었다. 그는 1913년 4월 베이징에서 첫 의회가 개원하자 미국 선교사들에게 중국을 위해 기도회를 열어 달라고 요청하면서 미국에 접근했다. 그의 전략은 효과적이었다. 미 대통령 윌슨은 이를 두고 "이토록 들뜨고 기분 좋은 적이 없었다."라며 호감을 표시했다.[4]

그러나 위안스카이의 집권은 오래가지 못했다. 1916년 1월 위안스카이가 공화제를 뒤엎고 스스로 황제가 되자 전국적인 저항운동이 일어났다. 이 와중에 위안스카이가 사망하면서 여러 군벌 세력이 베이징 정부의 실권을 두고 각축을 벌이기 시작했다. 군벌은 청의 군대인 북양군 출신들이 각지에서 형성한 무장 집단이었다. 안후이 성 출신의 돤치루이, 허베이河北 성 출신의 펑궈장, 그리고 동북 출신인 장쭤린이 대표적이었다. 이들은 각각 안후이安徽파, 즈리直隸파, 그리고 펑톈奉天파를 이루면서 베이징 정부의 실권을 둘러싸고 치열한 다툼을 벌였다. 물론 이들 외에도 중국 전역에 걸쳐 크고 작은 군벌들이 할거했다. 보통 이들 군벌은 해당 지역에 세력권을 형성했던 열강의 후원을 받았다. 광시 지방의 군벌은 프랑스, 상하이를 중심으로 하는 군벌은 영국, 화북의 군벌은 일본의 후원을 받았다.[5] 중국 내 자신들의 이권만 보장된다면 누가 중국 측 파트너가 되든 개의치 않았던 열강의 선택이었다.

중국 내 특별한 세력권이 없었던 미국은 더욱 유연하게 중국 측 협력 상대를 선택할 수 있었다. 물론 유일한 조건은 문호개방정책을 준수하는 것이었다. 즈리파 진원평 내각이 1920년 7월 베이징 정부의 실권을 장악한 후 문호개방정책을 지지하자, 미국은 적극적으로 환영했다. 미국은 워싱턴 회의에서 진원평 정권의 대표단을 후원하고, 회의 과정에서도 중국의 입장이 반영되도록 노력했다. 미국은 회의에서 일본의 21개조, 영일동맹, 중일군사협정이 폐기되는 데 주도적인 역할을 했다. 또한 산둥에 대한 일본의 기존 권리도 축소시켰다.[6]

미국은 애초부터 워싱턴 회의를 활용해 일본의 세력 팽창을 견제하고, 문호개방정책을 국제조약으로 명문화하려 했다. 국민당의 실력자 왕징웨이가 비판하듯이, 워싱턴 회의는 중국을 "모든 열강이 함께 차근차근 집어삼키기 위한 희생양으로 남겨 둔 것"이었다.[7] 그런 의미에서 워싱턴 회의는 정치학자 이삼성의 표현대로 '동아시아판 신성동맹'이기도 했다.[8] 1921년 2월 6일 조인된 '9개국 조약'은 문호개방정책이 법률화됐음을 명확히 보여 준다. 조약은 중국의 주권과 영토 보전, 기회균등, 문호개방을 명시했다. 미국이 일방적으로 선언한 이후 20여 년 만에 문호개방정책이 국제조약으로 공식화된 것이다.[9] 동시에 미국은 중국 내 일본의 특권을 폐기시키고 미국, 영국, 일본의 해군력을 각각 5 : 5 : 3으로 조정했다. 일본의 세력 팽창은 문호개방 정책을 침해할 가능성이 컸기 때문에 이를 사전에 차단하겠다는 의지였다.

이런 상황에서 쑨원이 이끌던 국민당 세력이 끼어들 자리는 없었다. 실질적인 권력이 없었기 때문이다. 쑨원은 1912년 1월 1일 중화민국의 총통으로 선출된 지 두 달이 채 안 돼 위안스카이에게 총통직을 이양했다. 위안스카이가 혁명정부를 지탱할 군사력을 가지고 있었으므로 쑨원은 그의 요구에 응할 수밖에 없었다. 쑨원은 헌법 초안인 임시약법을 통해 위안스카이를 통제할 수 있으리라 생각했으나, 야심가 위안스카이의 폭주를 막을 수는 없었다. 1913년 봄 개원한 의회에서 국민당은 압도적인 다수당이 됐으나, 위안스카이는 곧 국민당에 노골적인 탄압을 가하기 시작했다. 국민당 당수인 쑹자오런에 대한 암살을 교사하고, 1913년 말에는 반역 혐의를 씌워 국민당을 불법화했다. 결국 쑨원은 일본으로 망명해야 했다.

상황이 이러했으니, 미국이 워싱턴 회담에서 국민당 대표를 박대한 것은 이상한 일이 아니었다. 쑨원은 위안스카이가 사망한 후인 1917년 고향인 광둥으로 돌아와 베이징 군벌 정부에 맞서 호법운동護法運動을 전개했다. 군사력이 미비했던 쑨원은 그 과정에서 서남 지역 군벌들과 연대했다. 그러나 군벌들은 혁명 정신을 이해하지 못했고, 북벌을 통해 중국을 통일하고자 할 의지도 없었다. 북벌에 드는 막대한 비용으로 말미암아 오히려 자신들의 권력 기반이 약화될 것임을 우려했기 때문이다. 1922년 6월에는 쑨원을 후원하던 군벌 천종밍이 광둥만의 연성자치聯省自治를 주장하며 쿠데타를 기도하기도 했다. 쑨원은 다시 상하이로 탈출해야 했다.

쑨원 역시 미국의 문호개방정책에 별다른 이견을 갖고 있지는 않다. 쑨원은 애초부터 청 정부가 승인한 열강의 특권에 이의를 제기하지 않았을 뿐만 아니라, 나아가 청이 열강에게 진 부채를 중화민국 정부가 상환하겠다고 약속했다. 쑨원은 중국 혁명이 성공하고 경제 발전을 이루기 위해서는 열강의 지지와 후원이 필수적이라 생각했다.[10] 그러나 열강은 쑨원의 국민당 세력을 주목하지 않았다. 총통 자리에서 물러나 이리저리 부유하던 쑨원 세력은 여러 군소 군벌들과 크게 다를 바 없었기 때문이다. 하지만 소련은 달랐다. 쑨원에게 접근한 것이다.

소련이 국민당에 주목하다

1917년 10월, 레닌이 주도한 볼셰비키 혁명으로 러시아에서 인류 최초의 소비에트 공화국이 수립됐다. 혁명 러시아는 연합국의 일원으로 제1차 세계대전에 참전 중이었으나 1918년 3월 3일 독일과 브레스트-리토프스크 단독 강화 조약을 맺고 철군했다. 레닌은 세계대전을 자본주의 제국 간 전쟁이라고 신랄히 비난했지만, 철군의 배경에는 혁명 후 국내 경제 발전에 전력을 기울이려는 현실적 목적이 있었다. 영국과 프랑스는 강력히 반발했다. 소련의 철군은 연합국의 동부전선이 와해된다는 것을 의미했기 때문이다. 게다가 소련이 자본주의와 제국주의 타도를 공공연히 주장하고 사회주의혁명을 서유럽으로 확산시키려 하자 서유럽 국가들의 위협감은 증폭됐다. 이들 국가가 혁명 직후 벌어진 러시아 내전에서 백군을 지원한 것도 이 때문이었다.[11]

이런 상황 전개는 소련 지도부에게도 심각한 위협이었다. 특히 애초 기대했던 서유럽의 사회주의혁명이 연이어 실패하자 소련은 점차 고립되기 시작했다. 최악의 경우 혁명이 끝난 지 불과 몇 년 만에 고사할 가능성도 있었다. 따라서 소련 지도부는 사회주의 이념의 전파가 아니라 국가 생존을 위해 무엇이든 해야 했다. 제3세계의 혁명 역량에 주목한 레닌의 '동방 전략'은 이런 생존 전략의 소산이라 할 수 있다. 소련은 그렇게 동방의 대국, 중국에 주목했다.

소련의 전략은 자신이 다른 제국주의 열강과 대비되는 '선량한' 국가라는 점을 중국에 과시하는 것이었다. 소련은 1919년 7월 25일 카라한 선언을 통해, 제정 러시아가 소유하던 중국 내 모든 이권의 포기를 선언했다. 당시 5·4운동으로 결집된 중국 민족주의 세력을 우군으로 만들기 위한 구애 전략이었다. 동일한 맥락에서, 레닌은 1920년 7월 코민테른 제2차 회의에서 "민족과 식민지 문제에 관한 강령"을 발표했다. 제3세계 민족의 반제국주의 투쟁은 프롤레타리아 운동의 일부이며, 따라서 해당 지역의 민족주의 세력은 비록 자산계급이라도 연대의 대상이 된다는 논리였다. 소련의 생존 전략을 계급투쟁 이론으로 정당화한 것이다.[12]

전통적으로 제정 러시아는 중국을 매우 중요한 전략 지역으로 간주했다. 중국 내 이권뿐만 아니라 열강 간 세력균형을 위해서도 그랬다. 1895년 청일전쟁 직후 러시아가 삼국간섭을 통해 일본의 요동 점령을 좌절시키고 뤼순과 다롄 항을 조차했던 사실이나, 의화단 사건 당시 만주를 점령했던 사실은 소련이 중국의 지정학적 가치를 중요시했음을 보여 준다. 제정 러시아가 이권 장악, 점령과 같은 제국주의 방식들로 중국에 접근했다면, 혁명 소련은 이제 중국의 민족주의 세력을 지원하는 방식으로 접근하려 했다.

물론 소련 역시 처음부터 쑨원 세력에 접근했던 것은 아니다. 소련이 최초 교섭하려던 상대는 힘 있는 군벌들이었다. 소련은 1920년 7월 베이징 정부를 장악했던 즈리파 군벌 우페이푸와 광둥 군벌 천중밍을 동시에 접촉했다. 그러나 우페이푸가 친영국 노선을 뚜렷이 하고, 천중밍이 반혁명 쿠데타를 감행하자 소련은 비로소 쑨원 세력에 주목하기 시작했다. 소련은 1923년 1월 쑨원-요페 선언을 통해 국민당과의 연합을 공식화했다. 1924년 1월 수립된 국민당과 중국공산당의 1차 국공합작은 그 결과였다. 공산당 내 일부 세력은 국민당으로 흡수되는 방식의 합작을 반대했으나, 중국공산당이 실질적으로 코민테른의 일개 지부인 상황에서 합작 지시를 거부할 수 없었다.[13]

미국, 장제스와 친해지기

국민당의 세력 확장은 소련의 도움이 있어 비로소 가능했다. 무엇보다 국민당은 소련의 조직과 자금을 통해 자체 군사력을 기를 수 있었다. 중국을 통일하고 혁명을 완수하기 위해서는 군사력이 필수적이었다. 군사력 없이는 여러 군벌을 굴복시킬 수 없었기 때문이다. 1924년 1월 광저우에서 황푸黃浦 군관학교가 그렇게 세워졌다. 황푸 군관학교는 혁명전쟁을 지휘할 간부들을 조직적으로 육성했고, 실제로 이들은 1926년 7월 개시된 북벌 전쟁에서 핵심적인 역할을 수행했다.

군사력이 중요한 혁명 시기에는 군대를 통솔하는 인물의 정치적 위상이 강화되기 마련이다. 황푸 군관학교의 교장이던 장제스가 바로 그런 인물이었다. 1925년 3월 쑨원이 사망하자 장제스는 국민당의 새로운 실력자로 부상했다. 특히 북벌 전쟁은 장제스의 위상을 전국적으로 높인 결정적 계기였다. 그가 지휘하는 북벌군은 파죽지세로 군벌들을 격파해 나갔다. 봉건적인 군벌 군대는 혁명 정신으로 무장한 국민당 군대를 당해 낼 수 없었다. 광저우에서 출발한 북벌군은 1927년 3월까지 1차 목표였던 양쯔 강 이남을 장악하고 남방 최대 도시인 난징과 상하이에 입성했다. 물론 북벌군의 승리는 장제스만의 공적은 아니었다. 제국주의와 봉건제도의 수탈에 신음하던 대중의 압도적 지지가 있었기에 북벌은 비로소 성공할 수 있었다.[14]

북벌 전쟁이 성공적으로 전개되자 열강은 국민당 세력을 재평가하기 시작했으며, 중국 내 이권을 지키기 위해서라도 이제 국민당과의 관계를 모색하려 했다.

미국은 이번에도 신속하게 입장을 전환했다. 1927년 1월 27일, 미 국무장관 켈로그가 불평등 조약을 개정하는 데 그 어떤 중국 정부 및 단체와도 협상할 용의가 있음을 공표한 것이다. 그 대상은 물론 장제스 세력이었다. 1927년 3월 23일 발생한 난징 사건은 그런 미국의 의도를 보여 준다. 난징에 입성한 혁명군이 외국인과 영사관을 습격하자, 영국과 일본은 미국을 끌어들여 항구를 봉쇄하고 국민당 정부에 최후통첩을 가하려 했다. 그러나 켈로그는 "외국이 중국 영토를 탈취하고 무력으로 세력권을 지키는 시대는 끝났다."라고 말하며 반대했다. 미국의 완강한 반대로 강대국 간 연합 군사 대응은 결국 성사될 수 없었다.[15]

미국이 국민당 전체를 '포섭'하려고 했던 것은 아니다. 미국의 주 포섭 대상은 국민당 내 장제스 세력이었다. 1925년 국공합작 이후 국 민당은 당권을 장악한 국민당 좌파, 대중조직을 장악한 공산당, 그리고 군권을 장악한 장제스가 3자 연합체를 이루고 있었다.[16] 여느 정당의 파벌처럼 이들 사이에도 긴장감이 흘렀다. 특히 북벌로 급부상한 장제 스를 견제하기 위해 국민당 좌파와 공산당이 협력했다. 1927년 초 이 들 당권파(국민당 좌파와 공산당 세력)는 국민당 정부를 광저우에서 우한 으로 옮겼다. 난징이나 난창으로 정부 이전을 주장하는 장제스의 주장 을 거부한 것이다. 또한 1927년 3월 10일에는 국민당 전국대표대회를 열어 집행위원회가 당의 최고 영도 기구임을 명확히 함으로써 주석이 었던 장제스의 입지를 약화시켰다. 아울러 군사위원회를 신설해 군 통 수권이 장제스가 아닌 당에 있다는 것을 규정했다.[17] 장제스도 가만있 지는 않았다. 그는 이미 1926년 3월 중산함中山艦 사건과 5월 당무정리 안黨務整理案을 통해 반공 노선을 명확히 하고 있었다. 중산함 사건은 공 산당 장교가 지휘하던 중산함이 쿠데타를 일으키려 했다며 진압한 사 건이며, 당무정리안은 당내 공산당원들의 직책과 수를 제한하는 조치 였다.[18]

이런 당내 파벌 갈등이 지속되는 상황에서 장제스 군대는 최대 상 업 도시인 상하이로 진군해 들어갔다. 상하이 조계지의 외국인과 중국 인 자본가들은 불안해했다. 혁명군이 "매판 자본가 타도!"를 외치며 상하이를 무정부 상태로 만들 것이라고 생각했기 때문이다. 이미 북벌 군은 난징에서 그런 행동을 자행하기도 했다. 그런 북벌군에 조응해 상하이 노동자들은 연일 혁명군 환영 대회를 개최하고 규찰대를 조직해 치안 활동을 하고 있었다.

한편, 작가 헤럴드 로버트 아이작의 설명에 따르면, 상하이 자본가들과 그들의 후원자이던 열강은 국민당 당권파와 장제스의 관계가 좋지 않다는 것을 간파하고 있었다. 또한 장제스가 "다양한 색깔의 옷을 입고 있다는 사실"도 알고 있었다. 따라서 상하이 재계 인사들은 이미 1926년 말부터 장제스와의 접촉을 시도했다. 실제로 혁명군이 상하이에 들어오자, 그들은 앞 다퉈 장제스와 만나 수천만 위안의 자금 지원을 약속했으며, 조속히 상하이의 질서가 회복될 수 있도록 요청했다.[19] 장제스는 거부하지 않았다. 당내 경쟁자를 무너뜨리고 당권을 장악하기 위해서라도 든든한 후원자가 필요했기 때문이다. 아울러 당권파를 후원하던 소련과의 관계도 청산할 필요가 있었다. 사실, 장제스가 지휘하던 북벌군의 상당수는 지주계급 출신이었기 때문에 좌파와 공산당이 주도하는 급진적인 토지개혁과 노동운동에 거부감을 가졌다.

> 국민당 정부는 조계지의 현 상태를 바꾸기 위해 어떠한 형태의 무력과 대중 폭력도 사용하지 않을 것입니다 . …… 그런 장애[조계지의 혼란-필자]를 제거함으로써 중국과 열강 사이의 관계가 좋아지기를 바랍니다.[20]

3월 말 장제스가 외신 기자들을 모아 놓고 한 발언이다. 그는 약속대로 그 장애를 곧 제거했다. 4월 12일, 새벽 전격적인 반공 쿠데타를 감행한 것이다. 사전에 접촉했던 상하이 암흑가靑帮 조직을 별동대 삼아 노동자들과 공산당원들을 무자비하게 체포하고 살해했다. 상하이뿐만 아니라 다른 도시에서도 대규모 탄압이 자행됐다. 혁명군의 상하이 진주에 환호하던 노동자들은 처절하게 배신을 당했다. 당시 상황을 기록했던 해럴드 아이작에 따르면, 노동자들은 "처음에는 장제스의 광대가 됐고 나중에는 희생양"이 되고 말았다.[21] 반공 쿠데타 이후 장제스는 양쯔 강 이북으로 북벌을 계속했고, 북벌을 완수한 장제스는 이제 명실상부한 중국의 최고 권력자가 돼 있었다.

미국은 장제스와 접촉하기 위해 빠르게 움직였다. 다른 열강은 장제스 군대가 자신들의 세력권을 위협하는 행위를 용인할 수 없었다. 실제로 일본군은 산둥 조계지를 침범한 북벌군을 공격했다. 자신의 세력권이 없는 미국은 그런 우려를 할 필요가 없었다. 미국은 장제스가 주장하는 관세 인상, 관세자주권, 치외법권 문제에 전향적인 태도를 보였다. 북벌이 완료된 1928년 여름 중국 주재 미국 공사는 장제스 난징 정부의 재정을 총괄하게 될 쑹쯔원과 만나 관세율 인상 및 자주권에 합의했다.[22]

장제스가 쑹쯔원의 동생 쑹메이링과 결혼하고 개신교 신자가 된 것도 장제스에 대한 미국의 호감을 배가시켰다. 쑹메이링의 아버지 쑹자수는 중국의 유명한 부호이자 대표적인 개신교도였다. 또한 아들과 딸들을 일찍부터 미국에 유학시켰을 만큼 친미 인사이기도 했다. 미국의 언론은 장제스와 쑹메이링의 결혼을 '미국산'made in USA이라고 표현할 정도로 우호감을 드러냈다. 실제로 쑹메이링은 결혼 이후 장제스 정

권의 대미 교섭 및 미국의 지원 확보 활동에서 핵심 역할을 했다.[23]

일본은 공공의 적

1931년 9월 18일, 일본 관동군이 만주사변을 일으켰다. 자신들이 관리하던 남만주 철도에 폭발 사건이 일어나자 이를 구실로 중국 동북 지방을 점령한 것이다. 그 연장선상에서 일본은 1932년 3월, 청의 마지막 황제 푸이를 내세워 창춘長春을 수도로 만주국을 세웠다.

일본의 만주 침공은 미국의 문호개방정책에 대한 정면 도전이었기 때문에 이후 미일 관계는 급속히 악화되었다. 1941년 발발한 태평양전쟁은 일본의 만주 침공에서 비롯됐다고도 할 수 있다. 일본은 왜 '중국 영토만큼은 건드리지 말라'는 미국의 문호개방정책에 도전한 것일까? 1929년 뉴욕발 세계 경제공황은 그 결정적 계기가 됐다. 일본은 경제 위기 타개책으로 거대한 중국 시장을 독점하고자 했던 것이다. 특히 군부 세력은 경제 침체로 우경화된 사회 분위기를 틈타 중국 침공의 선봉에 섰다. 유럽에서 히틀러와 무솔리니의 파시즘 세력이 준동한 상황과 다르지 않았다.

만주사변에 대해 미국은 일단 신중한 태도를 보였다. 1932년 7월 1일 국무장관 헨리 스팀슨이 문호개방정책을 침해하는 어떤 중일 조약도 승인하지 않는다고 선언했으나(스팀슨 독트린), 경제제재나 무력행사 등 실질적인 대일 압박에 나서지는 않았다. 미국의 신중한 태도는 당시 국제분쟁에 연루되는 것을 우려하는 고립주의적 성향, 대일 무역의 중요성, 그리고 유럽 문제 우선이라는 전략적 고려에서 비롯됐다. 미국은 1935년 8월 '중립법'Neutrality Act을 제정해 자국의 분쟁 불개입 정책을 법제화하기도 했다. 1937년 중일전쟁이 발발한 이후에도 일본에 무기와 군수품을 수출했을 정도다. 미국의 기본 전략은 "일본과의 대립도, 지역으로부터 철수도, 그렇다고 일본의 중국 침략에 동의도 하지 않는"다는 것이었다.[24]

먼저 움직이기 시작한 것은 소련이었다. 러일전쟁에서 패배한 뼈아픈 경험, 그리고 만주에 대한 지정학적 이해를 가지고 있던 소련은 일본의 중국 침공을 용인할 수 없었다. 스탈린은 일본이 만주를 발판 삼아 소련을 침공할 가능성을 우려했다. 그럼에도 소련 역시 직접 군사행동에 나선 것은 아니었다. 유럽에서 독일의 위협이 점증하는 상황에서 대일 전쟁에 나설 여유가 없었기 때문이다. 그 대신 소련은 중국을 활용하려 했다. 소련은 1934년 말부터 장제스 정권과 접촉해 물자 지원을 약속했다.[25] 장제스도 이를 적극적으로 수용했다. 믿었던 미국이 신중한 태도를 보이는 상황에서 지원을 요청할 수 있는 거의 유일한 강대국이 소련이었기 때문이다.[26]

1935년 7월 코민테른은 각국 공산당에게 민족주의 세력과 연합해 반파시스트 통일전선을 수립하라는 지침을 내렸다. 소련은 1936년 12월 12일 시안西安 사건 당시에도 중국 공산당에게 장제스의 신변 보호를 강력하게 요구했다. 중국의 최고 실력자 장제스의 유고는 중국을 활용한 일본 견제에 큰 차질이 빚어질 수 있기 때문이었다.[27] 마오쩌둥은 애초 장제스를 매판 세력으로 간주해 코민테른의 요구에 비판적이었지만, 소련의 요구를 거부할 수 없었다. 또한 국민당군의 계속된 포위 공격을 받는 상황에서 달리 선택의 여지가 없었다.[28] 결국 중국 공산당은 1936년 5월 5일 "정전강화와 일치항일"停戰議和一致抗日을 선언하고 내전 중지를 대대적으로 선전하기 시작했다.

소련이 제2차 국공합작을 시작하는 데 중요한 역할을 했다면, 미국은 국공합작을 유지하는 데 중요한 역할을 했다. 미국은 일본의 대중국 공세가 심화됨에 따라 점차 일본에 대한 압박 수위를 높였다. 1937년 7월 중일전쟁이 발발하자 대통령 프랭클린 루스벨트는 이른바 '격리 연설'Quarantine Speech을 통해 전염병 환자인 일본을 격리해야 한다고 주장했다. 특히 1938년 11월 3일 일본 총리 고노에 후미마로가 일본·한국·중국을 묶어 '동아시아 신질서 건설'을 주장하자 미국은 실질적 대응에 나서기 시작했다. 미국은 장제스 정권에 2500만 달러 상당의 차관을 승인했으며, 1939년 7월 26일에는 미일 통상조약을 폐기했다. 또한 일본이 인도차이나반도를 점령하고 독일, 이탈리아와 3국 동맹(1940년 9월 27일)을 체결하자, 루스벨트는 미국이 '민주주의의 병기창'이 되겠다고 선언했다. '무기대여법'Lend-Lease Act을 통해, 파시즘과 맞서 싸우는 동맹국에 대한 대규모 무기 공급을 법제화했다. 동시에 루스벨트는 장제스에게 국공합작을 유지하도록 압박했다. 중국 내전이 재발할 경우 원조를 중단하겠다고 경고하기도 했다. 일본을 견제하기 위해서는 단합된 중국이 필요했기 때문이다.[29]

그러나 미소 양국의 바람과는 달리 국공합작은 불안정했다. 국공 양당은 서로를 견제하느라 일본군과의 전투에 소극적이었다. 1941년 1월 안후이 성 완난皖南에서는 국민당군이 공산군(신사군新四軍)을 공격하는 사건이 벌어졌다. 당시 소련은 유럽에서 독일의 위협이 가중되자 일본과 중립 조약(1941년 4월)을 체결하고 유럽 전선에 집중하려 했다. 그로 인해 국민당에 대한 소련의 지원이 줄어들자 국공합작에 대한 장제스 정권의 열의도 약화됐다. 신사군 사건은 그 결과라 할 수 있다.[30] 그러나 장제스는 미국을 의식해 국공합작을 노골적으로 붕괴시킬 수는 없었다. 미국의 지원마저 끊기면 국민당 정부는 완전히 고립될 수 있었기 때문이다.

그 사이 일본은 중국을 넘어 인도차이나반도를 점령하고 '대동아공영권'을 주장하기 시작했다. 상황이 이렇게 되자 루스벨트 정권은 직접 전쟁에 개입할 수 있다는 의사를 드러냈다. 문제는 미국 내 전쟁 반대 여론을 어떻게 돌파할 것인가였다. 루스벨트의 전략은 일본이라는 "방울뱀을 계속 핀으로 찔러 결국 미국을 물게"하는 것이었다.[31] 즉, 단계적으로 일본에 대한 제재 수위를 높여 궁지에 몰린 일본이 스스로 미국을 선제공격하도록 하는 전략이었다. 미국은 1941년 7월 미국 내 일본인의 자산을 동결하고 8월에는 석유 금수를 단행했다.[32] 그리고 11월 26일 국무장관 코델 헐은 이른바 '헐 노트'라 불리는 최후통첩을 전달했다. 중국과 인도차이나 지역에서 국가들의 영토 및 주권은 보존돼야 하고 상업 활동의 기회가 보장돼야 하기에 일본군은 전면 철수해야 한다는 것이었다. 핵심은 역시 문호개방정책을 준수하라는 것이었다.

이제 일본에게는 두 가지 선택만 있었다. 미국의 요구에 굴욕적인

백기를 들 것인가, 아니면 강대한 미국과 전쟁을 벌여 일말의 승리 가
능성을 엿볼 것인가였다. 설령 이기기 어렵더라도 휴전 등 일정한 타협
을 이끌어 낼 가능성도 있었다. 히로히토의 일본은 결국 전쟁을 선택했
다. 12월 7일 진주만을 기습한 것이다.

4

미국,
장제스,
마오쩌둥의
삼중주

———————

국공 내전과
미국의 전략

2013년 관영 중국중앙방송CCTV은 마오쩌둥 탄생 120주년을 기념해 대하드라마를 방영했다. 출생부터 1949년 중화인민공화국 수립까지 마오쩌둥의 생애를 다룬 50부작 드라마였다. 드라마의 후반부는 중국 공산당 옌안延安 시기를 다뤘다. 옌안은 중국 북서부 산시陝西 성의 척박한 땅이다. 1934년 말 중국공산당은 중국 장시江西 성의 루이진瑞金을 떠났다. 다섯 차례에 걸친 국민당군의 토벌 작전을 버텨 내지 못하고 새로운 근거지를 찾아 떠난 것이다. 1년여 동안 수십 개의 산을 넘고 강을 건너 '대장정' 끝에 도착한 곳이 옌안이었다. 중국공산당은 옌안에서 중화인민공화국 수립의 기반을 다졌다.

드라마에는 흥미로운 인물들이 나온다. 옌안에 머물던 미군들이다. 육군 대령 데이비드 바렛이 지휘하던 군인들과 국무부 외교 관료였던 존 서비스 등으로 구성된 미군 관찰조였다. 이들은 1944년 7월 옌안에 들어와 1947년까지 그곳에 머물렀다. 미군 관찰조는 자신들의 임무를 '딕시 미션'Dixie Mission이라고 불렀다. 미국 남북전쟁 당시 '딕시'라 불리던 남부 지역을 빗댄 것이다. 옌안 역시 미국이 후원하는 난징 장제스 정권에게는 반란 지역이었기 때문이다.[1] 미군 관찰조의 임무는 글자 그대로 옌안의 물정을 관찰하는 것이었다. 옌안 정권의 성격이 어떤지, 대일 전쟁을 수행하는 과정에서 협력할 수 있는 파트너인지를 파악하고자 했다. 중일전쟁이 끝난 후에도 미군 관찰조는 미국과 옌안 정권 사이의 소통 통로가 됐다. 일종의 연락사무소였다.

드라마가 묘사하는 미군 관찰조와 공산당 지도부의 관계는 매우 화기애애하다. 미군들은 마오쩌둥과 자주 만났고 식사도 같이했다. 1947년 국공 내전이 격화되면서 미군 관찰조는 옌안을 떠난다. 드라마는 이들과 공산당 지도부의 이별 장면을 이렇게 묘사한다. 마오쩌둥은 옌안 산 대추와 토속주를 들고 나와 떠나는 미군들을 살갑게 환송한다. 미군 지휘관과 마오쩌둥은 이런 작별 인사를 나눈다.

"국민당군이 곧 옌안을 폭격할 것이오. 부디 몸조심하시오."
"염려 마시오. 돌아가거든 미국 정부와 인민들에게 누가 내전을 일으켜 중국의 평화를 파괴하고 있는지 잘 말해 주시오."

미군 지휘관은 자신의 양심을 걸고 사실대로 보고하겠다고 화답하며 길을 떠난다. 이런 장면이 꼭 드라마 속 허구인 것만은 아니다. 실제 미군 관찰조는 옌안 생활을 똑같이 증언했기 때문이다. 존 서비스는 훗날 "공산당 지도부와 인민들은 우리에게 열려 있었고 솔직했으며 친절했다."라고 회상했다. 또한 언제든 마오쩌둥을 비롯한 공산당 지도부와 만날 수 있었다고도 했다. 다른 요원들의 기억도 다르지 않다.[2]

중국 정부 역시 현재까지도 미군 관찰조를 높이 평가하고 있다. 1970년대 미중 관계 개선 이후 중국은 미군 관찰조 요원들 및 유가족들을 초청해 미군 관찰조의 행적을 기념하고 있을 정도다. 미군 관찰조를 조직했던 사령관 조지프 스틸웰에 대한 중국의 호감도 여전하다. 그는 제2차 세계대전 당시 중국 전역에서 미군과 국민당군을 지휘하다 장제스와의 불화로 미국으로 돌아갔던 인물이다. 스틸웰이 살았던 충칭의 관사는 그를 기리는 박물관이 되기도 했다.3

2004년 베이징에서 개최된 딕시 미션 기념행사에서 중국 측을 대표해 전 외교부장 황화는 이렇게 얘기했다.

> 딕시 미션에 참여했던 분들은 대부분 돌아가셨습니다. 그러나 우리는 여전히 이 특별하고 역사적인 장에 참여했던 이들의 기억을 소중하게 생각합니다.

중국 정부는 기념행사에 미군 요원들의 유가족들을 초청했다. 존 서비스의 아들도 참석해 미군 관찰조의 경험이 훗날 미중 관계 발전에 큰 공헌을 했다고 말했다.4

그러나 옌안에서 화기애애했던 미국과 중국공산당의 관계는 오래지 않아 파국을 맞았다. 미군 관찰조가 옌안을 떠난 지 불과 3년 만에 미국과 신생 중국은 한반도에서 전쟁을 벌인 것이다. 왜 이런 일이 벌어졌을까? 1945년부터 1950년까지 무슨 일이 있었던 것일까?

장제스든 마오쩌둥이든

중일전쟁이 끝난 후에도 미국의 대중국 문호개방정책은 변함이 없었다. 중국의 영토 보존과 통상 이익의 기회균등만 지켜진다면 미국은 중국 측 파트너가 누가 되든 개의치 않았다. 장제스와 마오쩌둥에 대해서도 마찬가지였다.

> 누구든 중국의 영토 보전 원칙을 위배하는 세력은 중국의 적이며, 우리의 이익과 반하는 행동을 하는 것이다. 이것이 미국의 아시아 정책에서 첫 번째 규칙이다.

1950년 1월 12일 미 국무장관 딘 애치슨의 발언이다. 남한과 타이완을 미국의 극동 방어선에서 제외한 것으로 잘 알려진 선언이지만, 사실 애치슨 선언의 핵심 내용은 문호개방정책에 관한 것이었다. 애치슨은 소련이 중국 북부에 세력권을 구축해 영토 보전 원칙을 심각히 위협하고 있으므로 미국은 적극적으로 대응해야 한다고 강조했다.[5] 애치슨은 3월 상원 외교위원회에서 더욱 노골적으로 이런 주장을 반복했다. 타이완으로 쫓겨 간 장제스 정권을 계속 지원하는 것은 미국의 이익과 부합하지 않는다고 강조하면서 심지어 "악마가 중국을 경영한다 하더라도 그가 소련으로부터 독립적이라면 괜찮다."라고도 했다.[6]

이런 맥락에서, 정치학자 토머스 크리스텐센의 지적대로 애치슨 선언은 신생 중국을 승인하려는 트루먼 정권의 의지를 드러낸 것이라 할 수 있다. 마오쩌둥을 '아시아의 티토'로 만들겠다는 것이었다.[7] 미국이 열강 중 최초로 위안스카이 정권을 승인하고, 신속하게 장제스 세력에 접근했던 전례에 비추어 보면, 마오쩌둥 정권과의 관계 정상화 역시 이 례적인 것은 아니었다.

물론 미국이 처음부터 장제스든 마오쩌둥이든 누구든 괜찮다는 태도를 보인 것은 아니었다. 제2차 세계대전 종결 직후만 하더라도 장제스가 통일된 중국의 지도자가 될 것임이 확실해 보였기 때문이다. 장제스의 난징 정권은 마오쩌둥의 옌안 정권과는 비교할 수 없을 정도로 강력했다. 소련조차 그렇게 생각했기 때문에 장제스 정권과 동맹조약을 맺었다. 1945년 8월 14일 체결된 중소우호동맹조약은 상호 군사원조와 영토주권 존중, 그리고 불가침을 규정했고 동북 3성에 대한 중화민국의 주권을 인정했다. 그 대가로 소련은 뤼순 항을 조차하고 뤼순에서 하얼빈으로 이어지는 동중국 철도에 대한 관리권을 획득했다. 또한 지정학적으로 중요했던 외몽골의 독립도 얻어냈다.[8]

그럼에도 미국이 마오쩌둥 세력을 완전히 무시했던 것은 아니다. 옌안에 미군 관찰조를 파견한 것은 이를 반증한다. 관찰조는 옌안 정부를 매우 높게 평가했다. 관찰조는 국무부에 제출한 보고서에서 "역동적이고 규율이 있는" 옌안 정권이 "비능률적이고 부패하며 진부한" 장제스 정권에 승리할 가능성이 있다고 전망했다. 따라서 미국이 옌안 정권과 전향적인 관계를 수립해야 한다는 점을 강조했다. 특히 옌안 정권과 관계를 증진하는 것은 차후 소련과의 대결에서도 미국에 유용한 자산이 될 수 있다고 주장했다.[9]

사실 중국공산당과 소련 사이에는 오래전부터 일정한 긴장감이 흐르고 있었다. 스탈린은 평소 마오쩌둥 세력을 '짝퉁' 공산주의자들이라고 조롱했다.

"이게 무슨 마르크스주의인가? 봉건주의지." 스탈린이 러시아어로 번역된 마오쩌둥의 글을 읽고 내뱉었다는 탄식이다.[10] 주소련 미 대사 윌리엄 해리먼에게 스탈린은 마오쩌둥 세력이 '마가린 공산주의자'margarine communist에 불과할 뿐이라고 말하기도 했다.[11] 외무장관 뱌체슬라프 몰로토프 역시 "중국 내에서 공산주의를 자처하는 세력은 사실 공산주의와 아무 관련이 없는 집단이며, 단지 경제적 빈곤 때문에 그런 주장을 하는 것이다. 따라서 소련은 그들과 관련이 없으며 그들이 벌이는 일들에 대해 그 어떤 책임도 없다."라고 선을 분명히 그었다.[12] 실제로 중일전쟁 동안 옌안은 소련으로부터 '형편없는 대우'를 받았다. 소련은 장제스 정권을 중국의 유일한 합법 정부로 인정했고 무기 지원을 계속했다. 1945년 이후에도 공산당 정권에 대한 소련의 박대는 달라지지 않았다. 1949년 공산군에 밀려 국민당 정부가 남쪽으로 퇴각하자 난징 주재 소련 대사 로쉬친은 함께 피난을 가기까지 했다.[13]

마오쩌둥도 그런 소련을 좋게 보지 않았다. 1949년 4월 20일 공산군이 양쯔 강을 건너 남쪽으로 진격하려 할 당시 스탈린이 신중한 작전을 요구하자 마오쩌둥은 소련이 중국을 남북으로 분할 지배하려 한다고 의심했다. 또한 소련 대사가 국민당군을 따라 난징을 탈출한 사실이나, 당시 신장 지역에서 소련과 국민당이 협상하고 있었다는 사실도 마오쩌둥의 의구심을 증폭시켰다.[14]

잘 알려져 있듯이, 혁명 시기 내내 마오쩌둥은 당내 친소파와 첨예한 권력투쟁을 벌였다. 소련은 레닌의 동방정책에 따라 1921년 중국공산당 창당을 지도한 이후 '볼셰비키 28인'이라는 소련 유학파들을 내세워 당권을 장악하고 마오쩌둥 세력을 억압했다. 친소파들은 프롤레타리아 위주의 급진적인 도시 폭동 전략을 주장하면서, 농촌 중심의 혁명을 주장하던 마오쩌둥을 비판했다. 또한 악질 지주를 제외한 다양한 성분의 농민 계급과 연대하자는 마오쩌둥의 전략을 '부농 노선'이라 비난했다. 심지어 친소 당권파는 1932년 10월 정치국 회의에서 마오쩌둥을 홍군 제1방면군 총정치위원직에서 해임하고, 그를 따르는 덩샤오핑 등 간부들을 징계하기도 했다.[15]

이런 상황에서 '대장정'은 마오쩌둥이 당권을 장악하는 결정적 계기가 됐다. 1934년 말 루이진을 떠난 중국공산당은 1935년 1월 구이저우貴州 성 쭌이遵義에서 정치국 회의를 개최했다. 핵심 의제는 공산당이 왜 이렇게 막대한 인적·물적 피해를 입으며 국민당군에 쫓기고 있는가에 대한 전반적인 평가였다. 마오쩌둥은 당권파의 오류를 강력히 성토했다. 현실을 무시한 채 무모한 도시 진군과 진지전을 감행했다고 비판했다. 결국 회의 참가자들 다수는 마오쩌둥의 의견에 지지를 표명하고 그를 새로운 당 중앙으로 선출했다. 쭌이 회의는 마오쩌둥으로 대표되는 민족주의 세력이 중국공산당의 전면에 등장했음을 의미했다. 훗날 마오쩌둥이 표현한 대로, 중국공산당은 "독립적이고 자주적으로 문제를 해결해야 한다는 것을 쭌이 회의에서 비로소 깨달았던 것"이다.[16]

옌안 관찰조는 소련과 마오쩌둥 세력의 불화를 간파했을 것이다.

관찰조가 차후 중국공산당을 소련의 영향력으로부터 떼어 낼 가능성이 있다고 보고한 것도 이를 암시한다. 1949년 선양瀋陽 주재 미 영사관 부영사였던 윌리엄 스톡스 역시 소련과 마오쩌둥 세력 사이에는 늘 적대감이 흘렀다고 후일 증언하기도 했다.[17] 게다가 스탈린 스스로 마오쩌둥을 마가린 공산주의자라고 미국에 확언해 주지 않았는가?

중국공산당의 대미 접근

마오쩌둥 역시 적극적으로 미국에 접근하려 했다. 미국으로서는 마오쩌둥에 대한 투자가 일종의 '보험'이었겠지만, 마오쩌둥에게 대미 관계 개선은 절박한 생존 전략이었다. 미국이 장제스에 대한 지원을 중단한다면 가장 좋겠으나, 최소한 물적·정치적 지원을 축소하는 것만으로도 마오쩌둥은 만족할 수 있었다. 이런 목표를 위해 마오쩌둥은 계속해서 미국에 유화적인 태도를 보였다.

> 미국 독립기념일은 자유민주주의의 위대한 투쟁이며 워싱턴, 제퍼슨, 링컨, 루스벨트는 투쟁을 통해 민주주의를 이뤄 낸 위대한 인물들이다. 자본주의 세계에서 가장 모범적 민주국가인 미국은 제2차 세계대전 중 민주 세계의 병기창이 되었고 막대한 전쟁 부담을 떠맡아 전후 세계 평화와 민주화를 확보하는 데 큰 공헌을 했다. 현재 중국의 민족 독립, 정치 민주, 그리고 경제 민주를 위한 투쟁은 1776

년 미국의 독립 투쟁과 다르지 않다.[18]

1944년 7월 4일 마오쩌둥이 미국 독립기념일을 찬양하며 옌안 『해방일보』解放日報에 실은 사설 내용이다. 미국에 대한 마오쩌둥의 호감은 아편전쟁 이후 중국 엘리트 계층이 가졌던 호감과 다르지 않다. 물론 일본이라는 '주요모순'에 대항하기 위한 현실적 목적도 있었다. 통일전선 전술이자 마오쩌둥 판 원교근공이었다.[19] 미국과 연대해 일본을 견제하려는 전략은 1941년 6월 독일의 소련 침공과 12월 일본의 진주만 기습 이후 본격화되었다. 그전까지 마오쩌둥은 미국이 장제스 정권 및 일본과 공모해 평화조약을 맺을지 모른다는 경계심을 가지고 있었다. 그러나 독소 전쟁과 미일 전쟁이 발발하자 발 빠르게 미국에 접근하기 시작한 것이다.[20]

마오쩌둥은 1944년 11월 루스벨트가 재선(4선)에 성공하자 즉각 축하 메시지를 보내기도 했다. 그해 여름 옌안으로 들어왔던 미군 관찰조에게 대미 관계 개선에 대한 의지를 여러 차례 피력했던 것도 같은 맥락에서였다. 마오쩌둥은 국공 경쟁에서 공산당이 결국 최후의 승자가 될 것이라고 강조하면서 미국이 공산당을 조속히 승인하기를 희망했다. 아울러 막바지에 접어든 대일 전쟁에 미국이 무기를 지원해 줄 수 있는지를 타진하기도 했다. 미국과의 긴밀한 관계는 만주로 진주해 들어오는 소련군을 다루는 데에도 유리하다고 생각했다. 또한 마오쩌둥은 전후 중국의 경제개발을 돕는 데 "미국이 가장 적합한 국가"임을 누차 강조했다. 미군 관찰조 역시 마오쩌둥이 대미 관계 개선을 통해

전후 소련에 대한 과도한 의존을 극복하려 한다고 분석했다.[21]

심지어 마오쩌둥은 미군 관찰조에게 자신과 저우언라이가 워싱턴을 방문해 루스벨트와 만나고 싶다는 의사를 타진하기도 했다. 1945년 1월 관찰조는 즉각 충칭 미 대사관에 이런 사실을 알렸으나, 마오쩌둥의 메시지는 '불행히도' 루스벨트에게 전달되지 못했다. 장제스 편에 서 있던 미 대사 헐리와 신임 사령관 앨버트 웨드마이어가 중간에서 차단한 것이다.

그럼에도 마오쩌둥은 대미 관계 개선에 대한 희망을 버리지 않았다. 1945년 4월부터 6월까지 개최된 중국공산당 7차 전국대표대회에서 마오는 "미국이 장제스를 계속 지원한다면 매우 큰 잘못을 저지르는 것"이라고 경고하면서도 관계 개선을 여전히 희망했다. 특히 비판의 초점을 '미국 내 반동파'인 헐리 개인에게 맞춤으로써 미국의 정책 결정자 전체를 적대시하지 않았다. "장제스와 헐리가 맞장구를 쳐가며 중국 내전을 폭발케 할 지뢰를 심었다."라는 마오쩌둥의 발언은 이를 암시한다.[22]

1945년 11월 헐리가 대사직에서 물러난 이후, 트루먼은 조지 마셜을 특사로 보내 국공 협상을 중재하도록 했다. 마오쩌둥은 마셜의 중재 노력이 헐리와 달리 중립적이라 평가하고 미국의 희망대로 국공 협상에 적극적으로 임했다. 1946년 1월 개최된 정치협상회의는 그 중재의 결과물이기도 했다. 저우언라이는 마셜에게 미국 정부에 협조할 것임을 약속하면서 향후 "중국에서 도입하게 될 민주주의는 미국 방식을 따라야 한다."며 "미국의 민주주의와 과학, 자유 기업과 개성의 발전을

습득해야 한다."고 말하기도 했다.[23]

　그러나 결국 국공 협상은 실패로 돌아가고 내전이 본격화되기 시작했다. 1946년 2월 국공 양당은 군대를 감축한다는 데 합의했지만, 국내외 여론을 의식한 합의였을 뿐 실행할 의도는 없었다. 양자 모두 권력의 핵심 기반인 군대를 포기할 수 없었다.[24] 1946년 봄 소련군이 만주에서 철수하자 국민당군과 홍군은 선양과 창춘 등을 선점하기 위해 격렬하게 충돌하기 시작했다. 소련은 장제스 정권과 체결한 동맹조약에 따라 만주 점령 지역을 국민당 정부에 반환해야 했으나, 이행에 적극적이지 않았다. 오히려 완전한 이양이 끝나기 전에 일방 철수해 버림으로써 지리적으로 가까이에 있던 홍군의 만주 점령을 묵인했다. 소련으로서는 미국의 지원을 받는 국민당보다는 공산당의 점령을 묵인하는 것이 지정학적 이익이라고 판단했을 것이다. 또한 일본 지역을 독점한 미국에 대한 보복성 대응이기도 했다.[25]

　내전이 격화되자 공산당은 미국에 대한 비난 수위를 높여 갔다. 미국의 의도가 무엇이든 미국은 장제스 정권의 최대 후원자였기 때문이다. 호감을 보였던 마셜에게도 인신공격을 가하기 시작했다. '트루먼-마셜 패거리'라는 표현이 상투어처럼 등장했다.[26] 그러나 그러면서도 마오쩌둥 세력은 계속해서 미국과의 접촉을 시도했다. 홍군이 양쯔 강을 건넌 직후인 1949년 5월부터 8월 초까지 저우언라이는 난징에서 미 대사 존 스튜어트와 만났다. 저우언라이는 장제스에 대한 미국의 지원을 비난하면서도 상호 호혜 원칙에 따라 미국이 공산당을 승인하기를 강력히 희망했다. 중국공산당은 6월 30일 대소 일변도 정책을 공표한 직후에도 그것은 정치적 선언일 뿐이며 독립과 주권이 존중된다면 '어떤 국가와도' 관계를 수립할 수 있다는 의사를 밝혔다. 또한 스튜어트를 베이징으로 초청하겠다고도 했다. 아울러 10월 1일 중화인민공화국을 선포하면서 미국에 공식적인 수교 요청을 하기도 했다.[27]

사실 중국공산당이 대소 일변도 정책을 공표했던 것은 미중 관계 개선에 대한 스탈린의 의구심을 해소하기 위한 것으로 볼 수 있다. 스탈린은 마오쩌둥의 대미 접근 의지를 간파하고 있었고 그것을 차단해야 했다. 소련이 미중 양국으로부터 고립될 수 있었기 때문이다. 이런 스탈린의 의심을 무시할 수 없었던 마오쩌둥에게는 불확실한 대미 관계 개선보다 대소 관계 개선이 안전한 선택이었을 것이다. 최소한 미소 양국으로부터 고립되는 상황은 피할 수 있기 때문이다. "우리가 선제적으로 대소 일변도 정책을 취하는 것이 수동적으로 그렇게 하는 것보다는 낫다."라는 마오쩌둥의 말은 이런 해석을 뒷받침한다.[28]

미국은 왜 공산당 정부를 승인하지 않았을까?

앞서 말했듯이 트루먼 정권은 스탈린과 마오쩌둥의 불화를 간파하고 있었고, "악마가 중국을 경영한다 하더라도 그가 소련으로부터 독립적이라면 괜찮다."라고 공표했으면서도 왜 마오쩌둥 정권을 승인하지 않았을까? 타이완을 미국의 동아시아 방어선에서 제외했음에도 왜 마오쩌둥 정권과의 관계 정상화에 적극적이지 않았을까? 트루먼 정권은 마오쩌둥이 대미 관계 개선을 바란다는 것을 알고 있었으면서도 왜 승인에 미온적이었을까? 특히 영국은 이미 1950년 1월 6일 서방국가 최초로 신생 중국을 승인한 상황이기도 했다.

처음에는 국공 간 세력 격차가 현저했기 때문에 장제스를 지원하는 게 미국에게 분명 합리적이었을 것이다. 소련조차 얄타 합의에 따라 1945년 8월 장제스 정권과 동맹조약을 맺을 정도였으니 말이다.

그러나 국공 내전의 전세는 점차 공산당에게 유리해지기 시작했다. 1948년 9월부터 이듬해 1월까지 벌어진 '3대 전투'(동북, 화북, 양쯔 강 이북 지역에서 연쇄적으로 전개된 전투)는 그 결정적 전환점이었다. 이들 전투에서 홍군이 승리하면서 안정적인 후방 지역을 확보한 것이다. 승리의 원동력은 다양했다. 군사들의 사기도 높았고, 군사 전술도 국민당 군에 비해 효율적이었다. 일본의 침공으로 인한 국민당 군대의 약화도 중요한 요인이었다. 그러나 무엇보다 중요했던 것은 대중의 지지였다. 공산당은 항일 민족주의와 토지개혁을 활용해 인구의 대다수인 농민의 지지를 확보할 수 있었다. 이에 비해 국민당 통치 지역에서는 만연한 인플레이션, 과중한 징세, 극심한 부패로 민심 이반이 심각했다.[29] "비록 먹을 것이 부족하고, 군대가 열세라도 민심만 잃지 않으면 국가가 망하지 않는다."라는 공자의 말은 20세기 국공 내전에도 대입할 수 있는 것이다.

국민당군의 패배는 미국의 지원이 부족했기 때문이 아니다. 우리 관찰팀 보고에 따르면, 결정적 한 해인 1948년 국민당군이 무기와 장비 부족으로 패배한 전투는 단 하나도 없었다. 충칭의 부패가 국민당의 힘을 무너뜨렸을 뿐이다. 지도자들은 직면한 위기에 대처하지 못했고, 군대는 사기를, 정부는 대중의 지지를 잃어버렸다. 이에 비해 무자비한 규율과 광신적인 열정으로 무장한 공산당은 그들을 민족의 안내자와 해방자로 채색했다. 국민당은 패배한 것이 아니라 해체된 것이다.

1949년 8월 미 국무부가 내놓은 중국 백서의 한 대목이다. 미국 역시 국민당이 패배한 이유를 무능과 부패, 그로 인한 민심 이반이라고 평가했다.[30] 옌안에서 활동했던 미군 관찰조의 분석이 결국 사실이었음을 공식적으로 인정한 것이다.

1913년 위안스카이 정권을 승인하고, 1928년 장제스 정권을 신속히 승인했던 미국이 왜 마오쩌둥 정권에게는 미온적이었던 것일까? 무엇보다 트루먼 정권은 부정적인 국내 여론을 신경 쓰지 않을 수 없었다. 중국 공산 정권 승인에 반대하는 여론은 1949년 말부터 급속히 확산됐다. 특히 마오쩌둥이 1949년 12월 모스크바를 방문하고 이듬해 2월 중소 동맹조약을 체결하자 중국 공산 정권에 대한 반감은 더욱 커졌다. 애초 67%에 달했던 승인 반대 여론이 83%로 증가한 것이다.[31]

이런 반중 정서는 미소 냉전이 격화되는 상황에서 중국 공산 정권과 소련을 분리해 볼 수 없었던 대중의 편향된 시각에 기인했다. 물론 미국의 엘리트들 역시 공산화된 중국을 부정적으로 바라보았다. 미국의 거대 자본가들은 러시아혁명 직후부터 볼셰비즘에 대한 공공연한 혐오를 드러냈다. 심지어 히틀러의 나치즘을 볼셰비즘에 대한 '해독제'라고 생각하기까지 했다. 히틀러가 국내적으로는 강력한 국가 폭력을 통해 좌파 세력을 효율적으로 분쇄하고 대외적으로는 소련의 위협을 차단한다는 논리였다.[32] 동시에 미국의 엘리트 계급은 반공 담론을 확산시켜 대중들의 반공 의식을 심화시키려 했다. 그럴수록 대중은 소련과 신생 중국을 분리해 생각할 수 없었다. '독자노선'을 표방한 유고슬라비아의 요시프 브로즈 티토처럼 마오쩌둥의 중국도 소련으로부터 떼어 내려고 했던 트루먼 정권의 전략을 이해할 수 없었던 것이다.

동일한 맥락에서, 친국민당 세력이 다수를 점했던 미 의회 역시 트루먼 정권에게는 강력한 장애물이었다. 특히 의회는 정부가 국민당 정권을 포기하고 공산 정권을 승인한다면, 다른 지역에서 공산주의에 대항하는 데 필요한 예산을 삭감할 것이라고 위협하기도 했다. 특히 의원들은 1947년 3월 발표된 '트루먼독트린'의 선별적 적용을 문제 삼았다. 똑같이 공산주의 위협에 직면한 그리스와 터키에는 대규모 원조를 하면서, 왜 타이완 장제스 정권은 그렇게 박대하느냐는 비판이었다. 만약 트루먼 정권이 장제스를 포기한다면 유럽부흥계획(마셜플랜)의 예산 역시 삭감할 수 있다는 경고였다.[33]

트루먼 정권은 결국 백기를 들었다. 유럽의 전략적 중요성을 포기할 수 없는 상황에서 공산 중국을 승인할 때 초래될 후폭풍을 감내할 수 없었던 것이다. 그렇다고 트루먼 정권이 마오쩌둥 정권에 즉각적으로 대립각을 세운 것은 아니었다. 최소한 한국전쟁 발발 전까지는 그랬다. 국무부는 마오쩌둥 정권이 곧 타이완을 점령할 것이나, 그것이 반드시 미국에 손실을 초래하지는 않을 것이라고 평가했다. 오히려 공산 정권이 타이완을 점령하면, 미국의 봉쇄로 경제적 곤란을 겪고 있다는 그간의 논리를 더 이상 선전에 이용할 수 없을 것이라 주장했다. 또한 전국을 통일한 중국이 소련과의 관계에서도 더욱 독립적인 태도를 보일 것이며 그 결과 중소 관계가 경색될 것으로 전망했다.[34]

그러나 한국전쟁은 트루먼 정권의 이런 희망을 소멸시켰다. 즉 한국전쟁은 중국 포섭 전략의 최종 실패를 의미했던 것이다. 마오쩌둥 정권으로서도 마찬가지였다. 한국전쟁으로 '타이완 해방'은 가로막혔고 대미 관계 개선에 대한 희망도 사라졌다. 미국과 서방의 막대한 자본을 활용한 경제 발전 계획도 모두 무산됐다. 한 사람만이 이런 상황을 즐기고 있었다. 스탈린이었다.

5

한국전쟁
이라는
파국

스탈린의
미중 갈라놓기

파국이었다. 중국군 18만여 명이 죽었고 미군은 4만여 명이 죽었다. 또한 수많은 사람들이 실종되거나 부상을 당했다.[1] 전쟁 직전까지 관계 정상화의 가능성이 있었다는 사실에 비추어 보면, 극적인 상황 반전이었다. 한국전쟁 이후 미중 관계는 1971년 미국 탁구 대표팀이 중국을 방문하기 전까지 철저히 단절됐다. 그때까지 "달에 갔다 온 미국인이 중국에 다녀온 미국인보다 많았다."라는 얘기가 있을 정도다.[2]

한국전쟁은 왜 일어났을까? 한국전쟁의 원인에 대해서는 여러 시각이 존재한다. 전통주의와 수정주의가 대표적이다. 전통주의는 한국전쟁을 소련의 주도하에 수행된 공산주의 세력의 팽창으로 해석한다. 스탈린·마오쩌둥·김일성, 3자의 긴밀한 협조하에 감행된 침략 전쟁이라는 것이다. 반면 수정주의는 미국이 동아시아에서 대소련 반공 블록을 공고히 하기 위해 한국전쟁을 '유도'했다고 주장한다. 또한 한국전쟁을 공산 세력의 일방적 팽창이 아니라 1945년 이후 전개되던 한반도 정치 세력 간 '내전'이라고 설명한다. 이들 전통주의와 수정주의는 상반된 내용에도 불구하고 모두 이념 편향적인 측면이 있다. 일반적으로 보수 진영에서 전통주의를 옹호했고, 진보 진영에서는 수정주의를 지지했다.[3]

이후 냉전 후 소련 기밀문서가 공개되면서 탈수정주의가 등장했다.

한국전쟁을 좀 더 실증적 차원에서 연구하려는 탈수정주의는 전통주의와 마찬가지로 한국전쟁을 북·중·소 사이의 사전 협의에 따라 개시된 전쟁으로 본다. 김일성은 1950년 4월 모스크바에서 스탈린과 만나 전쟁 계획을 승인받았으며, 5월에는 다시 베이징에서 마오쩌둥과 구체적 사안을 협의했다는 것이다. 그러나 탈수정주의는 북·중·소 관계에 존재한 갈등을 드러냄으로써, 이들 간의 단합을 강조했던 전통주의와 차별성을 보인다. 새롭게 밝혀진 사실관계 중 흥미로운 지점은 1949년 3월 전쟁을 반대했던 스탈린이 왜 1년 후에는 전쟁에 찬성했는가이다. 스탈린은 왜 입장을 번복했을까? 탈수정주의적 시각에서 그 실마리를 찾아보자.

스탈린, 전쟁을 승인하다

스탈린은 1949년 3월 모스크바에서 김일성과 만났다. 그는 김일성의 전쟁 계획에는 공감을 표시했으나 전쟁 개시를 승인하지는 않았다. 군사적 준비가 미비하고 미국이 개입할 가능성도 있으며, 미국과 38선 분할을 합의한 이상 전쟁은 불가하다는 점을 분명히 했다. 그러면서도 "적들이 먼저 공격해 온다면 그때는 모든 사람이 동지의 행동을 이해하고 지원할 것"이라는 말로 김일성을 안심시켰다. 방어 전쟁일 경우 기꺼이 지원하겠다는 약속이었다.[4] 스탈린은 1949년 9월 김일성이 전쟁 의사를 재차 피력했을 때도 소련 공산당 정치국 명의로 반대 의사를 명확히 했다. 요지는 간단했다. 군사력도 미비하고 남한 내 반정부 세력의 역량도 미약한 상황에서 전쟁은 북한에 큰 난관을 초래할 것이며, 옹진반도나 개성 점령과 같은 제한전도 전면전으로 비화될 수 있다는 것이었다. 게다가 선제공격은 미국이 개입할 명분을 주기 때문에 남한 내 빨치산 운동을 강화하고 반정부 기운이 무르익을 때까지 기다리라는 것이었다.[5]

그러나 스탈린의 태도는 1950년 들어 바뀌기 시작했다. 그는 1월 30일 평양 주재 소련 대사 테렌티 포미치 시티코프에게 전문을 보내 전쟁 계획을 협의할 의사가 있음을 김일성에게 통보하라고 지시했다.[6] 이에 따라 김일성과 박헌영이 3월 30일 모스크바를 방문했고, 스탈린은 전쟁 개시를 최종 승인했다. 더욱이 스탈린은 자신이 구상한 3단계 전쟁 계획안까지 전달하면서 적극적인 전쟁 의지를 드러냈다. 스탈린은 김일성과의 면담에서 왜 생각이 바뀌었는지를 밝혔다. '상황이 변했다'라는 것이다.

> 스탈린 동지는 김일성에게 국제 환경과 국내 상황이 모두 조선 통일에 적극적인 행동을 취할 수 있도록 바뀌었다고 강조했다. 국제적 여건으로는 중국공산당이 국민당에 승리를 거둔 덕분에 조선에서의 행동 개시에 유리한 환경을 만들었다. 중국은 이제 국내문제로 인한 시름을 덜었기 때문에 관심과 에너지를 조선을 지원하는 데 쏟을 수 있게 됐다. 중국은 이제 필요하다면 자신의 군대를 무리 없이 조선에 투입할 수 있다. …… 이제 중국은 소련과 동맹조약을 체결했으

므로 미국은 아시아 공산 세력에 대한 도전을 망설일 것이다.[7]

소련공산당 중앙위원회 국제국이 작성한 스탈린-김일성 회담의 내용이다. 스탈린이 말하는 새로운 상황이란 중국 내전의 종결과 중소 동맹의 체결이었다. 중국공산당이 중국을 통일했기 때문에 이제 북한은 중국의 지원 아래 전쟁을 수행할 수 있다는 주장이었다. 스탈린은 처음부터 김일성에게 전쟁 중 소련이 개입하는 일은 없을 것이라는 점을 분명히 했다. 현재 서방의 강한 압박에 처해 있는 소련이 어떻게 한반도에서 미군과 충돌할 수 있는가라는 논리였다. 동시에 전쟁 개시의 최종 결정은 마오쩌둥과 상의하라고 요구했다. 이에 따라 김일성은 5월 13일 베이징에서 마오쩌둥과 전쟁 계획을 조율했다. 마오쩌둥은 "신속한 군사적 방법으로 한국 문제를 해결"하는 데 동의했다.[8]

애치슨 선언, 그리고 스탈린의 '중국 결박하기'

스탈린은 애초 중소 동맹조약을 체결하는 데 미온적이었다. 스탈린은 마오쩌둥이 1949년 12월 모스크바에 도착한 이후 2개월여 동안 제대로 만나 주지도 않았다. 훗날 마오쩌둥은 이때를 회상하며 "먹고 자고, 화장실 가는 것 외에 할 게 없었다."라고 토로했다. 심지어 스탈린은 1945년 8월 장제스 정권과 맺은 조약을 계속 유지하려고도 했다. 장제스 정권이 약속한 뤼순 항 및 만주 철도 등에 대한 이권을 계속 존속시키겠다는 의도였다. 또한 마오 정권과 동맹조약을 맺으면, 자칫 인민해방군의 타이완 침공에 결박당해 미국과 충돌할지 모른다는 우려도 있었다.[9] 그러던 스탈린은 1950년 1월 들어 동맹조약 체결에 오히려 적극적으로 임하기 시작했으며, 결국 2월 14일 중소 동맹조약이 체결됐다. 동맹 체결에 미온적이던 스탈린은 왜 적극적으로 변한 것일까?

중국과 소련이 동맹 협상 중이던 1950년 1월 12일 발표된 '애치슨 선언'은 스탈린의 태도 변화와 유의미한 관계가 있을 것으로 보인다. 앞 장에서도 설명했듯이, 애치슨 선언은 소련의 위협에 대한 비판과 신생 중국에 대한 유화적 메시지를 담고 있었다. 특히 동아시아의 미국 방어선에서 타이완을 제외한 것은 트루먼 정권의 대중 접근 의지를 드러냈다. 1월 5일 "타이완은 중국의 영토"라는 트루먼 발언과 동일한 맥락이었다. 스탈린으로서는 이런 미국의 전략이 심각한 위협이었을 것이다. 마오쩌둥이 '아시아의 티토'가 될 수 있는 상황이었기 때문이다.[10]

특히 스탈린으로서는 미국이 중국의 타이완 침공을 용인하고 그 대가로 미중 관계가 정상화되는 시나리오는 최악이었을 것이었다. 소련의 지정학적 고립을 의미하기 때문이다. 사실 스탈린은 이전부터 마오쩌둥과 미국의 관계를 의심했다. 스탈린은 1949년 4월 양쯔 강 도하를 앞두고 있던 마오쩌둥에게 '제국주의' 미국의 속셈을 간파하라고 경고했다. 미국은 중국 통일을 바라지 않고 분할 지배를 기도할 것이기 때문에 신중하게 행동하라는 것이었다. 그러나 마오쩌둥의 대미 관계 개선 의지를 억누를 수는 없었다. 마오쩌둥은 중소 동맹 협상을 위해 모스크바에 머물던 시기에도 그런 의지를 계속 피력했다. 동맹 협상이 지

지부진하자 당 중앙에 미국과의 외교교섭을 준비하라는 지시를 내린 것이다.[11]

애치슨 선언에 대한 중소 양국의 비난 수위가 달랐다는 사실도 흥미롭다. 중국은 애치슨을 "유언비어를 구걸하는 저능한 정치 협잡꾼"이라고 맹비난했지만, 소련과 비교하면 분명 차이가 있었다. 소련은 공식적인 외교부 명의로 애치슨 선언을 비난했지만, 중국은 신문국 국장의 신화사 기자 인터뷰 형식을 취했다. 스탈린은 분노했다. 마오쩌둥을 크렘린궁으로 불러 강력히 질책하기까지 했다. 마오쩌둥은 침묵으로 일관하며 불편한 기색을 숨기지 않았다.[12]

더욱이 영국이 1월 6일 서방 국가 중 처음으로 신생 중국을 승인한 사실도 스탈린을 더욱 조급하게 만들었을 것이다. 스탈린의 대응은 무엇이었을까? 역사가 세르게이 곤차로프 등의 설명에 따르면, 스탈린의 전략은 마오쩌둥 정권으로 하여금 미국에 도발 행위를 하도록 부추기는 것이었다. 스탈린은 마오쩌둥에게 중국이 타이완을 침공할 때 지원하겠다고 약속했으며, 아울러 홍콩 점령을 요구하기도 했다. 마오쩌둥 정권의 도발 배후에 소련이 있다는 것을 암시함으로써 미국이 그만큼 타이완을 포기할 수 없도록 만들려고 한 것이다. 또한 유엔이 국민당 정부를 승인한 것에 항의하며 1월 8일부터 소련이 안보리 참석을 거부했던 사실도 동일한 맥락이었다. 상임이사국 소련이 안보리 참석을 거부하는 것은 오히려 문제 해결을 '방관'하는 행위였다. 그런 행동은 결과적으로 국민당 정부의 유엔 대표권을 묵인하는 것이었으며, 그럴수록 미중 관계 정상화는 어려워졌다.[13]

따라서 스탈린이, 애초 미온적이던 중소 동맹 체결에 적극적으로 변한 것은 미중 접근을 차단하고 중국을 소련 진영에 '결박'시키려는 의도로 볼 수 있다. 실제로 중소 동맹 체결 직후 신생 중국에 대한 미국 내 호감도가 급락했고, 미중 관계 정상화는 그만큼 힘들어졌다.

그러나 중소 동맹의 체결로 모든 문제가 해결된 것은 아니었다. 동맹을 체결해 중국을 소련 진영으로 결박시켰을지는 모르지만, 이제 소련이 중국에 의해 미국과의 전쟁에 휘말려 들어갈 가능성도 그만큼 커졌기 때문이다. 즉, 마오쩌둥 정권이 예정대로 타이완을 침공할 경우 소련은 동맹 의무에 따라 중국을 지원해야 하고 자칫 미국과 충돌할 수도 있게 된 것이다. 스탈린은 이런 상황을 차단해야 했다. 동맹 체결 직후 스탈린이 마오쩌둥에게 "타이완 해방은 시급하지 않다."[14]라며 애초의 입장을 번복한 이유는 무엇이었을까.

이후 스탈린이 보인 일련의 행동은 그의 의도를 잘 보여 준다. 앞에서 말했듯이, 스탈린은 한반도 전쟁에 소극적이던 기존 입장을 바꿔 김일성의 전쟁 계획을 승인하면서, 구체적인 전쟁 계획은 마오쩌둥과 협의하라고 요구했다. 또한 스탈린은 한국전쟁 발발 직후 개최된 유엔 안보리에 소련 대사 말리크에게 불참 지시를 내렸다. 만약 말리크가 참석해 거부권을 행사했다면, 유엔군 파병은 처음부터 장애에 부딪혔을 것이다. 그렇게 된다면 북한은 김일성의 공언대로 단기간에 한반도를 통일할 수도 있었을 것이다. 그러나 스탈린은 오히려 그런 상황을 '차단'했다.

1950년 10월 초 미군이 38선을 넘고 중국의 군사개입이 가시화되는 상황에서 나타난 스탈린의 행동 역시 주목할 만하다. 마오쩌둥은 군사개입의 선결 조건으로 소련의 공군력 지원을 요청했으나, 스탈린은 미온적 태도를 보이면서 일단 중국이 먼저 군사개입을 해야 한다며 압박했다. 스탈린은 심지어 "북한이 붕괴한다면 중국의 동북 지방은 미국의 일상적 도발에 직면할 것이고 결국 경제 복구는 불가능할 것"이라고 압박하기도 했다.[15] 그러면서 소련은 제3차 세계대전의 우려 때문에 절대 개입하지 않겠다는 이중적인 태도를 고수했다. 심지어 북한이 점령당하더라도 개입하지 않을 것임을 분명히 했다.[16]

이러한 사실들에 비추어 보면, 스탈린의 의도를 어렵지 않게 이해할 수 있다. 세르게이 곤차로프나 리처드 손턴 등이 설명하는 바와 같이, 스탈린은 소련의 전쟁 개입 가능성은 철저히 차단하면서도 동시에 한국전쟁을 이용해 미국과 신생 중국을 갈라놓으려 한 것이다.[17] 한반도에서 중국이 미국과 충돌한다면 미중 관계의 파국이며 따라서 중국은 소련 진영으로 확실히 결박될 것이기 때문이다. (유엔군 파병을 가능하게 했던) 안보리 회의에 불참했던 말리크가 이후 중국군 개입 규탄 결의안에는 강력히 반대했다는 사실은 이런 관점에서 보면 매우 흥미롭다.[18]

마오쩌둥은 왜 전쟁에 동의했는가?

1950년 5월 마오쩌둥이 김일성의 전쟁 계획에 최종 동의한 배경에는 소련에 대한 동맹 딜레마가 있었다. 향후 국가 발전에 필요한 지원을 얻기 위해서라도 스탈린의 참전 요구를 거부할 수 없었다. 특히 타이완 해방을 실행하기 위해서는 중국이 소련의 충실한 동맹국임을 증명해야 했다.[19] 훗날 마오쩌둥은 한국전쟁을 통해 자신이 '아시아의 티토'가 아님을 스탈린에게 증명해 보였다고 회고하기도 했다.[20] 결국 김일성의 전쟁 계획에 대한 마오쩌둥의 태도는 정치학자 박명림의 표현대로 '내키지 않는 적극적 동의'였던 것이다.[21]

> 중국 공산당은 장제스와 싸우기 바빠서 충분한 지원을 해줄 수 없다. 그러니 국민당을 완전히 몰아내고 중국이 공산당 기치 아래 통일될 때까지 남침을 기다려 달라.[22]

1949년 5월 김일성이 전쟁 지원을 요청하자 마오쩌둥이 한 말이다. 한국전쟁에 대한 마오쩌둥의 미온적 태도를 보여 준다. 1년이 지나 전쟁 개시에 동의하면서도 마오쩌둥의 태도는 크게 변하지 않았다. 마오쩌둥은 김일성에게 "우리는 애초 타이완 해방을 먼저 하고, 그다음 조선 문제를 해결한다고 생각했다. 그러나 조선의 통일 문제가 모스크바의 승인을 받은 이상, 조선의 통일을 먼저 실현한다는 것에 동의한다."라며 아쉬움을 드러냈다.[23]

마오쩌둥이 1950년 5월 13일 김일성과 회담 직후 스탈린에게 전쟁을 승인한 것이 사실인지 직접 문의한 점도 전쟁에 대한 마오의 신중한 입장을 반증한다. 마오는 김일성의 전언이 사실이라는 스탈린의 전문을 받고서야 비로소 전쟁에 동의했다. 그러면서도 마오쩌둥은 미군의 개입 가능성을 경계했다. 김일성이 "미국은 중국에서 싸우지도 않고 철수했기 때문에 한반도에 개입하지 않을 것"이라고 했지만 마오는 신중함을 유지했다.[24] 마오쩌둥은 1950년 초 모스크바를 방문한 당시에도 스탈린에게 "한반도 내부 문제이기 때문에 미군이 개입하지 않을 수 있으나 김일성은 늘 그 가능성을 염두에 둬야 한다."라고 말한 바 있다. 물론 마오는 미군의 군사개입 가능성을 강하게 주장할 수는 없었다. 향후 타이완 침공을 계획하던 그로서는 한반도 전쟁에 미군의 개입 가능성이 크다고 주장할 수는 없었다. 그럴수록 소련의 지원을 얻기 어려워지기 때문이었다.[25]

이런 신중함에도 불구하고, 마오쩌둥은 스탈린이 전쟁 계획을 승인한 이상 반대할 수는 없었다. 그렇다면 마오의 전쟁 지원 약속은 전쟁을 독려하기 위해서라기보다는 전쟁이 이미 결정된 상황에서 불가피한 선택이라 보는 것이 타당할 것이다. 마오쩌둥이 김일성에게 "대도시 점령에 시간을 허비하지 말고 신속한 작전을 통해 적의 군사력을 파괴하는 게 목표"라고 강조한 점도 이를 뒷받침한다.[26] 김일성은 처음부터 전쟁을 단기간에 끝낼 수 있다고 자신했지만, 마오쩌둥으로서는 더더욱 그래야만 했다. 전쟁이 교착 상황에 빠질수록 중국이 연루될 가능성이 커지기 때문이었다.

마오쩌둥이 전쟁 개시에 미온적이었다면, 왜 전쟁 직전 만주 지역의 조선인 부대를 대거 북한으로 귀국시켰을까? 1949년 5월 김일성은 김일을 베이징으로 보내 마오쩌둥에게 전쟁 지원을 요청했다. 마오쩌둥은 만주 지역에 조선인으로 구성된 2개 사단이 있으며 언제든지 보내 줄 수 있다고 화답했다. 그러나 조선인 부대의 귀환 조치에는 북한에 대한 군사 지원을 넘어 다른 정치적 목적이 있었다.

> 군대를 남부로 이동할 때 조선인 병사들이 고국으로 돌아가게 해달라며 소요를 일으켰다. 내전이 끝나 가고 있으므로 조선인 부대를 1개 사단 혹은 4~5개 여단으로 묶어 모두 돌려보내기를 희망한다.[27]

당시 군을 지휘하던 린뱌오가 마오쩌둥에게 올린 보고서의 내용이다. 조선인 부대의 귀환이 김일성을 도와주기 위한 것이 아니라 조선인 부대 자체의 군사적 효용성이 사라졌기 때문임을 드러낸다. 일반적으로 어떤 국가든 전쟁 후에는 방만해진 군대 조직을 '정리'해야 할 문제가 생긴다. 그렇게 하지 못하면 사회불안이 초래될 수도 있기 때문이다. 귀환을 바라는 조선인 병사들이 소요를 일으켰다는 린뱌오의 보고는 이를 잘 보여 준다. 결국 마오쩌둥 정권은 중국의 대내적 이익을 위해서라도 조선인 부대를 북한에 돌려보내야 했던 것이다.

충돌

6월 25일 북한의 전면 남침이 개시되자 미국은 즉각적인 대응에 나섰다. 유엔 안보리 회의를 연이어 개최해 북한의 침략을 규탄하고 유엔군 파병을 결의했다. 특히 트루먼 정권은 6월 27일 맥아더에게 타이완 해협 봉쇄를 명령했다. 이례적인 조치였다. 1월 트루먼과 애치슨이 타이완 문제에 개입하지 않겠다고 공표한 사실에 비추어 보면 그랬다. 남한에 대한 군사 지원은 북한의 침공이라는 특수 상황에 대한 대응이라 이해할 수 있지만, 타이완이 공격받지 않는 상황에서 해협 봉쇄는 애초 입장과 배치되는 조처였다. 중국은 당연히 강하게 반발했다. 트루먼을 맹비난한 28일자 『인민일보』 사설은 이를 보여 준다.

> 트루먼은 1월 5일 중국의 영토 완정을 표명했다. 애치슨은 이번 달 23일까지만 해도 그 원칙을 재차 확인했다. 결국 트루먼은 자신이 1월 5일에는 사기꾼이었고 지금은 강도라는 것을 증명하고 있다. 타이완과 조선이 도대체 무슨 상관이 있단 말인가? 중국 인민은 반드시 미국 침략자를 물리치고 타이완을 해방시킬 수 있다.[28]

미국은 왜 타이완 해협을 봉쇄했을까? 앞에서 말한 대로 애초 트루먼 정권이 타이완 문제의 불개입을 천명한 배경에는 신생 중국과 소련 사이를 갈라놓으려는 전략적 사고가 있었다. 그러나 2월 중소 동맹의 체결로 트루먼의 전략은 실패로 끝났고 급기야 북한의 전면 남침이 벌어졌다. 미국은 이제 소련-중국-북한을 '단일 대오'로 간주할 수밖에 없었을 것이다. 더욱이 중소 동맹 체결 이후 마오쩌둥 정권에 대한 미국 내 여론 악화와 강경책을 주문하는 의회의 압박도 거세지고 있었다. 트루먼 정권은 타이완을 양보하면서까지 중국을 '유인'하려는 의도를 드러냈지만, 중국은 이제 소련과 동맹을 체결하고 한반도에서는 전쟁까지 일어났다. 이럴수록 트루먼 정권은 타이완을 포기할 수 없었을 것이다.

트루먼 정권이 막 정립한 대소련 '롤백 정책'roll back policy은 타이완 해협 봉쇄를 뒷받침했다. 1급 기밀로 분류돼 4월 트루먼에게 제출된 국가안전보장회의 정책 문서NSC-68는 롤백 정책의 요체였다. 핵심 내용은 소련의 원자탄 보유와 중국의 공산화 등으로 미소 간 세력균형이 소련에 유리해지고 있으므로 군사력과 동맹국에 대한 지원을 대폭 강화해야 한다는 것이었다. 특히 공산 세력의 위협에 취약한 아시아에서는 더더욱 그래야 한다는 것이었다. 6월 27일 미국의 타이완 해협 봉쇄는 이런 전략이 실제로 적용된 조치였다. 트루먼 정권은 "공산 세력이 전쟁을 일으킨 상황에서 타이완마저 점령당한다면, 태평양 지역의 안보뿐만 아니라 미군에게 직접적 위협이다."라며 타이완 해협 봉쇄를 정당화했다.29

정치학자 토머스 크리스텐센이 설명하듯이, 한국전쟁은 미국의 롤백 정책에 필요한 예산을 확보하는 데 매우 '유용'했을지 모른다. 예산 확보를 위해서라도 미국은 한반도에서 타협적인 태도를 보일 수 없었던 것이다. 미군은 중국의 경고에도 불구하고 10월 7일 38선을 월경해 북진했다. 이는 10월 19일 중국군의 개입을 초래했고 이후 트루먼 정권의 국방예산은 대폭 증가했다. 한국전쟁 기간 3년 동안 미국의 국방예산은 국내총생산GDP의 5%에서 14.2%로 증가했다. 이를 토대로 미국은 이후 유럽과 아시아 지역에서 소련을 견제하는 데 필요한 물리적 여건을 갖출 수 있었다.30

미국의 군사행동에 이런 정책적 고려가 있었다면, 중국의 군사개입은 북한이라는 완충지대를 지키려는 조건반사적 대응의 측면이 강하다. 애초 북한군에 유리하던 전황은 8월 들어 연합군이 낙동강 전선을 공고히 하면서 교착상태로 빠져들었다. 동시에 미국은 중국에 대한 위협 수위를 계속 높이고 있었다. 주유엔 미국 대사 워런 오스틴은 "유엔군의 목적은 한반도 통일"이라고 공표했으며, 맥아더는 "타이완은 침몰하지 않는 항공모함"이라고 도발했다. 9월 1일, 트루먼은 한국전쟁에 개입하지 말 것을 중국에 강력히 경고하기도 했다.[31]

이에 맞서 중국 또한 대응 수위를 높이기 시작했다. 저우언라이는 미국이 전쟁을 중국으로까지 확대하려 한다고 비난했다. 마오쩌둥은 9월 말까지 동북 변방군의 전쟁 준비를 완료하라는 지시를 내렸다.[32] 특히 9월 15일 유엔군이 인천에 상륙하고 38선 월경을 눈앞에 두자 중국은 군사개입 의지를 공개적으로 표출하기 시작했다. 저우언라이는 9월 30일 미국이 북한을 침략하면 '좌시하지 않겠다'라는 성명을 발표하고, 주중 인도 대사 파니카르를 통해 동일한 메시지를 미국에 전달했다.[33] 그러나 미군이 이를 무시하고 10월 7일 38선을 넘자 중국은 최종적으로 군사개입을 결정했다.

그러나 중국은 군사개입을 결정한 상황에서도 끝까지 자국의 부담을 최소화하려 했다. 정규군이 아닌 의용군인 '인민 지원군'을 파병함으로써 미국과 국가 간 전쟁이라는 형식을 피하려 했다. 또한 소련에게 공군력 지원을 요청해 미군의 압도적 제공권에 대응하려고 했다.[34] 10월 25일 남한군과 최초 전투 이후 11월 말까지 모든 전선에서 공격을 중단하고 미국의 대응을 관망하기도 했다. 또한 1951년 1월 4일 서울을 재점령한 직후 전 전선에 걸쳐 공세를 중단하고 방어 전술로 전환하기 시작했다.

소련의 공군력 지원이 결국 무산된 상황에서도 중국이 군사개입을 결정한 것은 그만큼 미군의 북진을 심각한 위협으로 받아들였음을 보여 준다. 미군의 북한 점령은 중국 안보에 사활적인 완충지대의 상실을 의미했기 때문이다.

결국 인민 지원군이 압록강을 건너 미군과 충돌하면서 미중 관계는 파국으로 치달았다. 분명 양국 모두에게 큰 손해였다. 한국전쟁이 끝난 후 마오쩌둥은 중국이 미소 사이에서 중립적인 태도를 취하는 것은 옳지 않다고 말하면서, "어떻게 제국주의가 당신에게 든든한 한 끼를 주겠는가?"라며 대소 일변도 정책을 정당화했다. 그러나 헨리 키신저의 표현대로, 그로부터 20여 년 후 '든든한 한 끼'를 제의한 것은 미국이었고 이를 받아들인 건 다름 아닌 마오 자신이었다.[35] 만약 한국전쟁이 발발하기 전에 이런 제의가 실제로 성사됐다면, 양국뿐만 아니라 한반도 사람들 역시 그 참혹한 피해를 모면할 수 있었을까? 베트남전쟁에서 미중 양국은 다르게 행동했다.

6

미군은 왜
베트남 17도선을
넘지 않았을까?

**중소 분쟁과
미중 공감대의
형성**

베트남 민주공화국에 대한 미국의 침략은 중국을 침략하는 것과 같다. 중국과 베트남은 입술과 치아처럼 서로 의지하는 관계이고, 수족과 같은 형제다. 따라서 중국 인민은 앉아서 보고만 있지는 않을 것이다. 미국이 베트남의 영토, 영공, 영해에 대한 침범을 멈추지 않는다면 그 엄중한 결과에 대해 책임을 져야 할 것이다.[1]

1964년 8월 2일 통킹 만 사건으로 베트남전쟁이 본격화되자 중국 정부가 발표한 성명이다. 미국을 비난하면서 북베트남에 대한 지원 의사를 명확히 밝힌 것이다. 또한 당일 『인민일보』 사설은 "미국이 만약 베트남 민주공화국으로 진공進攻한다면 중국은 수수방관하지 않을 것"이라고 주장했다. 미 지상군이 17도선을 넘어 북베트남으로 진격한다면, 군사 개입하겠다는 의지의 표명이었다.[2] 한국전쟁 당시 북중 관계를 순망치한脣亡齒寒에 비유하며 미군의 38도선 월경을 좌시하지 않겠다고 경고한 것과 다르지 않았다.

그러나 중국의 실제 대응은 한국전쟁 때와는 달랐다. 중국은 1964년부터 1969년까지 베트남에 1억8000만 달러 상당의 막대한 물적 지원을 했지만, 전투병 대신 공병대 및 대공포 부대 등 주로 후방 지원 병력을 보냈다. 1969년까지 중국은 연인원 32만여 명의 군인을 파병했으며, 그중 1100명이 사망하고, 4300명이 부상하는 피해를 보았다.[3] 상당한 인명 피해였지만, 한국전쟁 때 18만여 명의 사망자가 발생했던 것과 비교하면 분명한 차이가 있다.

중국의 대응만 달랐던 것이 아니다. 미국의 대응도 달랐다. 1950년 중국의 경고를 무시하고 38선을 넘었던 미군은 이번에는 17도선을 넘지 않았다. 1965년 3월 해병대가 다낭에 상륙한 이후 1974년까지 민간인을 포함해 260만 명의 미국인이 베트남에 있었으며, 미군 사망자는 5만8000여 명에 달했다.[4] 그럼에도 미 지상군만큼은 17도선을 넘어 북진하지 않았다. 미군은 북베트남에 대한 폭격만을 감행했을 뿐이다.

미국과 중국의 대응은 왜 이렇게 달라졌던 것일까? 양자 모두 한국전쟁 때의 뼈아픈 경험을 반복하지 않으려 했을 것이다. 1950년 미군이 38선을 넘지 않았다면 양국 간 군사 충돌도 없었을 것이고, 수많은 사상자도 발생하지 않았을 것이다. 전쟁이 끝난 후 양국 관계가 곧바로 정상화됐을 가능성도 있었다. 미중 양국은 이런 실수를 베트남전쟁에서 되풀이할 이유가 없었다.

미소 '평화공존'과 중국의 고립

1949년 건국 후 중국의 최고 목표는 무엇보다 경제 발전이었다. 오랜 항일 전쟁과 국공 내전으로 피폐해진 상황에서는 더더욱 그랬다. 경제 발전을 위해서는 무엇보다 자본이 필요했다. 연금술사가 아닌 이상 자본 없이 경제 발전을 이룰 수는 없었다. 만약 건국 후 미국의 막대한 자본이 중국에 유입됐다면 중국 경제는 비약적으로 발전했을지 모른다. 마오쩌둥도 이를 모르지 않았다. 옌안 시절 미군 관찰조에게 "미국이 중국 경제개발을 도울 최적의 국가"라고 말한 적도 있다. 그러나 한국전쟁은 이런 마오의 기대를 일순간 날려 버렸다.

따라서 한국전쟁 후 중국이 경제 발전을 위해 기댈 수 있는 국가는 소련밖에 없었다. 1949년에 발표된 대소 일변도 정책이 한국전쟁 이후에야 비로소 실제화된 것이다. 중국은 소련의 자본과 물자 지원을 토대로 1953년부터 1차 5개년 경제개발 계획을 수행했다. 중국은 소련의 발전 모델에 따라 사회간접자본을 확충하고, 중공업 우선 정책을 적극적으로 추진해 국가 경제의 기반을 마련하려 했다. 일정한 성과도 있었다. 1950년대 초중반 중국 경제는 빠르게 성장했다. 중국은 장기간의 전란을 큰 어려움 없이 극복하는 것처럼 보였다.[5]

문제는 1950년대 후반부터 중소 관계가 흔들리기 시작했다는 점이다. 중국은 소련이 사회주의를 배신한 수정주의 국가라고 비난했고, 소련은 중국을 현실과 괴리된 교조주의 국가라고 비난했다. 양국은 단순히 이념 논쟁만 벌인 게 아니었다. 1959년 6월 소련은 핵 협정을 파기하고 중국에 대한 핵무기 기술이전 계획을 취소했다. 중국에 보냈던 과학기술자 수천 명도 철수시켰다. 군사동맹 관계도 파열음을 냈다. 소련은 1959년 중국과 인도 간에 국경분쟁이 발발하자 중립적인 태도를 취했으며, 1962년 중인전쟁이 재발발했을 때는 노골적으로 인도 편을 들었다. 동맹국 소련의 '배신'에 중국은 분노하지 않을 수 없었다.[6] 급기야 중소 양국은 1969년 극동 및 신장 성 접경지대에서 군사 충돌을 벌였다. 수백 명의 사상자가 발생했다. 소련은 핵무기로 보복하겠다며 위협하기도 했다.

중소 관계 악화는 중국의 고립을 의미했다. 한국전쟁으로 대미 관계가 파국을 맞았다면, 이제 중소 관계마저 그렇게 변해 간 것이다. 따라서 고립된 중국은 경제 발전을 위해 '자력갱생' 전략을 취할 수밖에 없었다. 1958년 대약진운동은 그렇게 시작됐다.[7] 마오쩌둥은 옌안 시절의 '우공이산'愚公移山 정신을 소환했다. 신념만 강하다면 산도 옮길 수 있다는 극단의 주의주의主意主義였다. 주요 공업 생산량에서 '7년이면 영국을 뛰어넘고 15년이면 미국을 따라잡는다'超英赶美며, 인민들을 독려했다.[8] 철 생산량이 국력의 척도라며 집집마다 고로를 지어 놓고 철을 만들게 했다. 그러나 관념만으로는 경제 발전을 이룰 수 없었다. 조야한 고로에서 나온 철들은 아무 쓸모가 없었다. 과도한 농업 생산량 경쟁은 허위 보고를 낳았고, 그것에 기초해 비상식적인 생산 할당량이 책정됐다. 유례없는 가뭄까지 겹쳐 굶어 죽는 사람이 속출했다. 1960년 한 해에만 1700여만 명이 죽었다. 대약진은 결국 대실패로 끝났다.[9]

문화대혁명은 중국의 고립이 불러온 또 다른 혼란이었다. 1966년 시작된 문화대혁명은 계급투쟁이라는 명분하에 전 국가 체제를 마비시켰다. 수많은 사람들이 부르주아 사고방식을 가졌다며 핍박받고 죽임을 당했다. 대약진운동 직후 국가 경제를 회복시켰던 국가 주석 류샤오치와 당 총서기 덩샤오핑도 '주자파'走資派로 몰려 숙청을 당했다. 외교 관계 역시 마비됐다. 문혁 세력은 이른바 조반외교造反外交의 기치 아래

중국이 소련을 대신해 전 세계 혁명의 '병기창'이 돼야 한다는 급진적 연속 혁명을 주장했다. 미 제국주의와 소련 수정주의를 동시에 비판하면서 전 세계 피압박 민족과의 연대를 강조했다.[10] 외국에 나가 있던 중국 대사 대부분을 베이징으로 소환하기도 했다. 또한 외국에 있던 중국인들은 조반외교를 주장하면서 해당국 정부와 충돌했다. 베이징에서는 홍위병들이 외국 대사관에 몰려가 날마다 격렬한 시위를 했다.[11]

정치학자 피터 구레비치에 따르면, 한 국가의 대내 상황이 대외 정치에 영향을 주기도 하지만 반대로 대외 정치 역시 국내 정치에 영향을 준다. 제1차 세계대전이 러시아혁명을 촉발했고, 중일전쟁이 중국 혁명의 배경이 됐던 것은 그 사례라 할 수 있다.[12] 동일한 맥락에서, 대약진운동과 문화대혁명은 중국의 대외 고립이 심화된 결과라 할 수 있다.

중소 관계는 왜 악화됐던 것일까? 왜 중국의 대소 일변도 정책은 10년도 못 돼 파국으로 치달았을까? 그 답은 미소 관계의 개선에 있었다. 스탈린에 이어 집권한 흐루쇼프는 이른바 평화공존 정책을 내세우며 미국에 접근했다. 흐루쇼프는 1959년 9월 미국을 방문해 드와이트 아이젠하워와 정상회담을 하고 미소 관계가 새로운 전기를 맞이했음을 과시했다. 사실, 미소 관계 개선은 이례적인 상황이라 할 수는 없다. 그것은 미소 양국이 1945년 합의한 얄타 체제의 정신으로 되돌아가는 것을 의미했기 때문이다. 그러나 중국에게는 그렇지 않았다. 동맹국 소련이 주적인 미국에 접근한다는 것 자체가 충격적인 배신행위였다. 또한 미-중-소 삼각관계에서 중국이 고립된다는 것을 의미했다.[13] 중국은 어떻게 대응했을까?

소련 결박하기

중국의 대응은 두 방향이었다. 한편으로는 이념 논쟁을 통해 소련을 비판하고, 다른 한편으로는 소련의 동맹 딜레마를 심화시키는 것이었다. 1960년 4월 20일자 『인민일보』는 "레닌주의 만세"라는 제목의 논설을 게재하면서 대소 이념 논쟁을 개시했다. 논설은 소련의 평화공존 정책이 전 세계 인민들의 반제국주의 투쟁을 약화시킨다며 비난했다.[14] 또한 중국은 대외 도발을 감행해 소련을 동맹 관계에 결박시키려 했다. 중국을 선택할 것인지 아니면 미국을 선택할 것인지 시험에 들게 하는 전략이었다. 한국전쟁에 중국을 결박시켜 미중 관계를 파국으로 몰았던 소련의 전략을 이제 중국이 구사한 것이다.

중국 인민해방군은 1958년 8월 23일 푸젠 성 샤먼에 인접한 타이완령 진먼 도와 마쭈 도에 기습 포격을 가했다. 이후 수개월 동안 인민해방군과 국민당군은 격렬한 포격전을 주고받았다. 중국은 왜 전격적으로 이들 섬에 포격을 가했을까? 중국의 의도는 ① 장제스 정권이 진먼 도와 마쭈 도에 군대를 증강해 도발한 것에 대한 응징, ② 당시 레바논 내전에 개입한 미국의 관심을 중국 쪽으로 돌려 아랍 인민들의 반미 투쟁을 지원, ③ 장제스 정권에 대한 미국의 군사 지원 의지 시험, ④ 그해 6월 단절된 미중 간 대사급 바르샤바 외교 채널의 복원, ⑤ 외부 위협을 조성해 대약진운동에 인민 대중을 동원, ⑥ 중국에 대한 소련의 동맹 의지 시험 등으로 요약될 수 있다.[15]

이들 의도 중 어느 하나만이 배경이라 할 수는 없지만, 마지막 중소 관계의 맥락에 주목할 필요가 있다. 사실 대약진운동 때문에 외부 위협을 조성하려 했다는 주장은 1954년에도 유사한 포격 공격이 있었다는 사실에 비추어 보면 설득력이 떨어진다. 한편 국민당군 도발에 대한 응징이나 '미 제국주의'에 대한 대항은 단지 표면적인 이유였다고 볼 수 있다. 1972년 중국을 방문한 리처드 닉슨에게 저우언라이가 설명했듯이, 마오쩌둥은 오히려 이들 섬에서 국민당군이 철수하기를 바라지 않았으며, 반면 미국과는 협상을 희망했기 때문이다.[16] 마오쩌둥은 국민당군이 철수하면 오히려 미국을 도와주는 것이라 생각했다. 미국이 양안 간 전쟁에 연루되는 것을 차단하면서 '2개의 중국' 정책을 구사할 수 있게 된다는 것이었다. 마오쩌둥이 타이완 문제를 미국의 목에 옭아맨 '올가미'라고 표현했던 것은 이를 암시한다.[17]

포격 사건 이전부터 아이젠하워 정권은 미국이 분쟁에 연루될 것을 우려해 장제스에게 진먼 도와 마쭈 도에서 철수할 것을 요구하고 있었다. 따라서 인민해방군의 포격은 미국의 요구에 반발하던 장제스에게 오히려 주둔 명분을 제공하는 것이었다. 포격 양태도 이런 해석을 뒷받침한다. 한 달여의 격렬한 포격전 이후 인민해방군은 예상 가능한 시간과 장소에만 포격하기 시작했다. 홀숫날에만 포격한다든지, 황량한 해변으로만 폭탄을 날려 보냈다. 국민당군이 보급을 안정적으로 받을 수 있게 '배려'한 것이다. 10월 21일 미 국무장관 존 덜레스와 국방장관 닐 맥엘로이가 장제스를 만나기 전날, 2주간 중지했던 포격을 재개한 것도 장제스에게 힘을 실어 주려는 의도라 할 수 있다.[18]

한편, 마오쩌둥 정권이 인민해방군의 포격 대상을 국민당군으로 한정하고 미군과의 교전을 회피하려 한 사실은 대미 협상 의지를 드러낸다. 실제로 포격이 개시된 지 한 달이 지나지 않아 미중 간 바르샤바 외교 채널이 복원되기도 했다.[19] 그러나 중국이 대미 협상만을 노렸다고 보기는 어렵다. 양안 위기로 미국이 난처해지는 만큼 중국의 동맹국인 소련 역시 난처해질 것이 분명했기 때문이다. 소련으로서는 중국을 돕다가 자칫 미국과 대결하게 되는 상황도 피해야 하고, 동시에 중국에 대한 동맹 의무를 저버릴 수도 없는 딜레마에 처할 것이었다. 이를 마오쩌둥이 모를 리 없었다.

그 두 섬은 흐루쇼프와 아이젠하워가 계속 춤추면서 허둥지둥 달리게 만드는 두 개의 지휘봉과 같은 거야. 얼마나 굉장한지 보이지 않나?

실제로 마오쩌둥은 자신의 주치의였던 리즈수이에게 이렇게 말했다.[20] 포격의 표적이 미국뿐만 아니라 소련이라는 점을 보여 준다. 특히 당시 소련의 딜레마는 미국의 딜레마보다 상대적으로 컸다. 미국과 중국은 서로 긴장 완화에 관한 모종의 공감대를 나누고 있었지만, 소련은 그런 상황을 전혀 모르고 있었기 때문이다. 9월 4일 미 국무장관 덜레스는 단호한 대응을 천명하면서도 "인민해방군이 이들 섬을 점령할지는 확실치 않다."라고 밝히며 협상의 여지를 남겨 두었다. 중국은 미국의 의도를 간파했다. 다음날 저우언라이가 바르샤바 대사급 외교 채널 복원을 제의해 9월 15일 양국 간 외교 통로가 복원된 것이다.[21]

이런 상황을 모르던 흐루쇼프는 양안 위기를 그만큼 심각하게 받아들였다. 더군다나 마오쩌둥은 미국의 핵 보복도 개의치 않는다는 발언까지 하면서 흐루쇼프의 불안감을 심화시켰다. 마오쩌둥은 흐루쇼프가 급파한 외상 안드레이 그로미코에게 미국이 반격해 온다면, 그들을 중국 내지로 유인할 테니 그때 "소련은 모든 방법을 다해 그들을 잡으라."고 조언하기도 했다. 소련이 미국과의 전쟁에 연루될 수 있음을 상기시킨 것이다. 마오는 주치의에게, 흐루쇼프가 미국에 접근하기 위해 중국을 볼모로 이용한다고 비난하면서, "이제 우리의 대포로 흐루쇼프를 축하할 때다. 미국이 푸젠 성에 핵폭탄을 떨어트리게 할 수도 있을 것이다."라고 말하기도 했다.[22] 흐루쇼프는 경악했다. 그가 할 수 있는 것이라고는 중국을 달래는 것밖에 없었다. 그로미코는 미국이 보복하면 소련은 모든 수단을 통해 중국을 지원하겠다고 약속했다.

만약 미소 평화공존이 미중 관계 개선으로 이어졌다면, 마오쩌둥은 굳이 양안 위기를 조성하지 않았을 것이다. 미-중-소 삼각관계가 '선 구조'로 변하는 상황이기 때문이다. 그러나 미중 관계 개선은 희망대로 이뤄지지 않았다. 게다가 미국은 1957년 4월 타이완에 전술핵 미사일을 배치하기까지 했다. 그럴수록 소련에 대한 마오쩌둥의 배신감은 커져만 갔다.[23] 마오쩌둥은 1957년 11월 모스크바에서 개최된 세계 공산주의 대회에서 "동풍이 서풍을 압도"한다고 말하며 사회주의 세력의 단결을 주장했지만 그것은 정치적 수사에 불과했다. 1958년 들어 마오쩌둥은 소련의 행태를 비난하기 시작했다. 소련이 중소 연합함대의 창설과 소련 잠수함이 사용하는 무선 기지국의 중국 내 설치를 요구하자 마오는 강력히 반발했다. 7월 31일 방중한 흐루쇼프와의 회담에서 마오쩌둥은 소련이 중국의 독립성을 침해한다며 불편한 심기를 숨기지 않았다.[24] 흐루쇼프가 돌아간 직후 인민해방군이 진먼 도와 마쭈도 포격을 개시했다는 사실은 포격과 소련 요인 간의 유의미한 상관관계를 보여 준다.[25]

마오쩌둥 정권의 소련 결박하기는 성공했을까? 성공하지 못했다. 놀랍게도 소련은 동맹국 중국과 거리 두기에 나섰다. 소련으로서는 중국의 도발로 인해 미소 관계가 붕괴되는 것보다 차라리 중국을 포기하는 쪽을 선택했다. 흐루쇼프는 핵무기 견본을 중국에 제공한다는 기존 약속을 철회하는 동시에 아이젠하워와는 정상회담을 통해 미소 평화공존을 재확인했다. 중국에 파견된 핵 과학 기술자들도 전면 철수시켰다. 중국이 받은 충격은 컸다. 앞에서도 말했듯이, 1960년 4월 20일 『인민일보』가 "레닌주의 만세"라는 제목의 사설을 통해 평화공존 정책을 신랄히 비판한 것은 이를 잘 보여 준다.

안보 위기를 조성해 소련을 결박시키려는 중국의 전술은 이후에도 계속됐다. 1962년 한 달여 지속되고 있던 국경 분쟁이 그것이었다. 10월 20일 인민해방군은 히말라야 서쪽의 실질 통제선과 동쪽의 맥마흔 라인을 넘어 인도군에 선제공격을 가했다. 중국은 그 공격이 영국과 미국의 지원 아래 네루 정권이 자행한 '전진 정책'forward policy에 대한 응징이라고 정당화했다.[26] 그러나 중국이 군사작전을 미소 쿠바 미사일 위기에 맞춰 개시했다는 사실은 중국의 의도에 소련 요인이 있음을 시사한다.

10월 14일 미국은 소련의 쿠바 미사일 기지 건설 사실을 포착하고 쿠바 해역을 봉쇄했다. 27일에는 소련이 미국의 유투U-2 정찰기를 격추하면서 전쟁 위기가 급속히 고조됐다. 결국 인도에 대한 중국군의 공격은 미국과 대립 중인 소련으로부터 지원을 끌어내겠다는 전략이라 할 수 있다.[27] 실제로 소련은 중인전쟁 과정에서 중국의 편에 서겠다는 유화적인 태도를 보였다. 당 기관지『프라우다』Правда는 "인도가 중국이 제시한 조건에 따라 회담해야 한다."거나, "맥마흔 라인은 애초부터 중국의 동의를 얻지 못했다."며 중국을 옹호한 것이다. 미국과 대결 중인 상황에서 중국의 지지가 절박했기 때문이다. 그러나 쿠바 미사일 위기가 충돌 없이 종료되자 소련은 중국-인도 사이에서 다시 중립적인 태도를 보이기 시작했다.[28] 중국이 12월 15일자『인민일보』사설을 통해 "그들이 중인전쟁 중 말로는 형제국이라 외치며 시종일관 중립적 자세로 인도의 후원자가 되었다."라고 맹비난한 것은 중국이 느낀 배신감을 보여 준다.[29]

결박당하지 않으려는 중국

중소 관계는 1962년 중인전쟁 이후 더욱 경색됐다. 중국은 사회주의 이데올로기를 둘러싸고 소련을 공개적으로 비판하기 시작했는데, 급기야 1964년 7월 14일『인민일보』사설을 통해 흐루쇼프의 실명을 거론하며 '가짜 공산주의'假共産主義라고 비난했다.[30] 특히 마오쩌둥 특유의 '내우외환'적 사고는 중국의 위협감을 증폭시켰다. 마오쩌둥은 대약진운동 실패 후 자신에 대한 당내 비판을 소련의 위협과 연결해 사고했다. 외부의 적과 내부의 적이 공모할 수 있다는 우려였다.[31]

베트남전쟁은 이렇게 중소 분쟁이 격화되던 상황에서 발발했다. 따라서 베트남전에 대한 중소 공조는 애초부터 순탄할 수 없었다. 실제로 중소 양국은 베트남전 대응을 둘러싸고 사사건건 대립했다. 소련은 사회주의 진영이 공동전선을 꾸려 베트남을 도와야 한다고 주장했으나, 중국은 이를 거부하고 독자적인 지원을 고수했다. 1964년 6월 24일 마오쩌둥은 북베트남군 총참모장 반 띠엔 중에게 한국전쟁 때 북한을 지원했듯이 북베트남을 지원하겠다고 약속했다. 7월 6일 외교부장 천이는 북베트남 외교부장에게 보낸 서한에서 '순망치한'이라는 단어를 써가며 중국과 베트남의 지정학적 긴밀성을 강조했다. 또한 중국은 통킹 만 사건으로 베트남전이 본격화되자 12월 베트남과 군사 지원에 합의하고 이듬해 6월부터 군대를 파병했다.[32]

반면, 중국은 소련이 제안한 베트남 공동 지원 계획에 대해서는 처음부터 거부반응을 보였다. 소련 총리 알렉세이 코시긴은 1965년 2월 중국을 방문해 국제회의 개최를 제안했다. 베트남 지원에 관해 사회주의 진영의 '연합 행동'을 협의하자는 것이었다. 아울러 소련의 대베트남 지원 물자 수송에 중국의 협조를 요청했다. 중국을 통과해 수송하게 해달라는 내용이었다. 그러나 중국은 소련의 제안을 거부했다. 육상을 통한 물자 수송에는 동의했으나, 영공을 통한 물자 수송 요구는 받아들이지 않았다. 심지어 중국은 소련이 물자 수송 계획을 누설해 미군이 중국의 영공을 침범할 수 있게 한다거나, 소련이 지원을 빌미로 중국의 영공을 통제하려 한다고 비난했다.[33] 4월에 소련이 영공 통과와 중국 내 공군기지 사용을 또다시 요구하자, 중국은 소련이 미국과 공모해 베트남 인민의 투쟁을 좌절시키려 한다고 비난하기도 했다.[34]

중국의 대응은 소련에 의해 베트남전에 결박당할 가능성을 차단하려는 것으로 볼 수 있다. 한국전쟁 때 스탈린의 농간에 휘말렸던 전철을 되풀이하지 않겠다는 것이다. 소련의 연합 행동에 응하고 중국 내 공군기지를 내준다면, 중국 내지로까지 전쟁이 확대될 가능성이 그만큼 컸기 때문이다. 정말 그렇게 될 경우 중국은 다시 소련에 의존할 수밖에 없는 상황이 되는 것이다. 마오쩌둥은 베트남전쟁이 중국으로 확대된다면, 소련이 동맹조약을 명분으로 "양쯔 강 이북 지역을 점령할 것이며, 따라서 양쯔 강을 사이에 두고 중국군과 소련군이 대치할 것"이라며 우려할 정도였다.[35]

미국과 중국, 모종의 공감대가 생기다

소련에 대한 적대감과 달리 중국은 베트남전쟁 초기부터 미국에게 충돌을 원하지 않는다는 신호를 보냈다. 1965년 1월 마오쩌둥은 옌안 시절 만났던 『중국의 붉은 별』*Red Star Over China*의 작가 에드거 스노를 초청해 "우리는 자기 일 하기도 바쁘다. 미국이 북베트남을 침공할 때만 출병할 것이다."라고 속뜻을 드러냈다. 또한 1965년 4월 저우언라이는 미국 방문 예정이었던 파키스탄 대통령 모하마드 아유브 칸에게 중국은 미국과 전쟁을 원하지 않는다는 메시지를 전해 달라고 부탁했다. 그의 미국 방문이 연기되자 외교부장 천이는 주중 영국 대사에게 동일한 메시지를 전달했다. 4월 27일 저우언라이는 버마혁명위원회 주석 네 윈과의 회견에서, "우리는 주동적으로 전쟁을 일으키지 않는다. 미국이 전쟁을 일으킬 때만 반격할 것이다. 전쟁 지원도 베트남이 요구할 때만 보낼 것이다."라고 분명히 했다. 1965년 4월 정치국 확대회의에서 제기된 베트남전 전쟁 구호가 '원월항미'援越抗美라는 사실도 같은 맥락이었다. 한국전 구호인 '항미원조'抗美援朝와 비교해 보면, 전쟁의 주체는 베트남이며 중국은 조력자에 불과하다는 것을 암시했다.[36]

1965년 말 인민해방군 총참모장 뤄루이칭의 실각도 베트남전쟁과 연결돼 있었다. 그는 당시 국방부장 린뱌오와 베트남전 대응을 둘러싸고 대립했다. 뤄루이칭은 소련과의 통일전선전술을 통해 미국에 맞서야 한다고 주장한 반면, 린뱌오는 마오쩌둥의 오래된 전략인 '인민 전쟁'을 주장했다. 전쟁에서는 싸우고자 하는 인민들의 용기와 희생정신 같은 의지가 승패를 가른다는 것이었다. 결국 베트남 인민들 스스로의 힘과 의지가 전쟁 승리의 원동력이 된다는 논리였다. 뤄루이칭의 실각은 문화대혁명 당시 파벌 투쟁의 결과였으나 미국과 충돌하지 않으려는 마오쩌둥의 의중이 반영된 것으로 해석할 수 있다.[37]

미국 역시 베트남전에 대한 개입 수준을 높이면서도 중국과의 군사 충돌은 회피하려 했다. 린든 존슨 정권은 1965년 2월 북베트남에 대한 폭격을 강화하고, 3월에는 해병대를 다낭에 상륙시켰다. 이후 미군은 계속 증원돼 7월에는 총 12만5000명에 달했다. 그럼에도 미국은 미군 증원이 중국과 북베트남 침공을 위한 것이 아니라는 점을 계속 중국에 전달했다. 바르샤바에서 진행되던 대사급 접촉은 미중 간 소통의 핵심 경로가 됐다.[38] 미국은 중국의 포병 부대와 공병 부대가 북베트남에서 작전을 수행하고 있다는 사실을 알고 있었지만, 이를 공개적으로 비난하지 않았다. 중국의 정확한 의도를 우선 파악하겠다는 신중한 행보였다.[39]

미 정책 결정자들의 언행도 바뀌기 시작했다. 1965년 말부터는 베트남전쟁의 배후에 중국이 있다는 기존 주장들을 더 이상 반복하지 않았다. 그 대신 하노이 정권이 베트남전쟁을 주도하고 있다고 발언하기 시작했다. 특히 1966년 2월 미 국무부 동아태 차관보 윌리엄 번디의 발언은 미중 간 모종의 공감대가 형성되고 있음을 드러냈다. 번디는 "중국이 전술적으로 신중하고 미국과 군사적 대립을 추구하지 않는다."라면서, 바르샤바 회담을 통해 미국은 중국에 '적대적 기획'을 추구하고 있지 않다는 점을 전했다고 밝힌 것이다. 중국에 새로운 지도자가 등장한다면 미중 관계의 발전을 기대할 수 있다고도 말했다. 대통령 존슨도 번디의 발언에 무게를 실었다. 미국은 중국과 전쟁을 원하지 않으며 정권 교체도 추구하지 않는다고 공표한 것이다. 실제 미국의 대중국 정책도 바뀌기 시작했다. 존슨 정권은 전면 금지됐던 중국 여행을 의사·학자·작가에 한해 해제했다. 또한 그동안 '페이핑'北平, Peiping으로 불러왔던 중국 수도를 '페이킹'北京, Peiking으로 부르기 시작했다. 페이핑은 장제스 정권이 베이징을 낮춰 부르던 말이었다. 미국은 이제 중화인민공화국 수도를 공식 명칭으로 부르기 시작한 것이다.[40]

미중 양국은 결국 1966년 초부터 양국 간 충돌 차단에 대한 모종의 공감대를 마련했다고 할 수 있다. 물론 중국은 이후에도 미국의 북베트남 폭격에 대해 '미 제국주의'와 같은 정치적 수사를 동원해 비난했다. 언제든 미 제국주의와 싸울 준비가 돼 있다는 의지도 계속 피력했다. 그러면서도 중국은 미국이 먼저 도발하지 않는 한 전쟁할 뜻이 없다는 점을 분명히 했다. 베트남 스스로 전쟁의 주체가 돼야 한다는 원칙을 고수한 것이다.

이런 상황에서 1968년 10월 30일 존슨 정권의 북베트남 폭격 중지 선언은 미중 관계 개선의 전환점이 됐다. 11월 26일 중국 외교부는 성명을 통해 미국의 새 대통령 취임 직후인 1969년 2월에 바르샤바 회담을 개최하자고 공개적으로 요구했다. 그동안 중국이 공식적으로 바르샤바 대사급 회담을 언급해 온 적이 없다는 점에서 이는 분명 적극적인 관계 개선 의지를 드러낸 것이었다.[41] 닉슨의 집권 이후 성사된 미중 화해의 전조였다.

7

미중 화해와
의도하지 않은
결과

중월전쟁과
한미 관계의
악화

키신저 보좌관은 위장병 때문에 나치아가리에서 휴양하고 있습니다.

1971년 7월 8일 주 파키스탄 미 대사관은 이렇게 밝혔다. 백악관 안보 보좌관 키신저는 정부 대표단을 이끌고 태국과 인도를 거쳐 파키스탄을 방문하는 중이었다. 그러나 키신저는 파키스탄 대통령이 주최하는 만찬에 참석한 후 공식 석상에서 사라졌다. 물론 그는 아프지 않았다. 비밀리에 중국으로 향하고 있었다. 키신저는 7월 9일 베이징 공항에 내려 곧바로 댜오위타이釣魚臺로 향했다. 그를 기다리던 저우언라이는 "중미 양국의 고위급 외교 관리가 20여 년 만에 처음으로 한 악수라며 반갑게 맞이했다."[1] 이듬해 2월 21일에는 미 대통령 닉슨이 중국을 공식 방문해 마오쩌둥과 만났다. 미중 관계의 20여 년 단절은 그렇게 종결됐다.

중국으로 세력 공백 메꾸기

대립의 시기 후에 우리는 협상의 시대로 들어서고 있습니다. 모든 나라에 우리 정부의 임기 동안 커뮤니케이션의 통로가 열려 있다는 걸 알립시다. 개방된 세상을 추구합니다. 그런 세상에서는 어떤 사람들도 분노에 찬 고립angry isolation 속에서 살지 않을 것입니다. 우리는 모든 이들을 친구로 만들 수는 없지만, 아무도 적이 되지 않게 할 수는 있습니다. 우리의 적이 될지 모를 이들을 평화적 경쟁으로 초대합시다.[2]

1969년 1월 20일 닉슨의 대통령 취임사 중 일부다. 닉슨이 가리키는 대상은 중국이었다. 대통령이 되기 전 닉슨은 철저한 반공주의자였다. 베트남에 대한 지원을 강력히 주장했고, 중국의 위협에 맞서 싸워야 한다며 목소리를 높였다. 1960년 케네디와 맞붙은 대선 토론에서는 중국이 타이완을 넘어 "모든 세상을 원한다."라고 주장하기도 했다. 이후 집권한 케네디 정권에 대해서도 중국을 제대로 봉쇄하지 못한다며 비난했다.[3] 이랬던 닉슨이 대통령 취임사에서 중국에 유화적인 태도를 보인 것이다.

취임사 자체에 '중국'이라는 단어는 나오지 않았다. 그러나 닉슨은 상원의원 시절인 1967년 외교 잡지 『포린 어페어스』Foreign Affairs에 쓴 글에서 좀 더 명확히 대중국 관계 개선을 주장했다. 닉슨은 "최고의 잠재력을 가진 10억 명의 사람들이 '분노에 찬 고립' 속에 살 만한 곳이 이 작은 지구에는 없다."라고 강조했다. 또한 "중국을 변화시키는 방법은 그들의 이익이 대외 모험주의가 아니라 국내문제의 해결에 관심을 쏟을 때 비로소 보장될 수 있다고 설득시키는 것"이라고 했다. 닉슨은 그 구체적인 방법론으로 '고립 없는 봉쇄'를 제시했다. 미국의 대중국

정책은 절제되어야 하고, 나쁜 행동에 대해 보상하지 않으며, 창조적 압력을 행사해야 한다는 내용이었다. 또한 미국이 직접 나서 중국의 위협에 맞서기보다는 중국 주변 국가들이 스스로 대처할 수 있도록 지원하는 것이 우선이라고 강조했다.[4]

미국이 아시아 문제에서 한 발짝 물러나야 한다는 닉슨의 주장은 1969년 7월 25일 '괌 독트린(닉슨 독트린)'으로 이어졌다. 닉슨은 미국이 아시아 국가들과 맺은 조약에 충실해야 하지만, 그렇다고 미국이 또 다른 베트남전쟁에 휘말려 들어갈 수는 없다고 강조했다. 따라서 핵무기로 위협받지 않는 한 아시아 국가들 스스로 국가를 방어해야 하며, 미국의 역할은 이를 지원하는 것이라고 했다. "미국은 지도dictate하는 것이 아니라 지원assist해야 한다."는 것이었다.[5]

닉슨 정권의 외교를 총괄했던 키신저에 따르면, 미국의 대중국 접근 정책에는 지정학적 고려가 있었다. 닉슨은 1969년 중소 국경분쟁을 평가하면서, 소련이 훨씬 더 위협적이기 때문에 중국이 패배할 경우 미국의 이익이 훼손된다고 보았다. 따라서 미국은 중립적인 입장을 취하면서도 중국에 우호적인 전략을 취하는 것이 합리적이라는 결론을 내렸다. 미국 외교정책의 '혁명적 순간'이었다.[6]

물론 닉슨 정권의 정책이 변화한 이유를 단순히 중소 분쟁으로만 돌릴 수는 없다. 구조적인 차원에서 보면, 닉슨 정권의 대중국 접근은 미국의 이익을 효율적으로 관리하려는 패권 전략이었기 때문이다. 미국은 중국을 동아시아의 파트너로 끌어들여 베트남전쟁으로 흔들리던 패권적 지위를 효율적으로 유지하려 했다. 정치학자 로버트 길핀에 따르면, 패권 국가의 쇠퇴는 과도한 군비 지출이나, 패권 질서에 대한 후발 국가들의 무임승차로 초래되는 재정 위기로부터 비롯된다. 따라서 패권 국가는 세수를 확대하고 군사 제도를 개선한다거나, 대외적으로는 차상위 강대국에게 그런 비용을 떠넘김으로써 좀 더 효율적으로 패권을 유지하려 한다.[7] 로마가 3세기 중엽 이후 재정 개혁을 통해 세수를 확대하고 고트 족을 제국 방어에 활용했던 것이나, 20세기 초 영국이 프랑스 및 러시아와 삼국협상을 맺고 독일을 견제하려 했던 것은 그 사례라 할 수 있다. 닉슨 정권의 대중국 접근도 다르지 않았다.[8]

키신저에 따르면, 당시 닉슨 정권은 두 마리 토끼를 잡아야 하는 딜레마에 빠져 있었다. 베트남으로부터 철군도 해야 하고, 동시에 지역 동맹국들의 신뢰도 잃지 않아야 했다. 이를 위해 닉슨 정권은 '점진적 철수'를 결정했고, 동시에 중국을 포용해 미국의 철수로 초래된 역내 세력 공백을 메꾸려 했다. 소련의 세력 확대를 차단하겠다는 의도였다. 키신저는 미군 철수를 좀 더 도덕적 이유로 채색하고 있기도 하다. 즉, 정책 결정자들이 점점 베트남전쟁을 미국의 '도덕적 실패'로 보았다든지, 정부가 전쟁 중에도 평화를 위해 노력한다는 것을 미 국민들에게 보여 주려 했다는 것이다.[9]

그러나 취임사에서 평화를 주창하던 닉슨이 취임 직후 캄보디아에 대규모 폭격을 감행했던 사실은 도덕과 현실의 극명한 괴리를 보여 준다. 미군의 폭격은 1973년까지 계속됐다. 그해 1월 파리 평화협정이 체결됐음에도 그치지 않았으며, 마지막 6개월 동안 쏟아부은 폭탄은 제2차 세계대전 중 일본에 떨어트린 폭탄 톤수의 1.5배에 달했다. 그 결과 수십만 명의 캄보디아 사람들이 죽었다.[10] 이런 폭격은 베트남전쟁을 도덕적 실패로 규정한 키신저의 말이 얼마나 위선적인지를 드러낸다. 닉슨 정권이 베트남으로부터 철수하고 동시에 중국에 접근한 것은 '선함의 증명'이 아니라 새로운 패권 전략이었을 뿐이다.

마오의 대미 접근: 원교근공 전략의 재소환

> 일본 너머에는 미국이 있지 않은가. 우리 선조들은 인접한 국가들과 전쟁을 치르는 동안에는 멀리 떨어져 있는 다른 나라와 협상을 강구하는 전법을 구사했어. …… 미국은 소련과 달라. 미국은 중국의 영토를 가지고 있지 않지.

1969년 여름 마오쩌둥은 그의 주치의 리즈수이에게 이렇게 말했다. 그해 3월 우수리 강 전바오珍寶 도에서 중소 간 군사 충돌이 벌어진 이후 전면전 위기가 고조됐다. 마오쩌둥 정권은 소련의 전면 공격에 대비해 접경 지역 주민들을 소개시키고 도시마다 깊은 지하 방공호를 만들었다. 이와 동시에 미국에 접근했다. 마오쩌둥은 소련과 인도, 그리고 일본이 연합해 동서남북에서 중국을 공격하면 연대할 나라는 미국밖에 없다고 강조했다.[11]

국경 충돌은 중소 분쟁의 원인이 아니라 결과였다. 1960년대 내내 이어지던 이념 분쟁은 1968년 9월 소련이 이른바 '제한 주권론(브레즈네프 독트린)'을 내세우면서 전환점을 맞게 된다. 제한 주권론은 어떤 사회주의 국가도 사회주의 진영과 고립돼 생존할 수 없기 때문에 진영 전체의 이익에 어긋나는 행동을 할 수 없다고 규정했다. 따라서 만약 그런 상황이 발생한다면, 사회주의 진영은 공동 개입할 수 있다고 강조했다.12 실제로 소련은 제한 주권론의 원칙대로 행동했다. 그해 8월 체코슬로바키아에서 반소 시위가 발생하자 소련군이 개입해 유혈 진압하고, 공산당 총서기 알렉산더 둡체크를 모스크바로 압송한 것이다. 중국 지도부는 충격을 받을 수밖에 없었다. 중국이 체코슬로바키아 사태를 "소련을 패주로 하는 식민 제국을 건설하려는 것"이라고 맹비난하면서, "소련은 이미 사회제국주의가 됐다."라고 규정한 것은 마오쩌둥 정권의 공포심을 보여 준다.13 1969년 2월 중국이 미국에 바르샤바 대사급 접촉을 먼저 제의한 배경에는 이런 위협 인식이 있었다.14

　1969년 2월 마오쩌둥은 문혁으로 고초를 겪던 천이, 녜룽전 등 인민해방군 장군들을 소환해 중국이 취해야 할 전략을 분석하라고 지시했다. 전략 문제에 밝은 그들의 지혜를 빌리겠다는 심산이었다. 그들은 촉나라가 오나라와 연합해 위나라를 견제했던 제갈량의 전략이나, 1938년 히틀러가 영국에 맞서기 위해 스탈린과 맺었던 독소 불가침 조약을 분석하며 중국의 전략을 가다듬었다. 그들의 결론은 미국보다 소련이 더 위협적인 적이기 때문에 미국 카드를 활용해야 한다는 것이었다. 이를 위해 미국과 대사급 이상의 고위급 회담이 필요하다고 건의했다. 원활한 대미 접촉을 위해 타이완 문제의 우선 해결을 고집할 필요가 없다고도 했다. 표면적으로 중국은 닉슨의 유화정책을 제국주의

적 수법이라 비난하고 있었지만, 수면 밑에서는 대미 접근 전략을 정교화하고 있었던 것이다.[15]

닉슨 정권은 마오쩌둥이 전통적인 '이이제이' 전술을 구사하고 있다는 것을 간파했다.[16] 닉슨이 마오쩌둥과의 회담에서 미소 양국 중 누가 더 중국을 공격할 위험이 있는지 물었던 것도 이런 맥락에서였다. 닉슨은 저우언라이와의 회담에서도 미중 관계 개선이 양국의 '현실적' 이익을 충족시킨다고 강조했다. 소련이 중국 접경을 따라 백만 군대를 주둔시킨 상황에서 '미 제국주의 타도'와 같은 중국의 이념적 공세는 결국 쓸모없다는 논리였다.[17]

물론 미국은 미중 관계 개선이 미소 관계 악화로 이어지는 것을 바라지는 않았다. 오히려 대중 관계와 대소 관계를 동시에 개선해 미-중-소 삼각관계에서 미국의 전략적 우위를 극대화하려 했다. 실제로 소련은 미중 관계 개선이 자국의 고립을 초래하지 않을까 우려했기 때문에 그만큼 대미 관계 개선에 적극적이었다. 이에 따라, 1972년 5월 닉슨은 모스크바에서 레오니트 브레즈네프와 '전략무기제한협정'을 체결했으며, 1974년 12월 블라디보스토크에서 신임 대통령 제럴드 포드는 브레즈네프와 정상회담을 열었다. 미소 데탕트의 시작이었다. 키신저의 표현대로 미국은 대중 관계 및 대소 관계를 동시에 진전시킴으로써 '외교적 유연성'을 극대화할 수 있게 된 것이다.[18]

중국은 이런 상황 전개를 반길 수 없었다. 1973년 말부터 미중 관계가 더 이상 진전되지 못했던 것도 이 때문이다. 마오쩌둥은 미국이 의도적으로 중소 관계를 악화시킬 수 있다고 의심했다. 미국 자신이 베트남전이라는 수렁에 빠졌던 것처럼 이제는 소련을 중국이라는 수렁에 빠져들게 하려는 것이 아닌지 키신저에게 질문했을 정도였다. 더욱이 워터게이트 사건으로 닉슨의 정치적 입지가 약화되면서 미중 관계는 더 이상 진전되지 못했다. 대내 입지가 취약해진 닉슨은 타이완에 우호적인 공화당 의원들을 무시할 수 없었다.[19] 의회는 '전쟁권한법'War Power Act을 통과시켜 대통령의 전쟁 수행 권한을 제약했으며, 중국과 협력해 캄보디아 연합 정부를 수립하려던 닉슨의 시도를 좌절시켰다. 결국 중국이 희망하는 대소련 공동 견제에 닉슨 정권이 호응하지 못하자 미중 관계 개선의 동력은 점점 고갈되어 갔다.[20]

이런 상황에서 1970년대 후반 시작된 미소 '신냉전'은 미중 관계 개선의 동력을 되살리는 계기가 되었다. 소련이 에티오피아·앙골라 내전에 개입하고 전략무기 감축에 소극적이자 미소 관계는 빠르게 경색되기 시작했다. 동시에 중소 관계 역시 악화됐다. 소련은 접경지대에서 군대를 철수하라는 중국의 요구를 거부했다. 더욱이 소련이 지원하는 통일 베트남이 캄보디아를 침공해 친중 정권을 전복시켰다. 이런 상황에서 미 대통령 지미 카터는 1978년 5월 안보 보좌관 즈비그뉴 브레진스키를 중국에 보내 관계 정상화를 타진했으며, 결국 1979년 1월 1일 미중 관계 정상화가 이루어졌다.[21] 문제는 관계 정상화가 그들에 의존했던 주변 약소국들을 소외시켰다는 사실이다. 중국은 통일 베트남을 잃어버렸고, 한미 관계는 벼랑 끝에 내몰렸다. 미중 관계 정상화의 의도하지 않은 결과였다.

중국, 베트남을 공격하다

1979년 2월 15일 중국은 베트남에 선전포고를 했다. 덩샤오핑이 미국에서 돌아온 직후 내린 결정이었다. 베트남이 친중 국가인 캄보디아를 침공하고 베트남 내 중국인들을 박해한 것에 대한 '징벌'이 필요하다는 이유에서였다. 이틀 후 인민해방군은 접경지대를 넘어 베트남으로 진격했다. 전쟁은 중국이 일방적 승리를 선언하고 철수하기까지 한 달여 계속됐다. 그러나 전쟁 결과는 중국의 주장과는 달랐다. 중국군은 오랜 전쟁으로 단련된 베트남 군대에 고전했다. 중국군은 2만6000명이나 사망했고, 부상자도 3만7000명에 달했다. 물론 베트남군의 피해도 상당했다. 전사자 3만 명에 부상자는 3만2000명에 달했다.[22]

중월전쟁은 '영원한 적도 우방도 없다'는 국제정치의 냉혹함을 보여 준다. 불과 10여 년 전 '원월항미'라는 구호 아래 베트남을 지원했던 중국이 이제 베트남과 전쟁을 벌인 것이다. 중월전쟁은 소련에 밀착하는 베트남에 대한 중국의 반격이었다. 중국은 1978년 11월 체결된 베트남-소련의 동맹조약을 대중국 포위 전략으로 간주했기 때문에 이에 대한 단호한 의지를 내비쳐야 했다.

이러면서도 중국은 미국을 활용해 소련의 개입을 차단하려는 전략적 행태를 보였다. 덩샤오핑이 미국 방문을 마친 직후 전쟁을 개시한 것도 중국의 배후에 미국이 있음을 소련에 암시하려는 행동이었다. 덩샤오핑은 방미 중 미국에 전쟁 의도를 알렸으나 지원 요청은 하지 않았다. 카터 정권 역시 '암묵적 동의'와, 소련의 움직임에 대한 군사정보를 제공했을 뿐이다. 그러나 이런 내막을 알 수 없었던 소련은 군사개입을 자제할 수밖에 없었다. "소련을 겁박하려는 덩샤오핑의 그림자 연극"이 성공한 것이다.[23] 이렇게 보면, 1979년 중월전쟁은 결국 미국의 '준동맹국' 중국과 소련의 동맹국 베트남이 벌인 일종의 미소 대리전쟁이라 할 수도 있다.

베트남은 왜 통일 후 소련과 동맹을 맺고 중국에 맞섰을까? 통일 베트남은 베트남전 당시 중국이 소련에 비해 적극적으로 도와주지 않았다는 배신감을 가지고 있었다. 앞에서도 말한 것처럼, 소련은 베트남전 당시 중국을 전쟁에 결박시켜 전략적 이익을 확보하려 했다. 소련은 중국에 '연합 행동'을 요구했고, 군수물자 수송을 위해 영공을 개방하라고 요구했다. 그러나 중국은 이를 거부했다.

베트남으로서는 이런 중국의 행동을 이해하기 어려웠을 것이다. 한국전쟁부터 이어진 중소 관계의 내막을 알지 못했기 때문이다. 중국은 베트남에게 소련의 '저의'를 끊임없이 비난했다. 소련이 지원을 빌미로 중월 관계를 이간시키려 한다고 경고했다. 소련의 지원 없이 싸우는 것이 더 낫다고도 했다. 중국은 소련과 달리 베트남을 미국에 팔아먹지 않을 것이라고 강조하기도 했다.[24] 베트남이 더욱 이해할 수 없었던 것은 애초 약속했던 전면 지원을 중국이 제대로 지키지 않았다는 사실이다. 중국군은 한국전쟁 때와 달리 전쟁 내내 후방에만 머물렀다. 게다가 '인민 전쟁' 전략을 거론하며 베트남 스스로 미국에 맞서 싸우라고 권유했다. 무엇보다 중국은 미국과 충돌하려 하지 않았다.

"소련은 나의 두 번째 조국이다." 베트남노동당 서기 레주언은

1966년 3월 소련 방문 당시 이렇게 말하기도 했다. 레주언의 발언은 베트남이 소련으로 경도되고 있음을 나타낸다. 중국은 레주언의 발언에 불쾌함을 숨기지 않았다. 중국은 그 직후 베트남에 대한 지원을 삭감한다거나, 베트남이 중국의 지원 방식에 대해 무언가 다른 뜻이 있다며 비판했다.[25] 중월 전쟁 직후 베트남 외교부가 발표한 중국에 관한 백서는 베트남이 느낀 배신감을 명확하게 보여 준다. 베트남전쟁 당시 중국이 전쟁 승리에 필요한 물자 지원을 제한함으로써 베트남 통일을 방해했다는 것이 그 핵심 내용이었다.[26] 소련의 전쟁 결박 전략에 다시 말려들지 않겠다는 중국의 행동은 결국 베트남 상실이라는 뜻하지 않은 결과를 초래했다. 정치학자 니콜라스 쿠의 표현대로, 중월전쟁은 결국 중소 분쟁의 '부수적 피해'였다. 중국이 의도하지는 않았지만 감수해야 할 결과였다.[27]

한반도는 종속 변인

북이든 남이든 한국인들은 정서적으로 충동적인 사람들입니다. 우리 양국이 그들의 충동성과 호전성이 우리를 당황하게 하는 사건을 일으키지 않도록 영향력을 행사하는 게 중요합니다. 한반도가 우리 양국 간 분쟁의 장소가 되는 것은 어리석고 비이성적입니다. 전쟁이 한 번 일어났으면 됐지 절대로 또다시 벌어지면 안 됩니다. 나는 총리와 협력하여 이런 사태를 방지할 수 있다고 생각합니다.[28]

1972년 2월 23일 베이징에서 닉슨은 저우언라이에게 이렇게 말했다. 핵심은 양국이 한반도 전쟁에 다시 연루돼서는 안 되며, 그런 상황을 방지하기 위해서라도 각각의 동맹국인 남북한을 통제해야 한다는 것이었다. 저우언라이도 공감했다. 어렵사리 20여 년의 단절을 끝냈는데 또다시 한반도에서 서로 싸운다는 것은 악몽과도 같았다.

한반도 분쟁을 막기 위한 미중 양국의 대응은 무엇이었을까? 그것은 역사학자 홍석률의 표현대로 한반도 문제를 '내재화'하는 것이었다. 즉, 한반도 문제를 미중 양국 간의 문제가 아니라 남북한 당사자 간의 문제로 제한해 양국의 연루 가능성을 낮추려 한 것이다. 이에 따라 미중 양국은 남북한 간 직접 대화를 유도함으로써 한반도 긴장을 완화하려 했다. 1971년 7월 15일 닉슨의 중국 방문 계획 발표 직후부터 시작된 남북한 적십자 접촉은 그 결과라 할 수 있다. 1972년 7·4 남북공동성명에 대해 미중 양국이 환영했던 것도 동일한 맥락이었다. 중국이 언커크(UNCURK, 유엔 한국통일부흥위원회)의 해체를 강조했던 이유도 다르지 않다. 언커크는 한반도 문제를 논의하는 유엔 조직이었기 때문에 그것을 해체함으로써 한반도 문제의 외부화를 차단하려 한 것이다.[29]

남북한은 이런 미중 양국의 움직임을 환영할 수만은 없었다. 강대국들이 서로 담합해 동맹국을 방기해 버리는 상황이기 때문이다. 시장에서 카르텔이 형성되면 소비자가 피해를 보는 것과 같았다. 국제정치에서 약소국들은 강대국들이 제공하는 안보 상품을 구매하는 소비자가 된다. 따라서 강대국 간 경쟁 강도가 완화되면 그 중간에 위치한 약소국의 입지는 축소될 가능성이 크다.[30] 남북한도 예외가 아니었다.

"타이완 문제만 보더라도 강대국은 자국의 이익을 위해 소국을 희생시키고 있습니다."

"중국과 소련도 마찬가지입니다."

1971년 11월 20일, 각각 남북한 적십자 대표단의 일원이었던 정홍진과 김덕현 사이의 대화는 이를 단적으로 보여 준다.[31] 김덕현이 미중 관계의 급진전으로 미국이 타이완을 방기해 버릴 가능성을 지적하면서 남한도 그럴 운명에 처할지 모른다고 암시하자, 정홍진은 북한도 소련과 중국에게 그런 경우를 당할 수 있음을 환기시킨 것이다. 남북적십자 회담과 7·4 남북공동성명은 안정적인 남북 관계를 바라는 미중이 압박한 결과이기도 하지만, 그 배경에는 한반도 문제가 강대국들의 흥정거리가 될 수 없다는 남북한의 공감대도 분명 존재했다. 남북한은 "장기판의 졸이 되길 거부하고 자신들의 장기판을 차리려 했던 것"이다.[32]

그럼에도 북한은 남한보다 미중 관계 개선에 전향적인 태도를 보였다. 상하이 공동성명이 발표되자 전체 내용을 이례적으로 보도하고 지지했다. 북한은 중국으로부터 구체적인 정보를 사전에 전달받고, 미중 관계 개선이 북미 관계 개선으로 이어질 것이라 기대했기 때문이다. 저우언라이는 키신저와의 회담 직후인 1971년 7월 15일 방북해 관련 정보를 김일성에게 전달했다. 김일성은 곧바로 부총리 허담을 중국에 보내 주한미군 철수 등 북한의 요구 사항을 미국에 전달해 달라고 요청했다. 닉슨이 중국을 방문하고 돌아간 직후에도 중국은 북한에 관련 사항을 상세히 통보했다.[33]

물론 북한에 대한 중국의 배려는 미중 관계의 안정이라는 대전제 아래에서만 가능했다. 북한의 행동이 미중 관계를 훼손할 가능성이 있다면 용납될 수 없었다. 실제로 1975년 4월 김일성이 중국을 방문해 남한에 대한 무력 통일 의사를 밝히자 중국 지도부는 단호하게 반대했다. 김일성의 남침은 미중 관계의 파국을 초래할 것이 분명했기 때문이다. 지속적으로 김일성에게 남북대화의 중요성을 강조한 것 역시 동일한 맥락이었다.[34] 중국이 1983년 랑군 테러 사건에 강한 불만을 드러냈던 것도 다르지 않았다.[35]

한미 동맹은 나락으로

미국 역시 박정희 정권에게 북한과의 대화를 계속해야 한다고 압박했다. 주한 미 대사 윌리엄 포터는 1971년 4월 미국에 보낸 전문에서, 박정희 정권이 한반도 긴장 완화를 위해 만족할 만한 조치를 하지 않으면 미국이 직접 북한과 접촉할 것이라는 경고를 보내야 한다고 했다. 그해 진행된 남북적십자회담과 이듬해 7·4 남북공동성명은 이런 미국의 압력이 작동한 결과였다.[36]

이런 맥락에서, 박정희 정권은 김일성 정권보다 미중 관계 개선에 더 큰 소외감을 가졌을 가능성이 크다. 무엇보다 박정희 정권은 미중 화해가 주한미군 철수로 이어질 수 있다는 점을 극도로 우려했다. 주한 미군 철수가 남한의 안보 상황을 훼손하는 것은 둘째 치고 미국을 위해 베트남전에 파병했던 박정희 정권은 미국의 행태를 동맹에 대한 '방기' 행위로 간주했을 것이다.

미중 관계가 개선되면서 박정희 정권의 우려는 현실이 되기 시작했다. 1969년 8월 닉슨은 박정희와 회담에서 미국의 방위 공약을 확약했으면서도, 키신저에게는 주한미군 감축안을 마련하라고 지시한 것이다. 그에 따라 미국은 1970년 3월 주한미군 감축 계획을 남한에 일방적으로 통고했다. 박정희 정권은 강력하게 반발했다. 8월 주한미군 감축 문제를 협의하러 방한한 미 부통령 스피로 애그뉴와의 회담에서 박정희는 식사도 하지 않고 여섯 시간이나 논쟁을 벌였다. 애그뉴는 귀국 비행기 안에서 주한미군을 5년 안에 전원 철수할 것이라며 불쾌감을 숨기지 않았다. 이런 진통 끝에 1971년 2월 한미 양국은 결국 한국군 현대화를 조건으로 미군 2만 명 감축에 합의하기에 이른다.[37]

박정희 정권의 최후 카드는 핵 개발이었다. 핵 개발을 통해 한미 동맹의 약화를 상쇄시키겠다는 것이었다. 1973년부터 76년까지 미 중앙정보국CIA 한국 지부장을 지냈던 도널드 그레그의 증언에 따르면, 박정희는 베트남전에서 공산주의의 확산을 저지하는 데 실패한 미국의 방위 공약을 신뢰하지 않았다. 그럴수록 자체 핵무장은 더욱 매력적인 카드였다. 1978년 작성된 CIA 기밀 보고서는 박정희가 1974년 후반 핵 개발 계획을 승인했다고 판단했다.[38] 반면 당시 청와대 제2 경제 수석 오원철의 증언에 따르면, 박정희는 1972년 초 비서실장 김정렴과 오원철에게 핵 개발 지시를 내렸다.[39]

미국은 박정희 정권의 핵 개발을 적극적으로 차단하려 했다. 남한의 핵 개발은 북한을 자극해 한반도 안보 위기를 초래할 수 있기 때문이었다. 한반도 문제를 내부화시켜 전쟁에 연루되는 상황을 차단하려는 미국에게는 심각한 위협이었다. 또한 남한의 핵 개발은 한반도를 둘러싼 강대국 질서의 급변을 초래할 위험성도 있었다.

> 한국은 일본 등 다른 나라와 달리 분단돼 있으며 미묘한 세력 균형
> 상의 문제가 있다.[40]

주한 미 대사 리처드 스나이더의 발언이다. 다른 국가의 핵 재처리 시설은 가만 놔두면서 왜 한국만 문제 삼느냐는 외무차관 노신영의 항변에 대한 답변이었다. 남한 핵 개발은 동북아 안보 질서를 불안정하게 만들 수 있다는 미국의 우려가 드러난다.

핵 개발을 중단시키려는 미국의 압력은 전방위적이었다. 핵 개발을 취소하지 않을 경우, 민수용 핵발전소 건설 지원 중단, 수출입 규제, 국방 현대화 지원 중단, 그리고 핵우산 철회 및 주한미군 철수를 경고했다. 결국 1976년 1월 박정희 정권은 프랑스로부터 핵 재처리 시설을 도입하려던 계획을 취소하기에 이른다. 남한을 방기해 버리겠다는 미국의 '할 수 있는 한 가장 강력한 항의'에 굴복했던 것이다.[41]

그럼에도 박정희 정권이 핵 개발을 완전히 포기했던 것은 아니다. 미국 역시 향후 남한이 미국의 핵우산으로부터 보호받지 못하거나 주한미군이 철수한다면 핵 개발을 언제든 재개할 수 있다고 판단했다.[42] 실제로 1977년 집권한 카터가 주한미군 철수를 공표하자 박정희 정권

은 핵 개발 프로그램을 재개했다. 민수용 핵 프로그램에 대한 연구였지만, 언제든 군수용으로 전환할 수 있다는 계산이었다.[43] 사실, 미국의 압력에 따라 핵 재처리 시설 도입을 포기한 1976년 1월 이후에도 박정희 정권이 핵 개발을 '은밀하게' 진행했던 정황이 있다. 1976년 말 박정희가 재처리 시설과 원자로를 자체 개발하라는 지시를 내렸다는 것이다. 자체 원자로를 통해 확보한 플루토늄으로 핵무기를 제조할 수 있다는 의도였다. 박정희의 정무 비서관이었던 심융택의 증언에 따르면, 핵 개발이 계획대로 진행됐다면 1982년 무렵까지는 핵무기 보유가 현실화될 수도 있었다.[44] 핵 개발 프로그램의 책임자였던 오원철의 증언도 이를 뒷받침한다. 10·26은 이런 상황에서 일어났다.

미국은 10·26과 전혀 무관하다는 입장을 여러 차례 밝혔다. 물증 또한 없었다. 그러나 10·26 직전 한미 관계가 최악의 상황이었다는 사실은 부인하기 어렵다. 10월 4일 신민당 당수 김영삼 제명 사건은 한미 갈등을 수면 위로 폭발시켰다. 김영삼이 『뉴욕타임스』와의 회견에서 박정희의 유신 독재를 비난하자, 관제 국회는 그를 전격적으로 제명했다. 이에 반발해 카터는 미 대사 윌리엄 글라이스틴을 소환했다. 주일 미 대사 마이클 맨스필드는 "미국의 아시아태평양 외곽 방위선 안에 남한은 포함되지 않는다."라는 도발적 발언까지 불사했다.[45]

사실, 1979년 박정희 정권의 붕괴와 1977년 파키스탄의 부토 정권의 붕괴는 유사한 측면이 있다. 부토 정권 역시 핵 개발을 둘러싸고 미국과 대립하다 군부 쿠데타로 붕괴됐다는 점에서 그렇다. 당시에도 쿠데타의 배후에 미국이 있다는 소문이 공공연했다.[46] 그러나 대통령 암살 이후 한국과 파키스탄의 경로는 달랐다. 미국이 파키스탄의 핵 개발을 묵인한 것이다. 미국의 행태는 미소 신냉전과 유의미한 상관관계가 있었다. 1979년 12월 소련이 아프가니스탄을 침공하자 미국에게 파키스탄의 지정학적 가치가 그만큼 중요해졌다.[47] 또한 파키스탄의 핵 개발은 미중 관계에 부정적 영향을 주지 않았다. 중국은 오히려 파키스탄의 핵 개발을 지원해 소련과 인도를 견제하려 했다.

전두환 정권이 집권 초기 핵 개발 프로그램을 전면 폐기했던 배경에는 미국의 강력한 압박이 있었다. 더욱이 쿠데타와 시민 학살로 집권한 전두환으로서는 전격적인 핵 포기로 미국의 환심을 사야 할 필요도 있었다. 전두환은 집권 직후 핵 개발을 책임졌던 국방과학연구소 직원 대부분을 해고했다.[48] 전두환의 생존 전략은 일정한 성공을 거뒀다. 1981년 1월 집권한 로널드 레이건이 취임 후 제일 먼저 만난 인물이 전두환이었던 것이다. 그 자리에서 레이건은 미군 철수를 백지화하고 미국의 확고한 방위 공약을 재확인했다.[49] 미중 관계 정상화의 의도하지 않은 결과였던 한미 동맹의 균열은 그렇게 복원됐다.

8

중국의
개혁 개방과
달러 체제로의 편승

1978년 12월 18일부터 나흘간 열린 중국공산당 제11기 중앙위원회 3차 전체회의(11기 3중 전회)는 향후 중국의 최우선 정책 목표가 경제 발전에 있음을 공표했다. 대약진 시기부터 이어진 마오쩌둥의 좌경 정책을 종결하고 개혁 개방의 개시를 알린 것이다. 그리고 중국은 11기 3중 전회가 끝난 지 열흘 만에 미국과 관계를 정상화했다. 중국의 개혁 개방과 미중 수교가 밀접한 상관관계가 있음을 보여 준다.

개혁 개방은 1958년 마오쩌둥이 추진한 대약진운동과 같으면서도 다르다. 두 정책 모두 경제 발전 전략이라는 사실, 그리고 중국의 풍부한 노동력을 활용한다는 사실은 동일하다. 그러나 외국자본의 존재 유무가 다르다. 대약진운동은 자력갱생, 즉 외국자본 없이 중국의 힘만으로 경제 발전을 하려 했다. 반면, 개혁 개방은 미국과 서방의 자본을 받아들여 경제를 발전시키려 했다. 결과 역시 달랐다. 대약진운동은 '대실패'로 끝났지만 개혁 개방은 성공적이었다.

미중 수교와 중국의 개혁 개방은 미국의 문호개방정책이 재개됐음을 의미한다. 미국 스스로도 중국의 개혁 개방 정책을 'Open Door Policy'라고 불렀다. 중국의 개혁 개방 시기에도 미국은 일관되게 중국 시장의 '기회균등'을 주장했다. 미국은 비관세 장벽 철폐를 요구하고 미국 기업의 정당한 통상 활동을 보장하라고 요구했다. 2001년 중국의 세계무역기구WTO 가입은 문호개방정책을 '법제화'하려는 미국의 지지가 있었기 때문에 가능했다. 2018년 시작된 미중 무역 전쟁에도 지적재산권을 보호하라는 미국의 요구가 투영돼 있었다.

물론 1978년 재개된 미국의 문호개방정책은 과거의 그것과 완전히 같을 수는 없다. 무엇보다 그 주체가 달라졌다. 1900년 미 국무장관 존 헤이가 문호개방을 주장했을 때 문을 열어야 할 주체는 중국이 아니라 열강이었다. 이후 그 주체는 국민당 정권이 됐고 이제 공산당 정권이 된 것이다. 문호개방의 대상 품목도 달라졌다. 과거의 개방 대상은 미국의 제조업 상품이었지만, 지금은 기술 지식(지적재산권)이나 금융이 되었다. 이와 동시에 중국 역시 미국 시장에서 한 해 4천억 달러에 달하는 무역 흑자를 얻고 있다. 이렇게 보면, 1978년 이후 중국의 개혁 개방 정책은 미중 협력 속에 이뤄지고 있는 '문호개방 2.0'이라 할 수도 있다.

7장에서 설명한 바와 같이 1970년대 미중 화해와 관계 정상화는 분명 지정학적 요인이 있었다. 미국은 중국을 끌어들여 베트남전으로 위기에 처한 패권 지위를 효율적으로 유지하려 했고, 중국은 소련의 위협을 견제하기 위해 미국의 손을 잡았다. 그러나 지정학 요인만으로는 탈냉전기 미중 관계를 설명하는 데는 한계가 있다. 소련이 해체됐음에도 미중 관계는 더욱 밀접해졌기 때문이다. 따라서 지정학 더하기 알파를 봐야 한다. 그 알파는 물론 경제다.

브레턴우즈 체제의 붕괴, 달러 패권은 이상무

달러를 더는 금으로 바꿔 줄 수 없습니다.

1971년 8월 15일 닉슨은 텔레비전에 출연해 이렇게 발표했다. 금-달러 태환의 중지 선언이었다. 브레턴우즈 체제는 그렇게 해체됐다. 키신저가 비밀리에 중국을 방문한 지 꼭 한 달 만의 일이었다. 금-달러 태환 중지는 베트남전쟁의 결과였다. 막대한 전비를 충당하기 위해 미국이 과도하게 달러를 찍어내자 다른 국가들은 달러의 안정성에 의구심을 가지기 시작했다. 그럴수록 달러를 금으로 바꿔 달라는 요구가 쇄도했다. 금-달러 태환 중지는 이에 대한 미국의 대응이었다.

1944년 7월, 미국 뉴햄프셔 브레턴우즈에서 자본주의 주요국들이 모여 전후 국제 통화 질서에 합의했다. 핵심은 금-달러 태환이었다. 금 1온스를 35달러에 고정시켜 달러를 기축통화로 설정한다는 것이었다. 미 달러를 기축통화로 하되 미국은 다른 국가들이 달러를 가져오면 그 비율대로 금으로 바꿔 줘야 할 의무를 짊어졌다. 물론 미국은 그런 의무와 비교도 할 수 없는 특혜를 갖게 됐다. 필요할 때마다 언제든 달러를 발행해 사용할 수 있게 된 것이다. 원칙적으로 미국은 자국의 금 보유량 내에서 달러를 찍어 내야 하지만, 다른 국가들이 일거에 몰려와 금으로 바꿔 가지 않는 한 그럴 필요가 없었다. 그런 뱅크런 가능성은 희박했다. 따라서 경제학자 배리 아이켄그린의 표현대로, 미국은 달러 발행과 유통을 통해 '과도한 특권'을 누리게 됐다.[1]

달러는 어떻게 패권 통화로 부상했을까? 제1, 2차 세계대전을 거치면서 강화된 미국의 정치·경제적 위상 때문이었다. 다른 국가들은 그런 미국을 신뢰했기 때문에 미국이 발행하는 달러를 믿고 사용했다. 미국은 세계대전에 개입해 독일과 일본의 위협을 무력화시켰다. 세계 각국에게 미국은 일종의 '구원자'가 된 것이다. 또한 유럽 국가들이 전비 충당을 위해 환어음을 남발한 반면, 미국은 전시경제의 활황으로 벌어들인 돈을 다시 유럽 국가들에 빌려주면서 막대한 채권국이 됐다. 더욱이 달러 발행을 금과 엄격히 연동시킴으로써 달러의 안정성을 확보했다.[2]

전후에도 미국의 정치력은 달러 패권의 공고한 토대가 됐다. 미국은 전쟁으로 피폐해진 국가들에 복구 자금을 지원해 준다거나 공산주의 위협으로부터 보호해 주는 역할을 자임했다. 그럴수록 서방의 중앙은행들과 투자자들은 달러를 최고의 안전 자산으로 간주했다.[3] 정치경제학자 수잔 스트레인지에 따르면, '구조적 힘'을 가진 국가는 안보·생산·금융·지식 영역 등에서 다른 국가가 따라야 할 규범과 규칙을 설정한다. 일종의 프레임 설정 능력이다. 특히 한 영역의 우월한 능력은 다른 영역의 능력까지 배가시킨다. 안보 능력이 타국에 비해 우월하다면, 생산이나 금융 영역에서도 자국에 유리한 프레임을 짤 수 있으며 그 역관계도 가능하다.[4] 달러 패권도 미국의 압도적인 군사력, 생산능력, 그리고 소프트 파워가 있어 비로소 가능했다.

이렇게 보면 1971년 닉슨이 금-달러 태환 중지를 호기롭게 선언할 수 있었던 것도 미국의 구조적 힘이 여전히 최강이라는 자신감이 있었기 때문일 것이다. 비록 금은 부족하더라도 구조적 힘은 여전히 압도적이므로 달러 패권은 유지될 수 있다는 것이다. 닉슨의 생각은 틀리지 않았다. 이후에도 기축통화로서 달러의 위상은 흔들리지 않았다.

결국 브레턴우즈 체제의 종결은 금-달러 태환이 안보-달러 태환으로 전환됐음을 의미한다. 미국은 소련의 위협에 직면한 서독 및 일본 등 하위 동맹국들의 안보를 책임져 주고 이들은 달러를 부양하는 것이다. 대내외적 안보 위협에 직면하던 중동 국가들도 안보-달러 태환 체제에 동참했다. 사우디아라비아 등 주요 산유국들이 원유 거래를 달러로 결제하기 시작한 것이다. 이른바 '오일달러'의 출현이었다.[5]

안보-달러 태환은 현재까지도 크게 달라지지 않았다. 미국은 상황에 따라 좀 더 노골적인 달러 패권 강화 전략을 구사하기도 한다. 달러 패권에 저항하는 국가들을 군사적으로 압박해 순응시키는 것이다. 2003년 미국의 이라크 침공의 목표가 달러 패권의 유지였다는 주장이 있을 정도다. 당시 후세인 정권이 원유 결제 대금을 달러에서 유로화로 변경하려 하자 이라크 침공을 감행했다는 것이다. 또한 아부다비와 두바이가 중동의 금융 중심지가 되려는 야심을 보이자 미국이 정치적 압력을 행사했다는 주장도 있다. 미국에게 금융 중심지는 뉴욕의 월가여야만 했다는 것이다. 냉전이 종결됐음에도 미국이 유럽 각국을 나토에 묶어 두려는 것 역시 안보를 이용한 달러 패권 유지 전략이라 해석할 수 있다.[6]

탈냉전 시기 미국의 국방예산이 대폭 증가하고 있는 사실도 주목할 만하다. 2020년 미국의 국방예산은 7500억 달러에 달한다. 2위인 중국부터 13위까지 국가들의 국방예산을 다 합친 것보다 많다.[7] 소련의 위협이 사라진 시기에 미국이 이렇게 막대한 국방비를 쏟아 붓고 있는 이유는 무엇일까? 정치학자 에드워드 루트왁이 지적하는 것처럼, 공멸을 초래할 전쟁이 더는 목적이 될 수 없다면 군사력은 전쟁 대비보다는 경제 이익을 확보하기 위한 '수단'으로 사용될 가능성이 커진다.[8] 예를 들어, 버락 오바마 정권이 추진한 '아시아로의 회귀'Pivot to Asia 정책은 미국의 힘을 과시함으로써 역내 국가들에게 달러 부양을 촉진하려는 전략으로 해석될 수 있다. 북핵 문제나 남중국해 문제, 그리고 타이완 문제에 대한 미국의 확고한 대응 태세는 그 사례라 할 수 있다.[9]

미국의 달러 장사

금-달러 태환을 중지함으로써 미국은 달러를 무한대로 발행할 수 있게 됐다. 최소한 기술적으로는 그랬다. 실제로 브레턴우즈 체제 붕괴 직후부터 미국은 달러를 대량 발행해 전 세계로 '유통'하기 시작했다. 〈그림 1〉은 1970년대 초부터 미국의 총 통화량이 급증했음을 분명히 보여 준다. 미국이 달러를 대외적으로 유통한 방법은 〈그림 2〉가 보여 주듯이 대규모 무역 적자를 감내하는 것이었다. 미국 대외무역 적자의 폭증은 금-달러 태환 중지와 거의 동시에 시작됐다. 미국은 독일·일본·타이완·한국과 같은 산업 선진국 및 신흥공업국들에게 엄청난 무역역조를 허용하기 시작한 것이다.

미국의 막대한 무역 적자는 일견 미국에게 타격처럼 보일 수 있다.

그림 1_ 미국의 총통화 공급량(단위: 10억 달러)

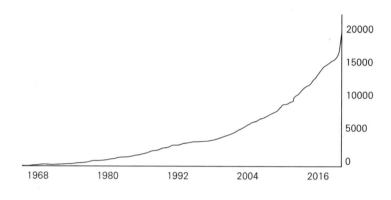

그만큼 적자가 쌓여 재정이 불안정해진다는 것을 의미하기 때문이다. 실제로 2020년 미국의 대외 부채는 무려 25조 달러에 달한다. 한국 돈으로 2경이 넘는다. 세계 두 번째 대외 부채국인 영국의 8조5000억 달러와 비교해도 압도적으로 많다.[10] 일반적인 국가라면 상상하기도 힘든 부채지만, 달러라는 기축통화를 가진 미국은 상황이 다르다. 달러를 얼마든지 발행해 사용할 수 있기 때문에 큰 문제가 되지 않는다.

빚이 많다는 것은 재정 상태가 불량하다는 지표일 수도 있지만, 반대로 그만큼 신용이 건실하다는 것을 반증하기도 한다. 신용이 건실할수록 은행에서 더 많은 대출을 받을 수 있는 것처럼 말이다. 외국 역시 미국의 신용을 믿기 때문에 그만큼 막대한 빚을 미국에 내주는 것이다.

그림 2_미국의 무역수지 현황(단위: 10억 달러)

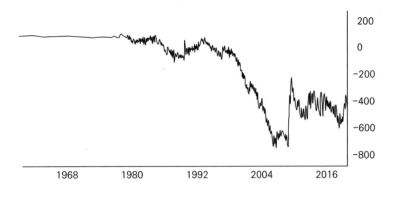

출처: Trading Economics, "United States Balance of Trade," http://www.trading economics.com/united-states/balance-of-trade.

심지어 2008년 미국발 금융 위기 때에도 전 세계 국가들은 달러를 구매하려고 몰려들어 오히려 환율이 폭등하기도 했다. 미국에서 금융 위기가 촉발된 상황에서도 달러가 최후의 안전 자산이라는 믿음이 확고했던 것이다. 2020년 코로나 사태에서도 각국의 환율이 치솟았던 것은 이 때문이다. 더욱이 대미 수출이 자국 경제를 떠받치고 있는 주요 산업국들은 자국의 이익을 위해서라도 미국 경기를 부양할 필요가 있다. 미국의 소비자들은 그렇게 유입된 달러를 가지고 외국 상품을 구매한다. 달러는 돌고 돈다. 미국은 달러를 발행해 국제적으로 유통시킬 뿐이다. 이런 경제구조는 이른바 '신브레턴우즈'revived Bretton Woods/ Bretton Woods II 체제로 불린다. 1970년대부터 이어진 달러 패권의 작

동 메커니즘이다.[11]

사실, 미국의 대외무역 적자는 미국이 그만큼 달러를 외국에 '수출'하는 것과 다르지 않다. 우리는 달러를 일반적인 화폐라고 생각하기 때문에 미국의 막대한 무역 적자를 미국 경제의 리스크로 간주하기 쉽다. 그러나 달러를 미국의 '독점 생산품'으로 간주하면 상황은 전혀 다르게 보인다. 희토류가 없으면 반도체를 생산할 수 없듯이, 달러가 없으면 국제경제는 원활히 운용되기 어렵다. 당장 국가 간 무역 결제가 어려워진다. 극단적으로 1997년 한국처럼 국가 부도에 내몰릴 수도 있다. 이럴수록 달러를 독점 생산·공급하는 미국은 다른 자본주의국가들의 생명줄을 쥐게 된다. 달러는 결국 미국이 장악하고 있는 '금융 희토류'라 할 수 있다. 이렇게 보면, 전 세계 국가들이 대미 무역에 진력하는 이유는 달러를 획득하기 위해서라고 말할 수도 있다. 물건을 팔아 달러를 버는 게 아니라, 달러를 벌기 위해 물건을 판다는 표현이 더 적확할지 모른다.

상황을 정리하면, 미국과의 무역으로 막대한 달러를 벌어들인 국가들은 그 달러를 가지고 다시 미 국채와 같은 달러화 자산을 구매한다. 자국 경제가 대미 수출에 연동된 만큼 미국의 경기를 부양하려고 한다. 중동의 산유국들도 석유 수출로 벌어들인 달러(오일달러)를 안전한 미국 은행에 맡긴다. 월가의 은행들은 이렇게 예금 받은 달러를 가지고 전 세계를 상대로 대부업을 한다. 차관이 필요한 개발도상국에 돈을 빌려주고 이자를 받는다. 미 정부는 이런 금융 사슬을 총지휘한다. 채무국의 특정한 정치 세력을 후원하는 대가로 금융시장 개방을 요구하기도 한다. 1981년 레이건 정부가 전두환 정부를 신속하게 승인한 배경에도 한국의 금융시장을 개방하기로 한 약속이 있었다.[12]

물론 이런 구조가 심화될수록 채무국은 미 금융자본에 종속될 가능성이 크다. 대출금을 갚지 못하면 외환 위기에 빠지게 되며, 그런 경우 미국은 신속히 개입해 구제금융을 대가로 미국에 유리한 구조 조정 및 시장 개방을 요구한다. 그렇게 위기를 벗어난 국가들은 사태 재발을 방지하기 위해서라도 더욱 달러 확보에 혈안이 된다.[13] IMF 사태 이후 한국의 모습처럼 말이다. 정치경제학자 레이쓰하이가 주장하듯이, 미국은 심지어 채무국의 외환 위기를 조장해 미 달러 자본에 더욱 옭아매려 하기도 한다. 예를 들어, 달러 금리를 인상하거나, 해당 지역의 지정학적 위기를 조장함으로써 유동성 위기를 촉발한다. 채무국에 유입됐던 달러가 한순간에 안전한 미국으로 이동하면서 해당 국가는 달러화의 진공상태에 처하게 된다.[14] 중동이나 한반도에서 지정학적 위기가 불거질 때마다 환율이 급등해 경제가 흔들리는 것은 이 때문이다.

구조적인 측면에서 보면, 달러의 대량 생산 및 유통은 미국의 경제 패권 전략의 변화와도 맞물려 있다. 1960년대 들어 서독 및 일본의 제조업은 괄목할 만한 경쟁력을 보이기 시작했다. 이후 한국과 타이완 같은 신흥공업국들도 그 뒤를 따랐다. 이들 국가가 양질의 소비 상품을 더 값싸게 만들어 내자 미국은 승산 없는 제조업 대신 달러화로 표시되는 금융자본 확산에 치중하기 시작했다. 금-달러 태환을 종결하고 달러의 양적 완화를 본격적으로 추진하기 시작한 것이다.[15]

미국이 공세적으로 금융자본 전략에 치중한 것은 금융자본이 산업

자본에 비해 훨씬 효율적으로 이윤을 확보할 수 있기 때문이다. 힘들게 공장을 운영하는 것보다 고리대금업을 하는 것이 손쉽게 돈을 벌 수 있는 이치와 같다. 실제로 미국 기업의 총수익 중 금융(보험, 부동산 포함)이 차지하는 비중은 1980년대 이미 제조업의 총수익을 따라잡았다. 현재 미 금융 분야의 노동자는 전체 노동자의 4%에 불과하지만, 금융 자본의 이윤은 전체의 25%에 달한다.[16]

물론 그렇다고 미국이 '돈놀이'에만 힘쓰는 것은 아니다. 미국은 일반 소비 상품을 생산하는 제조업은 외국에 내줬지만, 고도의 지식 기반 경제 영역에서는 오히려 주도권을 강화했다. 예를 들어, 마이크로소프트·구글·아마존·페이스북 같은 정보통신 분야와 우주 항공, 의료 신약 등 분야에서 미국은 대량의 지적재산권을 수출하고 있다. 지식 기반 경제 역시 금융과 마찬가지로 노동비용을 최소화할 수 있다는 점에서 매우 효율적인 이윤 창출이 가능하다. 육체노동은 신체적 한계로 노동시간과 노동강도를 무한정 늘릴 수는 없다. 그러나 창조성과 같은 인간의 지식 노동은 그런 물리적 제약을 뛰어넘을 수 있기 때문에 더 많은 '잉여가치'를 추출할 수 있다. 후기 자본주의가 '신체가 아니라 영혼이 노동하는' 인지 자본주의cognitive capitalism로 변화되고 있는 것도 이 때문이다.[17] 자본은 소수의 노동자를 고용하면서도 막대한 이윤을 확보할 수 있게 된 것이다.

더욱이 지식 기반 경제는 정보 통신 기술의 급속한 발전을 활용해 '부불 노동'unpaid labor을 무한대로 사용하기도 한다. 예를 들어, 구글이나 페이스북 등은 새로운 프로그램의 수정 및 보완을 이른바 베타테

스트로 포장해 소비자에게 떠넘긴다. 이제 전 세계 유저들은 무임금 노동자로서 그들 기업의 이윤 창출에 봉사하게 되는 것이다. 페이스북이 2019년 3만6000여 명의 노동자만을 고용하고도 221억 달러의 순이익을 얻어 미국 기업 중 6위에 오른 이유라 할 수 있다. 200여만 명의 직원을 고용한 미 최대 매출 기업인 월마트가 순이익 순위에서는 40위에 머무르고 있는 것과 극명하게 대비된다. 2019년 미국의 상위 10개 기업(순이익 기준) 중에서 9개 기업이 정보 통신과 금융 기업이라는 사실 역시 이들 업종의 효율적인 이윤 창출 능력을 보여 준다.[18] 지리 경제학자 데이비드 하비의 지적대로 정보 통신 기술은 세계시장의 '시공간을 압축'함으로써 미국의 금융자본과 정보 통신 기업들이 전 세계의 국경을 넘나들며 이윤을 극대화할 수 있게 만들었다. 첨단 기술과 신자유주의의 결합인 것이다.[19]

결국 미국은 1970년대 이후 한 손에는 달러로 상징되는 금융, 다른 한 손에는 첨단 지식(기술)을 가지고 경제 패권을 강화해 왔다. 2019년 미국은 소비 상품 무역에서는 8660억 달러의 적자를 보았지만, 금융·지적재산권·교육 등 서비스 상품 무역에서는 2492억 달러의 흑자를 얻었다.[20] 브레턴우즈 체제가 붕괴한 후 미국의 달러 패권 전략은 미중 관계에 어떤 함의를 주는가? 1970년대 미중 관계 정상화는 중국이 문호를 개방했다는 것을 넘어 중국 스스로 미국의 달러 패권 체제로 걸어 들어갔음을 의미한다.

중국, 달러 체제에 탑승하다

덩샤오핑의 개혁 개방은 중국이 일본과 동아시아 신흥공업국들처럼 대미 수출 주도형 경제 발전 전략을 채택했음을 의미한다. 특히 중국 역시 소련의 위협에 대응하기 위해 대미 관계 개선을 모색했다는 점에서 안보-달러 태환 체제를 수용한 것이다. 실제로 〈그림 3〉이 보여 주는 바와 같이 중국의 대미 무역수지(제조업 상품)는 관계 정상화 이후 큰 폭으로 증가하기 시작해 2019년 현재 미국은 중국의 첫 번째, 중국은 미국의 세 번째 무역 상대국이 되었다. 2018년까지 서로 최대 무역 상대국이었으나, 무역 분쟁으로 줄어든 결과가 그 정도였다. 그럼에도 중국은 3452억 달러에 달하는 무역 흑자를 얻었다. 2018년에는 흑자가 무려 4190억 달러에 달했다.

반면 금융·지적재산권·교육 등 서비스 분야에서는 오히려 미국이 2019년 현재 364억 달러의 흑자를 얻었다.[21] 미국은 저렴한 중국산 소비 상품을 수입해 자국의 물가를 안정적으로 관리하는 동시에 지식 상품을 중국에 수출한다. 따라서 미국은 중국보다 유리한 위치에 있게 된다. 미국은 중국산 수입품의 대체 상품을 다른 나라에서도 구할 수 있지만, 중국은 미국이 독점하는 지식 상품을 다른 지역에서 구하기 어렵기 때문이다.

중국은 이렇게 벌어들인 달러를 다시 달러화 자산에 재투자하고 있다. '중국 달러'로 미 소비 시장을 부양하는 것이다. 〈그림 4〉가 보여 주듯이, 중국의 미 재무부 채권 매입은 2000년대 이후 큰 폭으로 증가

그림 3_미중 무역수지(제조업 상품)(단위: 10억 달러)

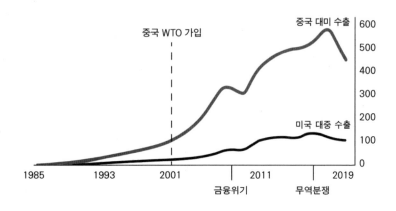

중국 WTO 가입

중국 대미 수출

미국 대중 수출

금융위기   무역분쟁

출처: https://www.census.gov/foreign-trade/balance/c5700.html#1985를 참고해
필자가 구성.

했는데, 시기적으로 대미 무역 흑자의 폭증과 정비례 관계를 보인다.
2020년 2월 현재 중국의 미 채권 보유액은 1조923억 달러로 미 채권
총 발행량의 15%를 차지한다. 일본(1조2683억 달러)에 이은 2위이며,
3위 영국(4032억 달러)과 비교해서는 압도적으로 많다.[22]

중국의 미 국채 및 달러화 자산의 대량 매입은 미국 경기를 부양하
며, 동시에 그만큼 위안화 환율을 하락시켜 대미 수출을 촉진하는 효과
를 가진다. 따라서 미국의 경기 침체는 중국 경제에 직격탄일 수밖에
없다. 실제로 〈그림 3〉이 보여 주듯이, 2008년 미국발 금융 위기 당시
중국의 대미 수출은 급락했다. 중국은 인위적인 대규모 통화 발행과 위

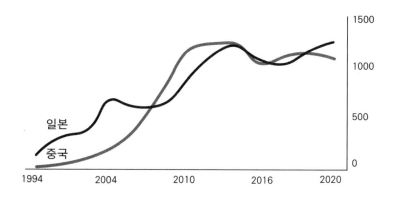

그림 4_중국의 미 재무부 발행 국채 보유 추이(단위: 10억 달러)

출처: US Department of the Treasury, "Major Foreign Holders of Treasury Securities," https://ticdata.treasury.gov/Publish/mfhhis01.txt를 참고해 필자가 구성.

안화 평가절하를 통해서야 가까스로 대미 수출을 회복할 수 있었다. 중국 경제는 미국 경기에 정확히 맞물려 있는 것이다.[23]

요약하면, 미중 경제 관계는 다음과 같은 순서로 연동된다. ① 미 연방준비제도이사회의 달러 발행, ② 중국이 대미 수출을 통해 달러를 획득, ③ 그런 달러로 미 국채를 매입, ④ 중국 달러를 통한 미 소비 시장의 활성화. 달러는 미국과 중국을 끊임없이 순환한다. 경제사가 니얼 퍼거슨은 이런 미중 간 경제적 상보 구조를 '차이메리카'라는 용어로 표현했다. 미국과 중국은 이제 한 몸이 됐다는 것이다.[24] 이처럼 개혁 개방 이후 중국은 미국이 주도하는 신브레턴우즈 체제의 핵심 구성국이 됐다.[25]

대내적 통치 정당성이라는 측면에서도 중국 정부는 달러 패권 체제의 안정을 희망한다. 덩샤오핑의 개혁 개방에는 이념과 계급투쟁을 강조하던 마오쩌둥 시대와 결별하고 경제 발전을 통해 통치 정당성을 확보하려는 정치적 목적이 있었다. 이런 전략은 일정한 성공을 거두었지만, 중국 경제의 대미 취약성은 그만큼 커졌다. 대미 관계가 불안정해지면 중국 경제가 흔들려 공산당 통치 기반에 균열이 생기는 것이다. 실제로 2008년 미국발 금융 위기 당시 중국의 대미 수출이 급락함으로써 대량 실업 사태가 발생하기도 했다. 이로 인한 사회 불안정은 공산당 정권에게 매우 위협적일 수밖에 없다.[26]

따라서 중국은 미국의 요구에 순응해야 하는 수세적 입장이라 할 수 있다. 최소한 경제 영역에서는 그렇다. 세상은 늘 얻는 게 있으면 잃는 게 있다. 중국은 달러 체제에 편입해 경제 발전을 이룬 대신 미국 경제에 취약해진 것이다. 물론 중국은 일본이나 한국처럼 미국의 하위 동맹국이 아니기 때문에 자신의 목소리를 좀 더 강하게 낼 여지는 있다.[27] 1985년 엔화를 일순간 절상시켜 일본을 장기 침체에 빠뜨린 플라자 합의 같은 미국의 행태에 저항할 수 있다는 것이다. 게다가 소련이라는 안보 위협이 사라졌기 때문에 미국의 안보-달러 연계 전략에 순응할 이유도 약화됐다. 중국이 미국의 거듭된 위안화 절상 요구를 거부하고 주도적으로 환율을 관리할 수 있는 것도 이 때문이다.

그럼에도 중국이 현재의 대미 수출 지향형 경제구조를 바꾸지 못하는 한 취약성은 계속될 수밖에 없다. 특히 현 중국 사회의 핵심 엘리트 계층이라 할 수 있는 도시지역 관료와 '홍색 자본가'들이 이런 대미 경제구조의 핵심 수혜자라는 점에서도 그렇다. 정치경제학자 홍호펑의 지적대로 중국은 다른 어느 국가보다도 신브레턴우즈 체제의 논리를 충실히 따르고 있는 국가일지도 모른다.[28]

중국 내 일각에서는 중국이 보유한 막대한 미 국채 및 달러화 자산을 투매해 대미 압력을 행사할 수 있다는 민족주의 성향의 주장이 나오기도 한다. 그러나 중국의 미 국채 보유 비중은 총 미 국채 발행량의 15%에 불과하다. 또한 중국이 투매한다 해도 안전 자산으로 간주되는 미 국채를 구매할 국가들은 많다. 설령 미 국채 값이 폭락한다 해도 중국이 일거에 모두 투매하는 것이 아니라면 제 재산을 잃어버리는 상황이 될 수도 있다. 무엇보다 중국의 달러화 자산 대량 투매는 위안화 환율을 급등시켜 중국의 대외 수출에 치명타가 될 수 있다. 반대로 미국에게는 오히려 이익이 될 수 있다. 달러화의 평가절하로 수출 경쟁력이 강화돼 일자리 창출 등 국내 경기가 살아나기 때문이다. 경제학자 폴 크루그먼의 말대로 미국이 오히려 중국에 '감사의 편지'를 전해야 할 상황일 수도 있다. 중국은 결국 '달러 함정'dollar trap에 갇혀 있는 것이다.[29]

사실, 중국이 미 국채를 무기로 사용할 수 없는 이유는 보유액이 적어서가 아니라 너무 많기 때문이다. 역설적인 상황이다. 중국은 미국에 너무 많은 돈을 빌려주고 있어서 오히려 미국의 눈치를 봐야 한다는 것이다. 미국이 빚을 갚지 않겠다고 하면 중국 경제는 하루아침에 나락에 빠질 수도 있다. 실제로 2020년 트럼프는 중국이 코로나 사태에 책임이 있다며, 중국이 보유한 미 국채에 대한 지불 유예를 시사하기도 했다.[30] 중국의 약한 고리를 겨냥한 것이다.

이 모든 상황은 중국이 달러 패권 체제에 진입한 이후 심화된 '달러 중독'의 암영이다. 중국은 달러 중독을 극복할 수 있을까? 달러 함정에서 빠져나오려는 중국의 몸부림은 이 책의 후반부에서 좀 더 상세하게 설명할 것이다.

9

중국 위협론
대
반미 민족주의

1991년 소련의 해체는 미중 관계의 전환점이 됐다. 소련을 공동의 적으로 해 뭉쳤던 미중 양국은 이제 서로의 이질적인 정치체제와 이념을 마주했다. 미중 관계는 1989년 6·4 천안문 사건 당시부터 급속히 경색됐다. 미 언론은 중국 당국을 '베이징의 도살자'Butcher of Beijing라고 맹비난했고, 조지 H. W. 부시 정권은 대중 무역 제재를 단행했다. 1993년 집권한 빌 클린턴 정권은 매년 자동적으로 갱신되던 최혜국 대우를 중국의 인권 상황과 연계시켰다. 중국의 WTO 가입과 올림픽 개최도 반대했다. 중국에 대한 미국인들의 호감도 또한 급락했다. 천안문 사건 전 72%에 달했던 호감도가 31%로 떨어졌다.[1]

중국도 가만있지 않았다. 1992년 엘에이LA 폭동에서 드러난 인종 차별을 거론하며 인권 문제에 대한 미국의 이중 잣대를 비난했다. 양국은 미국의 대타이완 무기 판매나 중국의 미사일 기술 확산 문제 등을 둘러싸고 충돌하기도 했다. 심지어 타이완 해협에서 전쟁 위기까지 발생했다. 1996년 타이완 대통령 선거를 앞두고 중국이 대규모 군사훈련을 실시하자 미국은 항공모함을 급파해 맞섰던 것이다. 미중 양국에게 "공동 이익을 추구하고 갈등은 제쳐 두자"라는 구동존이求同存異 정신은 이제, 갈등은 좇고 공동 이익은 제쳐 두는 것으로 변하는 듯했다.

각각 상대방을 적대시하는 담론들도 확산되기 시작했다. 미국의

'중국 위협론'과 중국의 '반미 민족주의'가 그것이었다. 미국 내 중국 위협론자들은 공산당 일당 독재국가인 중국이 필연적으로 미국을 위협할 것이라 주장했다. 반면 중국 내 반미 민족주의자들은 미국이 사사건건 중국 내정에 간섭한다며 비난했다. 패권을 휘두른다는 것이었다.

현재도 이어지고 있는 중국 위협론이나 반미 민족주의의 논리대로라면 미중 관계는 당장 사생결단이 날 것처럼 보인다. 물론 미래는 열려 있으므로 그 가능성을 부인할 수는 없으나 한 가지 분명한 사실은 이런 주장들이 일정한 정치집단의 이해관계와 부합한다는 것이다. 예를 들어, 중국 위협론이 미 군산복합체의 존재를 정당화한다면, 반미 민족주의는 중국 공산당의 대중 동원을 원활하게 해준다. 중국 위협론과 반미 민족주의가 이들 세력의 정치·경제적 이익을 위한 정치적 담론으로 작동할 수 있는 것이다.

푸코에 따르면, '담론'discourse은 단순한 말이 아니라 우리의 앎을 인위적으로 구성하려는 권력의 정치 전략이다. 극단적으로 말하면, 현상이 있어 담론이 존재하는 것이 아니라 담론이 있어 현상이 존재하게 된다. 주류 담론의 생산과 유통 주체는 일반적으로 그 사회의 기득권 세력이 된다. 이들은 주류 담론을 통해 어떤 지식이 참이고 거짓인지에 대한 기준을 제시한다. 따라서 그렇게 생성된 지식은 기득권 세력의 이해관계에 '봉사'한다. 이런 지식을 수용하지 않는 자들은 사회로부터 배제되거나 억압된다.[2]

물론 중국 위협론과 반미 민족주의가 미중 양국의 기득권 세력에 의해 의도적으로 생산·유통됐다고 말할 수는 없다. 아무리 정교한 계획을 가지고 일을 도모해도 늘 의도하지 않은 결과가 발생하는 게 인간사이다. 그러나 그렇다고 중국 위협론과 반미 민족주의가 일정한 정치적 기능을 하고 있다는 사실까지 부정할 수는 없다.

중국 위협론 : 증명도 반박도 불가능

1990년대 초반부터 본격적으로 출현한 중국 위협론의 가장 단순한 근거는 역사적 경험이다. 중국은 예전에도 위협적이었기 때문에 미래에도 그럴 것이라는 논리다. 예를 들어, "전통적으로 중국은 주변국을 압도할 힘이 있을 때 주변국을 억압했다."라거나, "역사적으로 중국 통치자들은 힘을 신봉해 왔다."라는 주장이다. 또한 중국은 평화 유지보다는 주권이나 통일, 그리고 정권 유지를 늘 우선했기 때문에 향후 타이완 문제 등에서도 유사한 행동을 할 가능성이 크다는 주장도 있다.[3] 아울러, 이런 유형의 중국 위협론은 중국이 과거처럼 국제적 합의를 무시하거나 전쟁 위험을 불사하는 등 수정주의적 행태를 보일 것이라고 예측한다.[4]

그러나 이런 주장은 심각한 논리적 오류를 벗어나지 못한다. 중국이 위협적으로 행동하지 않았다는 과거 사례 역시 다양하게 찾을 수 있기 때문이다. 예를 들어, "중국의 군사 사상은 방어적이었다. 침입자에 의해 민족의 일체성이 위협받을 때만 방어 전쟁을 했다."라거나,[5] "중국은 고대부터 우월한 문화를 통해 주변국과 조공 관계를 유지했을 뿐이다. 중국의 팽창은 이민족 지배 시기에 일어난 것이며, 마오쩌둥 시대에도 중국은 대외 혁명을 지원하는 데만 치중했을 뿐 영토적인 팽창 정책은 추구하지 않았다."라고 주장할 수 있는 것이다.[6]

더군다나 과거 사례를 통해 중국 위협론을 정당화하는 것은 투키디데스 함정론과 마찬가지로 귀납의 오류에 직면한다. 미래는 늘 열려 있기 때문이다. 중국이 과거에 아무리 주변국을 괴롭혔더라도(반대로 평화적이었다고 해도) 그것이 곧 미래에도 그럴 것이라는 사실을 확증하는 것은 아니다. 단지 그렇게 될 것이라는 우리의 믿음만 존재할 뿐이다. 정치학자 로버트 로스가 요약하듯이, 그것은 자기 예언적인 중국 위협론에 불과하다.[7]

이론에 근거한 중국 위협론도 존재한다. 대표적으로 미어샤이머는 '공세적 현실주의' 이론을 통해 중국 위협론을 정당화한다. 그에 따르면, 국제정치는 중앙 권위체가 없는 무정부 상태이기 때문에 국가들은 늘 안보 위협에 시달린다. 따라서 강대국들은 누구나 패권국이 되려 한다. 패권국이 되는 것이 자국의 안보를 지키는 가장 확실한 방법이기 때문이다. 그러나 모두가 패권국이 되려고 한다면 상호 충돌은 피할 수 없다. 강대국 정치는 결국 '비극'으로 끝날 수밖에 없는 것이다. 미중 관계도 예외가 아니다.[8]

그러나 이런 주장은 왈츠가 주장하는 '방어적 현실주의'defensive realism와 같은 논리로 반박된다. 왈츠에 따르면, 한 국가가 패권을 추구하면 다른 국가들은 연합해 그 국가를 견제(세력균형)하려 할 가능성이 크다. 따라서 패권을 추구하려 할 경우 국가의 안보 환경은 더욱 위험해질 수 있다. 따라서 국가들은 적절한 안보 환경만 보장된다면 패권을 추구해 다른 국가를 자극할 이유가 없다. 국가의 목표는 '힘의 극대화'가 아니라 '안보의 극대화'인 것이다.[9] 중국도 예외가 될 수 없다. 실제로 중국은 '화평 발전'을 강조하면서 주변국들의 위협감을 불식시키려는 행태를 보여 왔다.

또 다른 현실주의 논리인 '세력 전이'power transition 이론도 중국 위협론을 정당화하는 근거가 된다. 이에 따르면, 전쟁은 일반적으로 기존 패권국과 신흥 강대국 간의 세력 격차가 엇비슷해질 때 발발한다. 신흥 강대국은 기존 패권 질서가 자국의 정당한 이익을 보호하지 못한다고 생각하기 때문에 전쟁을 통해 패권 질서를 바꾸려 한다. 미중 관계 역시 세력 격차가 좁혀질수록 중국은 미국 주도의 국제 질서를 타파하려 할 가능성이 크다. 그러나 이런 주장 역시 반박된다. 정치학자 스티브 찬에 따르면, 세력 전이 상황에서 전쟁은 부상국이 아니라 오히려 패권국이 개시하려는 경향을 보인다. 더욱이 미중 간 세력 격차는 현격해 근시일 내 좁혀질 가능성도 크지 않다. 무엇보다 중국은 현 국제 질서에 '만족'하고 있다.[10]

현실주의 이론뿐만 아니라 자유주의 이론 역시 중국 위협론의 논리적 근거가 된다. 대표적으로 '민주 평화'democratic peace론이 그것이다. 이에 따르면, 민주주의 국가끼리는 전쟁 가능성이 작지만 그렇지 않은 국가끼리는 전쟁 가능성이 크다.[11] 따라서 독재 체제인 중국과 자유 민주주의 체제인 미국의 충돌 가능성은 그만큼 커진다. 중국은 수천 년 동안 황제 일인 지배가 이어져 왔고 현재도 공산당 일당 독재 체제이기

때문에 제도나 여론에 개의치 않고 전쟁을 불사할 가능성이 높다.[12]

그러나 민주 평화론 역시 반박이 가능하다. 민주주의 국가가 권위주의 국가보다 더욱 공세적으로 행동할 수도 있기 때문이다. 즉, 민주주의 체제의 통치 권력은 여론의 지지를 얻기 위해 대중의 호전적인 민족주의 정서에 영합할 가능성이 있다. 반면 권위주의 체제의 통치 권력은 전쟁이 자신들의 권력을 완전히 붕괴시킬 수 있기 때문에 오히려 전쟁을 회피할 수도 있다.[13] 이렇게 보면 민주화된 중국이 오히려 현재보다 호전적인 대외 정책을 추구할 수도 있는 것이다.[14]

현실주의나 자유주의에 비해 좀 더 관념적인 근거에 기반한 중국 위협론도 있다. 중국과 서방은 '정체성' 자체가 달라서 대립을 피할 수 없다는 주장들이다. 대표적으로 정치학자 새뮤얼 헌팅턴의 문명 충돌론이 있다. 헌팅턴에 따르면, 세계는 대략 8개의 문명권(서구 기독교, 유교, 힌두, 이슬람, 슬라브 정교, 라틴아메리카, 일본, 아프리카 문명)으로 나뉜다. 각 문명은 상이한 전통·문화·종교로 밀착돼 이념이나 계급에 기반한 집단보다 훨씬 응집력이 강하다. 따라서 냉전 이데올로기가 사라진 시대에는 문명 간 갈등이 격화될 가능성이 크다. 특히 유교 문명과 이슬람 문명의 연대는 서구 문명에 심각한 위협을 가할 것이기 때문에 서구는 그것을 견제해야 할 전략적 필요도 있다.[15] 이런 류의 중국 위협론은 이후에도 사라지지 않았다. 트럼프 정권의 국무부 정책기획국장 키론 스키너가 "중국과의 경쟁은 미국이 경험해 보지 못했던 완전히 다른 문명과의 싸움이며, 또한 비백인 강대국과의 경쟁이다."라고 주장했던 것은 이를 단적으로 보여 준다.[16]

물론 문명 충돌론 역시 이론적으로 반박 가능하다. 정치학자 피터 카첸슈타인에 따르면, 문명은 상호 배타적인 것이 아니라 중첩되고 상호 영향을 주고받는다. 또한 다양한 하부 문화가 존재하기 때문에 그것을 포괄해 '단일 문화'로 범주화하는 것도 적확하지 못하다. 예를 들어, 중국을 권위주의 체제로 간주하는 것은 중국의 민주주의 경험을 간과하는 것이다. 1919년 5·4 운동과 1989년 6·4 천안문 사건 당시 광장에 나와 부조리에 항거했던 이들은 바로 중국인들 자신이었기 때문이다.[17]

사실, 엄밀한 방법론적 규준에 따르면, 우리는 어떤 이론도 직접적으로 증명하거나 반증할 수 없다. 과학 철학자 임레 라카토슈는 인간의 경험적 관찰은 '이론 의존적'이기 때문에 관찰을 통해 이론을 '직접적'으로 반박할 수는 없다고 강조했다. 누군가에게 토끼처럼 보이는 그림이, 누군가에게는 오리처럼 보일 수 있다. 토끼나 오리를 한 번도 보지 못한 누군가는 전혀 다른 사물로 볼 것이다. 이처럼 이론을 검증하기 위해 필요한 '객관적' 경험 같은 것은 존재하지 않기 때문에 이론은 관찰 사례를 통해 직접적으로 반박될 수 없는 것이며, 오직 이론들(연구 프로그램들) 사이의 장기간에 걸친 경쟁을 거친 후에야 우리는 어떤 이론이 좀 더 우월한지 깨닫게 될 뿐이다.[18]

그렇다면 동일한 사실관계를 두고 누군가에게는 중국 위협론을 주장하고 또 누군가는 반박할 수 있다. 예컨대, 중국 위협론자들은 미중 간 세력 격차가 좁혀진다며 중국 위협론을 정당화하는 반면, 비판론자들은 미중 간 세력 격차는 여전히 크다며 중국 위협론을 반박한다. 따라서 중국 위협론에 관한 논의들은 사실이 그렇기 때문에 중국이 위협적이라고(혹은 위협적이 아니라고) 말하는 것이 아니라, 자신의 이론적 주장을 옹호하기 위해 사실관계를 '끼워 맞추는' 것일 수도 있다.

군산복합체와 중국 위협론

그럼에도 왜 중국 위협론은 '정당화'되곤 하는가? 현재 미중 간 세력 격차가 제1차 세계대전 이전 영미 간 세력 격차보다 훨씬 크다는 사실은 왜 주목받지 못하는가?[19] 정치학자 찰머스 존슨이 제시한 '군사적 케인스주의' 개념에 주목해 보자. 군사적 케인스주의는 정부가 대규모 군사비 지출을 통해 무기 개발 및 생산, 그리고 군사 관련 일자리를 인위적으로 창출한다는 것이다. 실제로 제2차 세계대전 당시 미 정부의 막대한 군사비 지출은 대공황으로부터 시작된 경기 침체를 극복하는 데 중요한 역할을 했다. 제2차 세계대전 이후에도 미 정부는 군사적 케인스주의를 경기 부양의 핵심 전략으로 활용했다. 그 결과 군산복합체는 방만해졌고, 그럴수록 이들의 요구를 충족시키기 위해서라도 군사비 지출을 줄일 수 없었다.

대외적 안보 위협은 이들 군산복합체가 강화되는 데 중요한 배경이 됐다. 냉전기에는 소련이 그 주요한 위협이었다면, 탈냉전기에는 불량 국가나 글로벌 테러리즘이 위협의 주체가 되었다.[20] 심지어 군산복합체가 대외 위협을 '조장'할 가능성도 배제할 수 없다. 이른바 '조장된 수요'manufactured demand다. 조장된 수요는 기업이 물건을 팔기 위해 그 물건의 유용성을 과대 선전할 때 발생한다. 생수 회사들이 수돗물의 위험성을 과장해 수돗물과 별 차이 없는(심지어 더 안 좋은) 생수를 파는 것과 같다.[21]

소련이라는 주적이 사라졌음에도 왜 미국의 군사 부문은 계속 비대해졌을까? 2015~19년 미국의 전 세계 무기 수출 점유율은 36%에 달해 2010~14년의 31%보다 많았다. 두 번째 무기 수출국인 러시아의 비중이 같은 기간 27%에서 21%로 하락한 사실에 비추어 보면, 미 군수산업의 상대적 성장을 알 수 있다. 군산복합체의 경제 생산량이 미 GDP의 4분의 1에 달한다는 통계도 있다. 무기 판매의 대상 역시 전방위적이다. 2015~19년 미국은 전 세계 96개국에 무기를 수출했다. 그 '우수 고객' 중에는 과거 사담 후세인 정권과 같은 비민주주의 정권이 태반이었다. 탈냉전기 미국이 북대서양조약기구NATO를 동쪽으로 확대한 배경에도 구사회주의권 국가들을 고객으로 확보하려는 의도가 있었다. 북대서양조약기구 확장에 대한 러시아의 반발은 역설적으로 미국의 무기 판매를 촉진하기도 했다.[22] 미군의 해외 주둔 기지의 수도 줄어들지 않았다. 2005년 70여 개국 737곳에서 2018년에는 오히려 80개국 800여 곳으로 증가했다. 미국 이외에 해외 주둔 기지를 가지고 있는 국가는 총 11개국인데, 이들의 기지를 모두 합쳐도 70여 곳에 불과하다. 19세기 대영제국의 힘이 절정에 달했을 때 해외 군사기지가 36개였고 고대 로마제국의 기지가 37곳에 불과했던 것과 비교하면 미국 군사 부문의 방대함을 짐작할 수 있다.[23]

이런 군사적 케인스주의에 중국 위협론은 유용한 명분이 된다. 인구는 유럽연합의 3배에 달하고 면적은 2배가 넘는 중국, 매년 최소 6% 이상의 경제성장을 통해 미국과의 GDP 격차를 빠르게 좁히고 있으며, 구매력 기준으로는 벌써 추월했다는 중국, 또한 미국에 이어 두 번째로 많은 국방비를 지출하고 있다는 중국만큼 군사적 케인스주의의 좋은 표적은 없을 것이다.

국가정보위원회NIC는 중국을 10피트나 되는 거인으로 만들기를 원했다.[24]

미국의 랜드 연구소에서 중국의 군사력 분석 프로젝트를 진행했던 한 분석가의 증언이다. 2001년 여름 미 국가정보위원회는 랜드 연구소에 수주했던 프로젝트를 철회했다. 이유는 놀랍게도 랜드 연구소의 분석이 중국의 군사력을 '덜' 위협적으로 묘사했다는 것이었다. 그 보고서는 애초 의회의 대중국 강경파와 CIA 등에 전달될 예정이었다. 이런 일화는 무엇을 의미하는가? 미 국방부와 정보 조직, 그리고 록히드마틴이나 보잉 같은 민간 군수 기업이 펀드를 제공하고, 민간의 대학과 싱크 탱크는 그에 맞춰 중국 위협론을 생산한다는 것이다. 연구 기관들은 펀드를 얻기 위해서라도 펀드 제공자의 입맛에 맞는 분석을 수행한다. 정치학자 청신 판의 설명대로, 결국 중국 위협론을 과장하는 주체는 '군-산-학 복합체'가 된다.[25]

네오콘 등 매파 정치인, 유력 언론인, 보수 지식인 등도 중국 위협론 확산의 주체가 된다. 이들은 『위클리 스탠더드』*Weekly Standard*, 『코

멘터리』*Commentary*, 『워싱턴타임스』*Washington Times* 같은 보수 언론을
통해 중국 위협론과 그에 맞선 미국의 군사력 강화 담론을 확산시킨다.
예를 들어, 학계의 대표적인 중국 위협론자인 아론 프리드버그가 그렇
다. 그는 미국의 군사 팽창 배후에 군산복합체가 있다는 주장을 터무니
없다면서도 대중국 포용 정책을 추구하는 것은 유화정책과 다름없다
고 비난한다. 미중 간 이익은 근본적으로 상충되기 때문에 그런 정책은
실효가 없다는 것이다. 따라서 그의 결론은 미국이 우월한 군사력을 보
유해야 한다는 것이다.[26]

트럼프 정권에서 주유엔 대사를 지냈던 니키 헤일리의 주장도 다르
지 않다. 그는 『포린 어페어스』 기고문을 통해 "민주화 없이 경제적으
로만 부강해진 중국은 점점 더 이념적이고 억압적으로 변하고 있으며,
군사력도 지역적·방어적 차원이 아닌 글로벌 차원에서 위협이 되고 있
다."라고 주장한다. 헤일리의 처방도 프리드버그의 것과 동일하다. 국
방비를 늘려 우월한 해군력, 장거리 폭격 능력, 사이버 능력, 핵 능력을
강화해야 한다는 것이다. 군사적 케인스주의의 요약판이다.[27]

> 우리는 군산 복합체의 부당한 영향력에 맞서야 한다. 그들의 영향력
> 이 파괴적 수준으로 커질 가능성이 지금도 그리고 앞으로도 존재할
> 것이다.[28]

반전 운동가의 외침이 아니다. 1961년 1월 미 대통령 아이젠하워
의 이임 연설 일부다. 미 대통령조차 군산복합체가 미래에 괴물이 될

수 있다며 우려했다. 불행히도 아이젠하워의 경고는 현실이 됐다. 그가 대통령에서 물러난 후 오래지 않아 미 해군의 함대 규모는 그다음 13개 국가의 해군력을 합친 것보다 커졌다. 그중 11개 국가는 미국의 동맹이거나 안보 협력국이다.

보수화된 중국

1989년 4월 중순 베이징 시민들이 천안문 광장 인민 영웅 기념비 앞에 몰려들었다. 전 공산당 총서기 후야오방의 죽음을 추모하기 위해서였다. 당내 개혁가였던 후야오방은 1987년 초 일련의 대학생 시위에 미온적으로 대처했다는 당내 보수파의 공격을 받고 실각했다. 그의 사망 소식이 전해지자 수많은 학생과 시민이 광장에 나와 그를 추모했다. 1976년 4월 저우언라이의 죽음을 추모하기 위해 광장에 몰려들었던 시민들과 다르지 않았다. 광장의 시민들은 공산당에 광범위한 정치 개혁을 요구했다. 그렇게 수십만 시위대는 광장에서 노숙하며 수십 일 동안 시위를 이어갔다. 그 끝은 6월 4일 인민해방군에 의한 유혈 진압이었다.

리처드 고든과 카르마 힌튼이 감독한 다큐멘터리 〈천안문〉*The Gate of Heavenly Peace*은 당시 광장의 상황을 생생하게 보여 준다. 광장에 몰려든 사람들은 다양했다. 학생도 있었고, 노동자도 있었고, 일반 시민도 있었다. 심지어 공무원들도 있었다. 목소리도 제각각이었다. 어떤 이들은 개혁 개방기 심화된 불평등을 비판했고, 또 어떤 이들은 관료 부패를 비난했다. 사회주의 국가인 중국에서 왜 노동자들의 생계가 점점 불안정해지는지에 대한 불만도 있었고, 공산당을 파시스트 독재라고 부르며 노골적인 적대감을 드러내는 이들도 있었다. 그러나 시위가 장기화하면서 사람들은 지쳐 갔고 지도부 내에서 분파 다툼도 벌어졌다.

5월 말 등장한 '민주 여신'民主女神은 이런 상황을 일거에 반전시켰다. 시위대에 활기를 불어넣은 것이다. 민주 여신은 중앙미술학원 학생들이 세운 10여 미터짜리 조형물이었다. 두 손으로 횃불을 치켜들고 천안문에 걸린 마오쩌둥 초상화를 마주보았다. 시민들은 민주 여신을 보려고 다시 광장으로 몰려들었다. 민주 여신은 미국 자유의 여신상을 연상케 했다. 공산당 지도부가 "여기는 미국이 아니라 중국"이라고 경고할 정도였다.[29] 민주 여신을 세운 이들이 광장의 다양한 목소리를 전부 대변하는 것은 아니었지만, 광장 곳곳에서 사람들은 미국에 대한 호감을 드러냈다. 시위를 취재하던 미국 기자는 자신이 미국인이라는 이유로 시위대의 바리케이드를 무사통과해 누구든 만날 수 있었다고 증언했다.

미국은 민주주의 국가야. 우리가 미국을 좋아하는 이유지.[30]

왜 민주 여신의 주변으로 사람들이 몰려드느냐고 묻는 기자에게 광장의 한 시민은 이렇게 대답했다. 마주 보고 있던 민주 여신과 마오쩌둥 중 누굴 더 좋아하는가라는 도발적인 질문에는 "민주 여신!"이라고 대답하기도 했다. 광장의 시민들은 막연하게나마 미국을, 시민의 목소리에 귀를 기울이는 민주화된 나라로 생각하고 있었음을 보여 준다. 개혁 개방은 미중 관계 정상화와 함께 시작됐고 따라서 자연스럽게 미국에 호감을 갖게 되었을 것이다.

그러나 천안문 사건이 비극적으로 끝난 이후 미국에 대한 호감은 순식간에 사라져 버렸다. 1990년대 초반부터 중국 내에서 반미 민족주의가 급속히 확산됐던 것이다. 1996년 출간돼 수백만 부가 팔린 『NO라고 말할 수 있는 중국』31은 이를 잘 보여 준다. 책은 미국의 여러 악행을 열거하며 비난했다. 중국의 올림픽 유치 및 GATT/WTO 가입 방해, 중국 화물선(은하호) 불법 수색, 타이완 및 티베트 문제에 대한 간섭, 인권을 구실로 한 패권적 이익 강화, 그리고 중국의 부상을 방해했다는 것이다. 여론조사도 반미 민족주의의 확산을 뒷받침했다. 『중국청년보』中國靑年報가 1995년 5월 실시한 조사에서 응답자의 무려 87.1%가 미국이 중국에 가장 비우호적인 국가라고 대답한 것이다.32 천안문 광장에서 민주 여신을 세우고 미국에 환호했던 시위대의 모습은 온데간데없었다.

미국에 대한 호감은 왜 사라진 것일까? 천안문 사건 이후 미국의 대중국 강경책에 대한 대중의 반발이라 해석할 수도 있다. 그러나 주목해야 할 부분은 지식 엘리트들이 정교한 형식의 반미 민족주의 담론들을 생산하고 유통시킴으로써 대중의 반미 정서를 자극했다는 사실이다.

천안문 사건 이후 중국 내 지식 담론의 지형은 크게 변했다. 정치적 억압, 사회 불안정에 대한 반성, 그리고 소련 붕괴와 미국의 대중국 제재라는 상황이 맞물리면서 친서방적인 자유주의 담론은 급속히 위축됐다. 반면, 중앙의 강력한 리더십 확보와 시장 개혁의 지속을 강조하는 신국가주의 담론이 부상했다. 대표적으로 1993년 후안강과 왕샤오광은 『중국국가능력보고』中國國家能力報告를 펴내 국가 현대화를 위해서는 중앙정부의 강력한 능력이 전제돼야 하며, 이를 위해서는 재정 능력의 강화가 필수적이라고 주장했다. 실제로 이들의 주장은 중앙-지방간 세제 개혁을 단행하는 데 중요한 이론적 근거가 됐다.[33]

왕후이로 대표되는 이른바 '신좌파' 역시 국가의 유의미한 역할을 강조했다. 시장경제가 초래한 불평등을 시정하기 위해서라도 국가 개입이 필요하다는 논리였다. 또한 이들은 미국의 신자유주의 경제 발전 방식을 비판하고 '주체적인 중국'을 강조한다는 점에서 신국가주의나 왕샤오둥 등의 대중 민족주의자들과 접점이 있었다.[34]

민족주의, 양날의 칼

중국 공산당의 입장에서 보면, 반미 민족주의는 통치행위에 활용될 수 있다. 권력에 비판적인 자유주의 세력을 억압하고, 강한 국가를 정당화할 수 있는 이론적 토대가 되기 때문이다. 문제는 민족주의가 '양날의 칼'이라는 것이다. 상황에 따라 민족주의 세력의 칼날이 공산당 정권을 겨눌 수도 있기 때문이다. 공산당 정권이 미국에 유약한 모습을 보인다면, 민족주의 세력은 정권을 공격할 수도 있다. 실제로 『노라고 말할 수 있는 중국』은 미국을 비난하는 동시에, 미국에 강경하게 대응하지 못하는 공산당 정권을 맹렬히 질타했다.[35] 이런 상황은 현재도 크게 다르지 않다. 민족주의 성향의 네티즌들은 정부가 미국이나 일본에 유약한 모습을 보이면 외교부나 국방부를 '겁쟁이 부'軟蛋部로 조롱하고, 심지어 시진핑에 대한 비판도 서슴지 않는다.

물론 공산당이 민족주의 세력을 적절히 통제하고는 있지만, 근본적으로 그들의 비판에 취약하다. 민족주의자들은 자유주의자들처럼 권력을 나눠 달라는 것이 아니라, 왜 정부가 중화 민족의 이익을 제대로 수호하지 못하느냐고 비판하고 있기 때문이다. 직무를 유기한다는 것이다. 1919년 5·4 운동 당시 대중의 요구와 크게 다르지 않다. 100년에 걸친 '민족적 굴욕기'를 끝내고 중화 민족의 이익을 되찾았다고 선전하는 중국 공산당의 입장에서는 더더욱 민족주의 세력의 주장을 무시할 수 없다. 천안문 시위대에게 자행했던 것처럼 폭력적인 통제는 그만큼 어려운 것이다. 통치 정당성 자체가 붕괴될 수 있기 때문이다.

따라서 중국 정부가 사용할 수 있는 현실적 대안은 반미 민족주의를 '통제 가능한 공간'에서 관리하며 통치에 활용하는 것이다. 1999년 5월 북대서양조약기구 군이 베오그라드 중국 대사관을 폭격했을 당시 중국 정부의 태도가 이를 명확히 보여 준다. 관영 언론들은 처음에는 반미 분위기를 조장하다가 시위가 과격 양상을 보이자 '이성적 대응'을 주문하면서 상황 관리에 나섰다. 현재 시진핑 정권 역시 한편으로는 민족주의 정서를 이용하면서도, 과격한 민족주의 주장들은 정보 통제 방식으로 관리하고 있다.[36]

중국 정부가 민족주의가 아닌 '애국주의' 개념을 의도적으로 사용하는 것에서도 민족주의를 관리하려는 의도를 볼 수 있다. 중국 정부는 애국주의가 민족주의보다 훨씬 포용적인 개념이라고 선전한다. 편협한 민족주의와 달리 애국주의는 당신이 어떤 소수민족이든, 어떤 계급이든, 어느 지역에 살든 상관없이 가질 수 있는 태도라고 주장한다.[37] 이런 애국주의는 당이 곧 국가(당-국가 체제)인 중국적 상황에서 곧 "공산당을 사랑하라"는 말로 치환될 수 있다. 애국주의는 결국 국가 주도의 민족주의인 것이다. 애국주의라는 개념 안에 민족주의를 가둬 둠으로써 어디로 튈지 모르는 민족주의를 제어하려는 의도라 할 수 있다.[38]

향후에도 중국 정부는 대중 민족주의를 제어하려 할 것이다. 물론 민족주의에 대한 취약성 역시 계속될 것이다. 타이완 문제 등에서 미국에 유약한 태도를 보일 경우 정권은 정당성 위기에 빠질 수 있다. 따라서 대중의 민족주의 정서를 적절히 제어하지 못할 경우 미중 관계는 그만큼 불안정해질 가능성이 크다. 중국은 이런 딜레마를 어떻게 해소할 수 있을까?

10

자본주의 국제 질서와 미중 관계의 구조화

글로벌 거버넌스와
주권 경쟁의
관성

미중 관계는 1990년대 후반 들어 점차 안정돼 갔다. 1997~98년 연이은 정상회담을 통해 양국은 서로 '건설적 전략 동반자 관계'임을 확인했으며, 구동존이 정신에 기초해 공동 번영을 추구하자는 데 합의했다. 물론 미중 관계는 1999년 중국의 핵 기술 절취 의혹 사건이나 베오그라드 중국 대사관 오폭 사건으로 경색되기도 했다. 조지 W. 부시가 취임한 직후인 2001년 4월에는 미 정찰기와 중국 전투기가 충돌한 사건도 있었다. 그러나 2001년 9·11 테러는 경색됐던 미중 관계를 다시 안정시켰다. 글로벌 테러리즘에 대응해야 한다는 데 양국의 이해관계가 합치된 결과였다. 이후 미중 양국은 핵 확산, 수단 다르푸르 사태, 그리고 북한 문제 등에 대해서도 협력했다. 2006년 12월 정례화된 전략 경제 회담은 미중 관계가 제도적으로도 안정되고 있음을 시사했다.[1]

동시에 미중 협력을 강조하는 담론들도 등장했다. 2003년 말 중국 공산당 중앙위원 정비젠이 제기한 '화평굴기론'和平崛起論이 대표적이었다. 중국은 20세기 초 독일이나 일본처럼 기존 질서에 도전하는 수정주의 국가가 아니며, 따라서 중국의 성장은 다른 국가들과 공동 번영의 좋은 기회가 될 수 있다는 주장이었다. 화평굴기론의 요점은 결국 중국이 미국에 도전하지 않는 '착한' 강대국이 되려 한다는 것이었다.[2]

미국도 화답했다. 2005년 9월 21일 미 국무부 부장관 로버트 졸릭은 미국의 대중 정책 목표는 중국을 "국제 체제의 책임 있는 이해관계 자stakeholder로 유도하는 것"이라 규정했다. 졸릭은 "20세기의 냉전 논리는 더 이상 미중 관계에 적용될 수 없으며, 19세기의 세력균형 논리는 더더욱 적용될 수 없다."라고 주장했다. 향후 대중 정책의 근간이 세력균형이 아니라 포용 정책이 될 것임을 명확히 한 것이다. 특히 졸릭은 북핵 문제를 포함해 핵 확산 방지에 미중 협력을 강조했다. 그런 협력은 중국이 화평굴기의 진정성을 증명할 기회라고도 했다.[3] 2009년 2월 오바마 정권의 국무장관 힐러리 클린턴 역시 동일한 논리를 반복했다. 그는 중국의 고사성어를 빌어 미중 관계를 '한배에 탄 운명'同舟共濟이라고 표현했다. 글로벌 금융 위기의 극복이나 기후변화, 그리고 대량 살상 무기 확산 방지에 미중 협조가 필수적이라는 의미였다.[4]

시진핑 정권이 2013년 내놓은 '신형대국관계'新型大國關係 역시 안정적인 미중 관계의 중요성을 강조했다. 핵심 내용은 미중 양국이 ① 상호 대립과 충돌 방지, ② 핵심 이익에 대한 상호 존중, 그리고 ③ 상호 이익을 위한 호혜적 협력을 해야 한다는 것이었다. 오바마 정권은 신형대국관계 개념을 수용하지는 않았다. 핵심 이익을 상호 존중해야 한다는 중국의 주장은 남중국해 등 영토 분쟁에 있어 미국이 중국의 주장을 인정하는 것으로 해석될 수 있음을 우려했기 때문이다. 그럼에도 문구 자체만을 놓고 보면, 신형대국관계론은 안정적인 미중 관계를 희망하는 미국의 담론들과 큰 차이가 없었다.[5]

미중 관계가 1990년대 후반으로 접어들면서 점차 안정된 배경은 무엇일까? 중국은 1996년 타이완 해협 위기를 거치면서 최고 국가 목표인 경제 발전을 위해서는 중국 위협론을 불식시키는 것이 급선무라 판단했다. 타이완 해협 위기에서 드러난 미국과의 현격한 군사력 격차뿐만 아니라 중국 견제를 목적으로 한 미일 동맹 강화를 우려했기 때문이다. 화평굴기 담론은 이에 대한 중국의 대응이었다. 이후 중국은 WTO나 아세안지역포럼ARF 등 다자주의를 적극적으로 받아들이기 시작했다. 또한 주요 국가들과는 전략적 동반자 관계를 맺어 공동 이익에 집중하려 했다. 국가 대전략의 변화였다.6

미국 역시 정치보다는 경제 영역에 초점을 맞추기 시작했다. 천안문 사건으로 불거진 인권 문제는 경제 이익보다 우선일 수는 없었다. 1994년 5월 26일 미 대통령 빌 클린턴은 중국의 인권 문제와 최혜국 대우 갱신 연계를 철회했다. 클린턴은 대통령 선거 당시부터 부시 정권이 중국의 인권 문제에 단호하지 못했다며 신랄한 비판을 가했다. 집권 이후에도 클린턴은 최혜국 대우 갱신 카드를 쥐고 중국을 압박했다. 그러나 그는 1여 년 만에 입장을 바꾸었다. 클린턴이 내세운 이유는 "미국의 매우 중요한 이익을 증대하기 위해서"라는 것이었다. 물론 그것은 경제 이익을 의미했다. 중국 역시 클린턴 정권의 의도를 간파하고 있었다. 최혜국 대우 협상이 진행되던 상황에서 미국산 상품의 대규모 구매 의사를 밝힌 것이다.7

1998년 6월 중국 방문을 앞두고도 클린턴은 미국의 경제 이익을 강조했다. 중국은 가장 빠르게 성장하는 미국의 수출 시장이지만, 여전히 미국 기업의 시장 접근에 제약이 있기 때문에 계속해서 시장 개방을 요구해야 한다고 말했다. 또한 미국이 취할 수 있는 최선의 전략은 포

용 정책을 통해 중국을 국제 자유무역 체제로 끌어들이는 것이라고도
했다. 중국을 고립시키는 것은 역효과만 낼 뿐이라는 주장이었다.[8]

글로벌 거버넌스: 시스템 안정시키기

질서의 세계The World of Order는 무질서 세력The forces of disorder에
맞서야 한다.

2006년 7월 『뉴욕타임스』 평론가인 토머스 프리드먼은 이렇게
주장했다. 헤즈볼라나 알 카에다 같은 무질서 세력에 맞서기 위해서 미
국·중국·러시아·인도 같은 주요 국가들이 협력해야 한다는 논리였다.[9]
프리드먼의 주장은 '글로벌 거버넌스'의 핵심을 드러낸다. 글로벌 거
버넌스에 관한 담론들은 국제정치를 국가 대 국가라는 전통적 구도로
보기보다는, 국제 체제와 이를 불안정하게 만드는 '리스크' 사이의 대
립 구도로 본다. 따라서 국가들은 리스크를 통제하고 관리하기 위해 협
력해야 할 필요가 있다. 국가 간 경쟁 역시 국제 질서 안정이라는 전제
아래에서만 가능하다는 것이다.

국제 질서(시스템)는 구체적으로 무엇을 의미하는가? 자본주의 국
제 질서가 그 핵심이라 할 수 있다. 냉전 붕괴 후 지구상의 거의 모든
국가가 자본주의 국제 질서로 편입됐다는 점에서 그렇다. 북한처럼 고
립된 국가를 제외하고 대부분의 국가는 이제 자본주의 논리에 따라 경

제 이익의 극대화를 추구하는 '호모에코노미쿠스'가 된 것이다. 시장이 '보이지 않는 손'에 따라 유지되듯이, 탈냉전기 국가들 역시 자본주의 국제 질서의 규칙대로 행동함으로써 자국의 이익을 극대화하려 한다.[10] 따라서 국가들은 자본주의 국제 질서를 안정적으로 유지해야 한다는 데 강력한 공감대를 가진다.

이런 맥락에서 글로벌 거버넌스의 핵심 대상은 국가 간 전쟁과 평화라는 전통적 안보 문제가 아니라, 국제 질서를 불안정하게 만드는 위험 인자(리스크)가 된다. 2020년 코로나 사태는 이를 단적으로 보여 주는 사례다. 전 세계적으로 막대한 사망자가 발생하고, 특히 미국의 경우에는 그 사망자가 한국전쟁과 베트남전쟁으로 인한 사망자를 초과하기도 했다. 이런 상황에서 필요한 것은 핵무기나 각종 첨단 무기가 아니라 마스크와 백신이 된다. 국가 간 협력이 필요한 것은 말할 필요도 없다. 전염병에는 국경이 없기 때문이다.[11]

국제정치학은 이런 상황을 이른바 '비전통 안보'non-traditional security 개념으로 설명한다. 대량 살상 무기 확산, 테러리즘, 전쟁범죄, 금융 위기, 기후변화, 전염병, 마약, 난민 문제 등이 그 무엇보다 국제 질서를 위협하는 위험 요인이라는 것이다. 따라서 글로벌 거버넌스의 목표는 이런 위협을 통제하는 것이다. 특히 이들 리스크의 생산 주체는 '실패 국가'로 규정되며, 글로벌 거버넌스의 핵심 목표는 이들을 책임 있는 국가로 변모시키는 것이 된다.[12] 2005년 유엔이 채택한 '보호할 책임'Responsibility to Protect, R2P 규범은 이를 단적으로 보여 준다. R2P 규범은 상황에 따라 군사개입까지도 정당화한다. 어떤 국가가 학살, 전쟁범죄, 인종 청소, 반인륜 범죄로부터 자국민을 보호하는 데 실패하면, 국제사회는 유엔헌장 및 안보리를 통해 '적절하고 단호한 방식'으로 개입할 수 있다는 것이다.[13]

푸코에 따르면, 근대 자유주의 통치 권력은 다른 국가의 '내치'police가 적절히 수행되고 있는지를 민감하게 주시한다. 어떤 국가라도 건실한 내치가 수행되지 못하면(즉, 실패 국가라면), 그 국가로 인해 국제 질서가 불안정해질 수 있기 때문이다. 따라서 올바른 내치는 일국만의 목표가 아니라 국제 질서의 안정을 바라는 국가들의 공통 목표가 된다. 심지어 경쟁 국가들 사이에서도 서로의 내치가 붕괴되지 않도록 감시하고 협조한다. 시스템이 붕괴된다는 것은 공멸을 의미하기 때문이다.[14]

동일한 맥락에서, 자본주의 국제 질서의 핵심 구성국들이 유독 '안보'security에 관심을 기울이는 것 역시 시스템 안정에 대한 국가들의 의지를 보여 준다. 국가들은 전통적 국가 안보뿐만 아니라 식량 안보, 에너지 안보, 인간 안보 등 거의 모든 영역을 '안보화'securitization하고 있다. 예를 들어, 9·11 테러 이후 미국이 '국토안전부'Department of Homeland Security를 창설한 것이나, 2014년 중국이 '중국공산당 중앙 국가안전위원회'을 설립한 것은 그 대표적인 사례다. 특히 중국 정부는 경제 발전의 전제 조건이 대내 리스크 관리에 있다는 점을 지속적으로 강조하고 있다.[15]

물론 글로벌 거버넌스 논리가 국가 간 경쟁 논리를 완전히 대체하는 것은 아니다. 세력 경쟁의 관성은 여전히 작동하고 있다. 질 들뢰즈의 표현대로라면, '전쟁 기계'들은 언제나 국가의 통제를 풀고 달아나려는 속성을 보인다.[16] 국가들이 세력균형과 전쟁을 원하지 않았다 하더라도 늘 의도하지 않은 결과가 발생할 가능성은 상존한다. 시리아 내전은 그 사례라 할 수 있다. 내전이 중지돼야 한다는 대의에 강대국들은 동의하지만, 구체적 방법론을 제시하고 있지 못하다. 서로의 이해관계가 충돌하기 때문이다. 유엔 상임이사국들의 협력이 문제 해결의 선결 조건이라는 유엔의 강조는 이를 반증한다.[17] 전 세계적 코로나 사태에서조차 갈등 양상을 보인 미중 관계 역시 주권 경쟁의 관성을 보여준다.

그럼에도 미중 양국이 현 자본주의 국제 질서로부터 막대한 이익을 얻고 있으며, 군사 충돌은 곧 공멸이라는 것이 사실이라면, 양국 간 경쟁은 국제 질서 안에서의 다툼으로 보는 편이 적확할 것이다. 홍호펑에 따르면, 미중 갈등은 민주주의 대 권위주의의 대결 같은, 신냉전식의 경쟁 구도로 볼 수 없다. 그보다 2008년 금융 위기 이후 중국 시장에서 중국 정부와 기업들에 의해 미국 기업의 입지가 약화되자, 이들의 이익을 대변하는 미국 정부가 반격에 나선 것으로 해석할 수 있다.[18]

중국은 우리의 이해관계자!

중국을 국제 질서의 '책임 있는 구성원'으로 만들려는 미국의 정책은 정권의 성격과 상관없이 계속됐다. 클린턴의 1998년 발언과 2005년 졸릭의 발언은 이를 뒷받침한다.[19] 클린턴은 중국 시장으로부터 얻는 경제 이익을 대중국 포용 정책의 핵심 이유로 내세우면서, 핵과 대량 살상 무기 확산, 환경오염, 국제범죄 및 마약, 그리고 인도-파키스탄 분쟁 및 한반도 문제 등에 있어 미중 간 협력을 강조했다. 클린턴은 중국과의 협력 없이는 이런 문제들을 해결할 수 없다고 주장했다. 그동안 대량 살상 무기 기술을 국제적으로 확산시켜 온 중국을 고립시키면 어떻게 대량 살상 무기 확산을 차단할 수 있느냐는 것이었다. 또한 세계 최대의 온실가스 배출국이 될 중국과의 협조 없이 어떻게 세계 환경문제를 해결할 수 있느냐는 것이었다. 지역 대국인 중국과 협력하지 않고 어떻게 인도-파키스탄 문제나 한반도 문제를 해결할 수 있느냐고도 했다. 특히 클린턴의 발언 중 흥미로운 대목은 인권 문제였다.

중국이 내부적으로 어떻게 진화해 나가는지는 중국의 대외 행동에도 영향을 미칠 것입니다. 따라서 미국이 믿고 있는, 그리고 보편적으로 인정되는 이상들을 중국에 받아들이라고 설득하는 것은 우리의 이익과 결부됩니다. …… 중국 국민이 보복의 두려움 없이 언론·출판·결사·종교의 자유를 누려야 합니다. 오직 그럴 때에만 중국이 성장하고 부강해지는 데 모든 잠재력이 발현될 것입니다.[20]

중국의 내치가 대외적으로도 영향을 미쳐 결국 미국의 이익에 영향을 미친다는 클린턴의 발언은 자유주의 통치 전략의 단면을 드러낸다. 앞에서 말한 것처럼, 국가들은 국제 질서를 안정적으로 유지하기 위해서라도 다른 국가의 내치가 제대로 작동하는지 주목한다. 미국 역시 중국으로 하여금 정치 개혁 등을 통해 내치를 원만하게 함으로써 국제 질서를 안정적으로 유지하려는 의도를 드러내고 있는 것이다. 그것은 단순히 인권 보호나 민주주의 확산과 같은 도덕적 차원의 접근이라 할 수 없다.

공화당 부시 정권의 행태도 다르지 않았다. 졸릭은 중국과의 협력 없이 어떻게 현재의 개방된 국제경제 시스템을 유지하고, 또 테러리즘, 핵 및 대량 살상 무기 확산, 빈곤, 질병 등에 대처할 수 있는지 반문했다. 그는 "닉슨이 1972년 베이징을 방문했을 때 미중 관계가 양국이 모두 반대하는 것에 의해 규정됐다면 이제는 모두 원하는 것에 의해 규정된다."라고 말했다.[21] 과거 양국 모두 반대했던 것은 소련이고, 현재 모두 원하는 것은 국제 질서의 안정이라는 것이다.

졸릭 역시 중국이 자유롭고 민주적인 사회가 돼야 하는 이유를 명확히 밝히고 있다. 즉, 미국의 요구는 "중국을 약화시키려는 것이 아니라, 9·11 테러가 보여 주듯이 자유가 없는 건강하지 못한 사회들은 '치명적 암'deadly cancer을 배양시키기" 때문이라는 것이다. 전선은 이제 '책임 있는' 국가들로 구성된 안정된 시스템과 그것을 파괴하는 악성 종양 사이의 대결로 요약된다. 따라서 중국이 그런 악성 종양이 되지 않으려면 더 충실하게 시스템 구성원으로 행동해야 한다는 것이다.

특히 졸릭의 발언에서 주목할 만한 구절은 현존하는 미중 간 갈등이 시스템 안에서 다루어져야 한다는 대목이다. "양국 간 갈등의 조정은 공동 이익을 보장하는 정치·경제·안보 시스템이라는 '좀 더 큰 틀' 안에서 조정될 수 있다."라는 것이다. 미중 경쟁은 시스템 속 경쟁이 되어야지 시스템을 전복시키는 경쟁이 되어서는 안 된다는 점을 분명히 하고 있다. 졸릭은 트럼프 집권 이후 미중 갈등이 심화되는 상황에서도 같은 주장을 반복했다. 양국 갈등은 공동 이익의 프레임 속에서 관리돼야 한다는 것이다.[22]

우리는 운명 공동체

글로벌 거버넌스를 둘러싼 미중 양국의 태도는 시간에 따라 일정한 변화를 보여 왔다. 처음에는 미국이 중국의 협력을 끌어내려 했다면, 시간이 지날수록 중국 스스로 글로벌 거버넌스의 중요성을 강조하기 시작했다. 이는 중국이 현 국제 질서의 핵심 구성원이 됐음을 보여 준다.

> 오늘날 국가들 사이의 연결과 의존이 전례 없이 심화되고 있습니다. 인류는 하나의 지구촌에서 살고 있으며, 또한 하나의 시공간에서 살고 있습니다. 그럴수록 세계는 네 안에 내가 있고, 내 안에 네가 있는 운명 공동체가 되고 있습니다.[23]

2013년 3월 시진핑은 모스크바 국제관계대학 강연에서 이렇게 말했다. 이후에도 그는 계속해서 운명 공동체 개념을 강조했다. 시진핑은 운명 공동체를 강화하기 위해서라도 각 국가는 평화와 보편적 안보를 추구하고, 개방되고 포용된 태도를 견지함으로써 공동 번영을 이뤄야 한다고 주장했다. 향후 중국은 운명 공동체를 수립하기 위해 자국의 지혜·방안·역량을 쏟아 부을 것이라고 강조했다.

운명 공동체 건설 과정에 있어 시진핑 역시 글로벌 거버넌스의 중요성을 주장한다. 환경문제나 국제 테러, 핵 확산, 사이버 문제 등은 국경을 초월하기 때문에 일국이 단독으로 대응할 수 없다는 논리다. 미국의 주장과 다르지 않다. 차이가 있다면, 글로벌 거버넌스를 '전구치리'全球治理라 표현할 뿐이다.[24] 이런 맥락에서, 시진핑 정권이 말하는 운명 공동체는 '원교근공 2.0'이라 표현할 수도 있을 것이다. 청나라 엘리트들과 이후 장제스, 그리고 마오쩌둥이 주변국들을 견제하려고 미국과 연대했다면, 이제 중국은 국제 문제에 대응하기 위해 미국과의 협력을 강조하고 있다.

이런 중국의 의지는 다자주의에 대한 적극적 지지에서도 드러난다. 중국은 1971년 타이완으로부터 유엔 상임이사국 지위를 승계한 이후 유엔의 핵심 구성국이 됐다. 현재 중국은 유엔과 WTO를 국제 다자 기구의 핵심 조직으로 간주한다. "중국은 각국과 협력해 유엔을 핵심으로 하는 국제 체제와, WTO를 핵심으로 하는 다자 무역 체제를 확고하게 유지하고 보호할 것"이라는 시진핑의 발언은 이를 보여 준다.[25] 2000년부터 2018년까지 중국이 190개의 유엔 안보리 결의안 중 182개에 찬성했다는 사실은 무엇을 의미할까?[26]

현재 중국은 전방위적으로 다자 기구에 참여하고 있다. 글로벌 거버넌스의 대표적인 협의체인 G20와 아시아태평양경제협력체APEC의 핵심 구성국이며, 핵확산금지조약NPT이나 유엔평화유지군 활동, 6자

회담과 같은 안보 분야뿐만 아니라, 국제통화기금IMF이나 세계은행 등 경제 다자 기구에도 적극적으로 참여하고 있다. 몬트리올 의정서나 파리기후협정과 같은 환경 분야에서도 일정한 역할을 하고 있다. 중국 은 단순히 다자 기구에 참여하는 것뿐만 아니라, 상하이협력기구SCO 와 아시아인프라투자은행AIIB 등 직접 다자 기구의 설립을 주도하기도 했다.[27]

국제기구에 대한 중국의 적극적 참여는 마오쩌둥 시기와 뚜렷하게 대비된다. 과거 중국은 유엔을 "강대국 간 더러운 거래 장소"라든지, "미 제국주의 세력 및 소련 수정주의 세력이 신식민주의와 패권을 추구하는 도구"라고 비난했다. '세계 혁명의 병기창'을 자처하던 중국의 관점에서, 국제기구는 패권을 쥐고 흔들던 강대국들의 대리인에 지나지 않았다. 그러나 이제 중국은 국제기구에 참여하는 것을 넘어 주도하고 있다.[28] 이렇게 보면 중국은 중국 위협론자들의 주장과는 달리 수정주의 국가가 아니라 '현상 유지' 국가에 가깝다고 할 수 있다.[29]

물론 다자 기구에 대한 중국의 참여와 기여도는 미국과 비교해 크다고 할 수는 없다. 예를 들어, 2014년부터 3년간 53개 국제기구에 대한 국가별 자금 지원 순위를 보면, 미국이 매년 평균 141억 달러를 지원함으로써 총 지원액의 22%를 차지했다. 2위 영국(76억 달러, 12%), 3위 일본(54억 달러, 9%), 4위 독일(44억 달러, 7%)과 비교해서도 압도적이다. 반면 중국은 연 지원액이 20억 달러에도 못 미쳐 14위에 뒤처져 있다.[30] 중국이 2010년 일본을 제치고 GDP 규모 2위 국가가 됐다는 사실에 견주어 보면, 국제기구에 대한 중국의 기여도는 크지 않다.

더군다나 중국은 다자 기구를 국가이익에 종속시키려는 현실주의적 행태를 보여 왔다. 다자 기구에 참여함으로써 지는 부담은 최소화하면서도 그로부터 얻는 이익은 극대화하려는 '미니맥스'minimax 전략이다. 예컨대, 중국은 자국 내에서 급속히 늘고 있는 에이즈AIDS를 퇴치하기 위해 관련 분야의 국제 협력을 활용하려고 하지만, 그에 걸맞은 물질적 기여에는 소극적이다.[31] 또한 자국의 이익에 부합하지 않는 다자 기구나 협정의 참여에도 미온적이다. 예컨대, 대량 살상 무기 확산 방지 구상PSI, 유엔 체제 밖에서의 국제 제재, 자유항행, 국제사법재판소, 대인지뢰 금지 협약Ottawa Treaty, 유엔 개혁 등은 반대하거나 소극적인 모습을 보인다. 중국은 또한 영토주권에 관한 국제적 판결도 수용하고 있지 않다.[32] 예를 들어, 2016년 7월 국제 상설중재재판소PCA가 중국과 필리핀 사이의 남중국해 분쟁 판결에서 필리핀의 손을 들어주자, 중국은 "판결은 무효이고 구속력이 없으며, 따라서 수용도 승인도 하지 않을 것"이라고 반발했다.[33]

또한 코로나 사태의 악화 속에서 호주 정부가 코로나 바이러스의 발원지에 대해 국제기구를 통한 중립적인 조사를 제안하자, 중국은 호주가 미국과 연계해 중국을 비방하려는 정치적 의도를 드러냈다며 강력히 반발했다.[34] 뿐만 아니라 중국은 트럼프 정권이 세계보건기구WHO에 대한 지원금을 동결한 직후 대규모 지원금 제공을 결정했다. 트럼프 정권은 WHO가 중국 편향적이며 사람 간 감염 가능성을 숨겼다며 4억 달러에 달하는 지원금을 동결했다. 이에 맞서 중국은 대규모 지원금 제공을 공표함으로써 코로나 방역 선도국이라는 이미지를 강화하려 한

것이다.[35]

사실, 다자 기구를 국가이익에 종속시키려는 행태는 중국만의 특징이라 할 수는 없다. 미국도 다르지 않기 때문이다. 예를 들어, 미국은 2002년과 2019년에 각각 요격미사일제한조약ABM과 중거리핵전력조약NF을 일방적으로 탈퇴했다. 자국의 미사일 개발을 제약하는 '족쇄'를 제거한 것이다. 2017년에는 환태평양경제동반자협정TPP에서 탈퇴했으며, 2005년 발효된 교토 의정서에도 참여하지 않았다. 산업 선진국의 온실가스 배출 제한이 불공평하다는 이유에서였다. 2016년 발효된 파리기후협약에서 탈퇴한 것도 동일한 이유였다. 국제앰네스티가 미국의 탈퇴를 "이기적이고, 무모하며 끔찍한 행동"이라고 비난했을 정도다.[36] 미국은 유네스코에서도 탈퇴했으며, 이란 핵합의에서도 일방적으로 탈퇴했다. 또한 세계은행이 중국에 과도하게 대출을 해준다며 비난했다. 세계은행 총재 김용이 갈등 끝에 사임하자, 트럼프는 그 후임으로 미 재무부 차관이었던 데이비드 맬패스를 선임하기도 했다.[37] 사실, 2003년 이라크 침공만큼 미국이 국제 질서를 노골적으로 위배한 것은 없었다. 당시 다수의 강대국은 이라크 침공을 유엔헌장 위반이라고 강력히 비판했다.[38]

중국 역시 다자 기구에 대한 미국의 일방적 행태를 지속적으로 비판하고 있다. 예를 들어, 중국은 미국이 2005년 인도와 맺은 핵 협정을 '이중 잣대'라며 비난했다. 미국이 어떤 국가의 핵 개발은 제재하면서, 또 어떤 국가는 암묵적으로 동의하거나 협력한다고 비난했다.[39] 사실, (필리핀과의 남중국해 분쟁과 관련해) 2016년 7월 국제상설재판소가 내린 판결에 중국이 반발한 것도 국제법 자체를 거부한 것은 아니었다. 오히려 중국의 논리는 판결 자체가 국제법을 위반했다는 것이었다. 중국의 동의 없이 필리핀이 일방적으로 제소한 영토주권 문제는 판결 대상도 아니라는 것이었다.[40]

홍미로운 점은 미국과 중국이 사안에 따라 '공모' 관계를 이루기도 한다는 사실이다. 예를 들어, 미중 양국은 온실가스 배출 규제에 대한 국제 합의, 안보리가 배제된 형식으로 수행되는 R2P 규범 논의, 그리고 상임이사국 확대와 같은 안보리 개혁 문제 등에서는 암묵적 반대라는 모종의 공감대를 이루고 있다.[41] 각자의 이익을 침해하는 다자주의에 대해서는 양국 모두 소극적 태도를 보이고 있는 것이다.

주권 경쟁의 여전한 생명력

국가 간 역량이 변화하고 전 지구적인 도전이 증가하면서 글로벌 거버넌스 개혁이 시대의 추세가 되고 있다. …… 글로벌 거버넌스의 구조는 국가 간 역량에 따라 결정되며, 그 개혁은 역량 변화에서 비롯된다. …… 중국은 국제 질서를 더욱 합리적으로 만들고 중국과 개발도상국들의 공동 이익을 보호하기 위해 이런 기회를 잘 잡아야 한다. …… 중국은 중국의 역량 범위 내에서 글로벌 거버넌스에 적극적으로 참여하고 주동적으로 그 책임을 져야 한다.[42]

2016년 9월 시진핑은 중국공산당 정치국이 진행한 글로벌 거버넌스 학습 토론회에서 이렇게 말했다. 글로벌 거버넌스 역시 국가 간 세력에 따라 좌우된다는 논리였다. 따라서 중국의 역량이 날로 강화되고 있기 때문에 현재의 글로벌 거버넌스도 그에 걸맞게 변화돼야 한다는 것이다. 시진핑은 이후에도 글로벌 거버넌스를 좀 더 공정한 방향으로 개혁해야 한다는 주장을 계속했다. 핵심은 글로벌 거버넌스 개혁이 '함께 협상하고 함께 건설하며 함께 누리는'共商共建共享 형태가 되어야지 강권주의나 패권주의적 방식이 되어서는 안 된다는 주장이었다. 분명 미국을 겨냥한 발언이었다.⁴³

그러나 글로벌 거버넌스 개혁에 대한 중국의 적극적 의지가 현 국제 질서를 타파하고 새로운 국제 질서를 창출하겠다는 의미를 갖는 것으로 볼 수는 없다. 시진핑 스스로도 이를 분명히 밝히고 있다. 그는 글로벌 거버넌스에 개발도상국들의 이해관계가 충실히 반영돼야 한다고 주장하면서 일대일로一帶一路 사업을 그 모범적인 사례로 간주한다. 그러나 동시에 일대일로는 '기존 것을 뒤엎고 딴 살림을 차리겠다'另起爐竈는 것이 아니라는 점을 명확히 한다. 일대일로는 참여국들이 전략적으로 서로의 비교 우위를 보완해 공동 이익을 확보하기 위한 사업이라는 것이다.⁴⁴

중국의 학술계도 이를 뒷받침하는 담론을 적극적으로 생산하고 있다. 중국이 원하는 것은 새로운 길이 아니라 현 국제 질서와 글로벌 거버넌스가 좀 더 공평하고 정의로워져야 한다는 것이다.⁴⁵ "현재 국제 관계에서 발생하는 대결과 불공정은 유엔헌장의 원칙이 시대와 동떨어져서 그런 것이 아니라 오히려 그런 원칙이 제대로 실행되지 못하기 때문"이라는 관영 『인민일보』의 지적은 이를 보여 준다.46

> 세계 안정과 평화의 최대 위협은 국제 질서를 파괴하는 일방주의와 국제 관계 규칙에 도전하는 패권주의다. …… 중국은 한국 등과 함께 국제 체제 및 국제 질서, 세계무역기구를 초석으로 하는 다자 무역 체제를 수호하겠다.47

중국 외교부장 왕이는 2019년 12월 4일 서울에서 열린 한중 외무 장관 회담에서 이렇게 말했다. 적시하지는 않았지만, 그 표적은 분명 무역 분쟁 중인 미국을 겨냥한 발언이었다. 이런 주장들을 종합해 보면 중국의 속내를 짐작할 수 있다. 즉, 중국은 자유무역에 기반하는 자본 주의 국제 질서와 미국이 주도하는 일방적인 패권 질서를 구분하고, 전자의 중요성을 강조하면서 동시에 후자를 반대하는 것이다. 정치학자 존 아이켄베리의 표현대로라면, 비자유주의적 중국이 자유주의에 기반한 자본주의 국제 질서를 주도하는 역설적 상황이 된다. 이런 측면에서 현 국제 질서를 훼손하는 주체는 중국이 아니라 오히려 '미국 우선' 을 외치며 다자주의를 공격한 트럼프 정권의 미국이라는 비판은 설득력이 없지 않다.48

결국 어떤 국제 질서의 관점에서 보느냐에 따라 중국은 수정주의 국가도 될 수 있고 현상 유지 국가도 될 수 있을 것이다. 만약 전자(자본주의 국제 질서)의 기준에서 본다면 중국은 수정주의 국가로 보기 어렵다. 오히려 중국은 자본주의 국제 질서의 규칙을 준수하려는 전형적인 현상 유지 국가가 된다. 그러나 후자(미 패권 질서)의 관점에서 본다면 중국은 수정주의 국가가 된다. 전자가 미국 내 자유주의자들의 관점이라면 후자는 중국 위협론자들의 관점과 크게 다르지 않다.

향후 미중 관계 역시 두 가지 상황에 따라 다르게 전개될 수 있다. 미국이 일방주의를 고수하려는 상황에서 미중 간 세력 격차가 줄어든다면, 미중 관계는 갈등 지향적으로 변화될 가능성이 크다. 세력 경쟁 및 그에 따른 갈등 담론은 더욱 첨예해질 것이다. 반면, 양국 모두가 현 자본주의 국제 질서를 각자의 이익에 부합한다고 간주한다면, 미중 관계는 보다 협력적으로 전개될 가능성이 크다. 키신저가 말하는 '공진화'coevolution이거나, 중국의 정치학자 왕지스가 말하는 '선의의 경쟁'benign completion이 이뤄지는 상황이다.[49] 갈등 심화와 협력, 이 두 가지 시나리오 가운데 어느 쪽이 현실과 부합할까?

11

타이완
딜레마

포기할 수도
싸울 수도 없는
미국과 중국

203×년. 타이완 민진당 정권이 전격적으로 독립을 선언하자, 중국은 '반분열국가법'反分裂國家法에 따라 군사작전을 개시했다. 최신형 항모 후난 함과 장시 함이 타이완 해협을 봉쇄하고 전폭기들이 타이완 본섬에 대한 포위 기동에 돌입했다. 타이완은 물러서지 않았다. 독립 철회를 거부하고 전 국민 동원령도 내렸다. 결국 타이완 군이 영공으로 날아든 인민해방군 전폭기를 격추하면서 전쟁이 발발했다. 인민해방군 특수 전단이 진먼 도를 기습 점령해, 섬에 주둔해 있던 타이완 군을 궤멸시켰다. 인민해방군 총참모부는 이제 타이완 본섬으로 진격할 것이라며 외국의 어떤 개입도 중국에 대한 선전포고 행위라고 규정했다.

미국은 '타이완 관계법'Taiwan Relations Act에 따라 즉각적인 대응에 나섰다. 도쿄 항에 정박 중이던 항모 존 F. 케네디 호를 타이완 해협으로 급파했다. 주한미군과 주일미군도 차출했다. 한국과 일본 역시 미국의 강력한 압박에 군대 파병을 결정했다. 중국의 전략 파트너 러시아도 움직이기 시작했다. 블라디보스토크 항에 정박 중이던 태평양 함대 소속 핵잠수함이 잠행에 들어갔다. 북한은 진즉부터 미 제국주의에 대항하자며 전쟁 불사를 외쳤다. 〈조선중앙TV〉와 『노동신문』은 연일 "미국에 저항하고 중국을 돕자"라는 기사를 쏟아 냈다. 한국전쟁 당시 중국의 '항미원조'에 보답하자는 논리였다. 휴전선 주변에 배치된 방사포들이 일제히 포문을 개방했다. 한미연합사는 '데프콘 1'을 발령했다. 타이완발 제3차 세계대전이었다.

이런 시나리오를 상상이라고만 치부할 수는 없다. 제1차 세계대전도 쇠사슬처럼 엮인 동맹 관계가 연쇄반응을 일으켜 촉발됐다. 세르비아 민족주의 청년이 오스트리아 황태자를 암살하자 오스트리아는 세르비아에 선전포고했다. 그러자 세르비아의 동맹국 러시아와 오스트리아의 동맹국 독일이 전쟁에 뛰어들었다. 러시아의 동맹국 영국과 프랑스도 그랬다.[1]

물론 타이완발 제3차 세계대전의 발발 가능성은 크지 않다. 그것은 곧 미중 양국의 '공멸'을 의미하기 때문이다. 그렇다면 중국이나 미국 모두 타이완을 포기해 버리면 그만 아닐까? 문제는 그럴 수 없다는 것이다. 중국이 타이완을 포기한다면, 공산당 정권의 통치 정당성은 한순간 무너질 것이다. 타이완을 중국의 '핵심 이익'으로 주장해 왔던 것이 바로 공산당 정권 자신이었기 때문이다.[2] 미국 역시 타이완을 포기할 수 없다. 타이완-남중국해로 이어지는 지정학적 가치는 둘째치고라도 미국의 대외 '신용'이 걸려 있기 때문이다. 타이완을 중국에 양보한다면, 일본이나 남한 같은 동맹국들은 미국을 더 이상 신뢰하지 않을 가능성이 크다.[3] 미국의 신용에 기반한 달러 패권 체제는 그만큼 균열이 생길 것이다.

타이완은 결국 미중 양국에 딜레마가 된다. 양국은 타이완을 포기할 수도 없지만, 그렇다고 타이완 때문에 서로 싸울 수도 없다. 딜레마는 해결책이 없기 때문에 관리만 할 수 있을 뿐이다. 따라서 미중 양국에게 최선의 전략은 타이완 문제가 파국으로 가지 않도록 관리하는 것이다. 타이완 독립을 사전에 차단하는 것은 그 구체적인 대응책 중 하나이다.

민진당의 등장, 강경해지는 중국

타이완은 중국의 내정이며 중국의 핵심 이익과 중국 인민의 민족 감정 문제다. 어떤 외부의 간섭도 허용하지 않을 것이다. …… 우리는 무력 사용 포기를 약속하지 않을 것이며 일체의 필요한 조치를 취할 수 있다.[4]

시진핑의 발언이다. 그는 2019년 1월 2일 "타이완 동포에게 고하는 글"告臺灣同胞書 발표 40주년 기념식에서 이렇게 말했다. 특히 타이완 문제에 간섭하는 외부 세력과 타이완 독립 세력에 대해서는 무력 사용도 불사할 것임을 분명히 했다. 명시하지는 않았지만, 미국이 외부 세력이고 민진당 정권이 타이완 독립 세력이라는 것은 자명했다.

시진핑 정권의 강경한 입장은 40여 년 전 중국의 입장과 대비된다. 1978년 12월 11기 3중 전회 기간 중 덩샤오핑의 지시를 받은 국무원

연구실 주임 후차오무는 "타이완 동포에게 고하는 글"을 발표했다. 내용은 시종일관 유화적인 내용을 담고 있었다. '하나의 중국' 원칙과 "중화인민공화국이 중국의 유일한 합법 정부"임을 명시하면서도 이른바 3통(통상通商, 통항通航, 통우通郵)으로 요약되는 양안 간 전면적인 교류를 제의했다. 아울러 통일 과정에서 타이완의 상황과 각계 인사들의 의견을 존중할 것이며, 타이완 인민들에게 해를 끼치지 않을 것이라 약속했다. 글은 그 어느 때보다 양안 통일에 우호적인 환경이 조성됐다고도 했다. 중미 관계가 정상화됐으며, 일본과는 평화우호조약을 체결했고 중국은 이제 경제 발전(4개 현대화)에 매진하기 시작했다는 것이다. 중국의 유화적인 태도는 진먼 도에 대한 의례적인 포격을 전격적으로 중지한 것에서도 드러난다. 중국이 '타이완 해방'이라는 표현을 사용하지 않기 시작한 것도 동일한 맥락이었다. 해방은 타이완 국민당 정부를 괴뢰정권으로 간주하는 적대적 단어였기 때문이다.[5]

이와 비교한다면, 2019년 시진핑 정권의 타이완 관련 발언들은 상대적으로 위협적이었다. 중국 국방부장 웨이펑허는 6월 아시아안보회의(샹그릴라 회의)에서 분열 책동에 대해서는 주권과 영토를 수호하기 위해 전쟁을 불사하겠다고 했다. 미국을 겨냥한 경고도 빼놓지 않았다. "남이 우리를 침범하지 않으면 우리도 침범하지 않는다. 그러나 남이 우리를 침범하면 우리도 반드시 침범한다"人不犯我 我不犯人 人若犯我 我必犯人는 혁명 시기 마오쩌둥의 발언을 인용하기도 했다.[6] 7월 발간된 중국의 국방백서 역시 동일한 입장을 드러냈다. 타이완 독립을 '죽음의 길'死路로 묘사하며 주권 수호를 위해 전쟁도 마다하지 않겠다고 했다.[7]

중국은 실제로도 타이완에 군사적 압박을 가하기 시작했다. 인민해방군은 타이완을 겨냥해 미사일 발사 훈련이나, 공군기와 군함을 동원한 무력시위를 강화했다. 2019년 12월 중국의 두 번째 항공모함인 산둥함은 취역 직후 타이완 해협 통과 작전을 감행했다. 대선을 앞둔 차이잉원 정권에 대한 경고가 분명했다.[8]

40년 전과 비교해 중국의 입장이 강경해진 이유는 무엇일까? 무엇보다 타이완의 정치 환경이 변화했기 때문이다. 타이완 독립을 표방하는 민주진보당(민진당) 세력이 타이완의 중요 정치 세력으로 부상한 것이다. 1991년 통과된 민진당 강령은 "국민주권의 원리에 기초한 타이완 공화국의 건립"을 명시하고 있다.[9] 이런 민진당은 2000년대 들어 두 차례나 집권하면서 타이완의 독립성을 강조하기 시작했다.

민진당 정권은 대륙이 주장하는 '하나의 중국' 원칙이나 '일국양제'—國兩制를 거부한다. 2000년 집권한 천수이볜 정권은 집권 내내 타이완의 유엔 가입을 시도했다.[10] 퇴임 직전인 2008년 3월에는 투표율 미달로 실패에 그치기는 했지만 국민투표까지 시도했다. 차이잉원 정권도 다르지 않았다. 천수이볜 정권에 비해 '현상 유지'에 치중하면서 신중한 태도를 보이고는 있지만, 1992년 양안 간 이뤄진 '하나의 중국' 원칙에 관한 합의九二共識를 거부했다. "타이완 동포에게 고하는 글" 발표 40주년을 기념하는 시진핑의 발언에 대해서도 차이잉원은 즉각 반발했다. 타이완은 중국과 달리 '민주주의' 체제이기 때문에 통일 문제의 해결은 반드시 국민들의 민의와 감독에 기초해야 한다고 주장한 것이다. 더군다나 중국이 무력을 통한 양안 문제 해결을 철회하지 않는

상황에서 어떻게 중국의 통일 방식을 수용할 수 있느냐고 비판했다.[11]

차이잉원 정권이 일국양제를 완강히 거부한 배경에는 국내 정치적 이유도 존재한다. 민진당의 주 지지층이 타이완의 정체성을 강조하고 반중 정서를 가지고 있는 상황에서 지지층을 결집시키기 위해서라도 중국에 맞서는 모습을 보여야 할 필요가 있는 것이다. 친중 인사들에게 '빨갱이' 딱지를 씌워 공격하는 행태도 동일한 맥락이다. 타이완판 색깔론인 것이다.[12] 차이잉원 정권은 2019년 12월에 국민당의 격렬한 반대에도 불구하고 '반침투법'反滲透法을 통과시키기도 했다. 반침투법의 조항에 따르면, '외부 세력'으로부터 자금이나 지시를 받고 타이완 선거나 정치에 개입하는 자는 처벌된다. 국민당은 차이잉원 정권이 모호한 법 조항을 활용해 비판 세력을 탄압하려 한다고 강력히 반발했다. 정권 주도의 '백색테러'이며 '매카시즘'이라고 규정했을 정도다.[13]

2019년 6월부터 시작된 홍콩 시위 역시 차이잉원 정권에게는 유용한 정치적 자산이었다. 차이잉원은 "홍콩 사태는 일국양제의 파산"이라고 주장하면서 "민주주의와 권위주의는 동시에 한 국가 내에 존재할 수 없다."라는 점을 분명히 했다. 그러면서 자신이 집권하는 한 "타이완의 주권과 민주주의를 파괴하는 어떤 시도도 성공하지 못할 것"이라고 주장했다.[14] 실제로 홍콩 사태를 통한 '중국 때리기'는 차이잉원 정권의 지지율을 대폭 상승시켰다. 애초 민진당이 2018년 11월 지방선거에서 국민당에 참패하면서 차이잉원의 재선 가능성은 높지 않았다. 차이잉원은 선거 결과에 책임을 지고 민진당 주석직을 사임했다. 그러나 홍콩 사태는 상황을 극적으로 반전시켰다. 홍콩 사태 이전 24%에

머물렀던 차이잉원의 지지율은 12월에는 55%로 수직 상승했고, 결국
역대 최다 득표로 친중적인 국민당 후보 한궈위를 누르고 재선에 성공
한 것이다.[15]

중국의 대응: 3차 국공합작?

중국의 대응 전략은 무엇인가? 법적·군사적·정치적·경제적 대응으로
나뉜다. 우선 법적으로 중국은 '반분열국가법'을 제정해 타이완 독립
시 군사행동을 취할 것을 명문화했다. 2015년 통과된 반분열국가법은
① 타이완 독립 세력이 타이완을 중국으로부터 분열할 경우, ② 그런
상황을 야기하는 중대 사변이 발생할 경우, ③ 평화통일의 가능성이 완
전히 소멸될 경우, 중국은 비평화적 방식을 통해 국가주권과 영토 보전
을 수호할 것임을 명시하고 있다.[16] 결국 반분열국가법은 타이완 문제
에 대한 중국의 '배수의 진'이라 할 수 있다. 이제 공을 타이완 독립 세
력과 미국에 돌린 것이다. 우리는 모든 패를 드러냈으니, 함부로 도발
하지 말라는 의미라 할 수 있다.

　중국은 타이완에 군사적 압박도 가하기 시작했다. 차이잉원 집권
이후부터 인민해방군은 타이완 해협에서 군사작전을 강화했다. 1958
년 진먼 도와 마쭈 도에 대한 인민해방군의 공세와는 차이가 있다. 당
시의 군사적 대치는 타이완 독립을 차단하기 위한 목적이 아니었다. 국
민당 정권 역시 '하나의 중국' 원칙에는 이견이 없었기 때문이다. '하나

의 중국' 원칙 아래서 전개된 양안 간 주도권 싸움에 불과했다. 그러나 1990년대 이후 중국의 군사행동은 타이완 독립 세력의 분쇄를 목표로 한다.

1995~96년 타이완 해협에서 감행한 대규모 군사작전(상륙 및 미사일 훈련)은 그 첫 사례였다. 당시 타이완은 국민당이 집권하고 있었지만 중국은 총통 리덩후이를, 은밀하게 독립을 추진하는 '암독'暗獨 세력으로 간주했다. 리덩후이는 전임 총통 장징궈의 사망으로 1988년 집권해 1996년 초대 민선 총통이 되었고, 2000년 민진당 천수이볜 정권이 들어서기까지 집권했다. 장제스 및 그의 아들 장징궈와 달리 리덩후이는 (1945년 이전 타이완에서 태어난) 본성인本省人 출신으로 그만큼 타이완의 정체성을 강조했다. 집권 기간 동안 리덩후이는 '하나의 중국' 원칙을 인정하면서도 한편으로는 타이완의 '본토화'를 추진했다. 외성인 세력을 약화시키고 유엔 가입이나 '타이완 우선,' '타이완 운명 공동체' 등을 주장했다. 급기야 1999년에는 이른바 '양국론'을 주장하면서 양안 관계를 특수한 '국가 대 국가'로 규정하기까지 했다. 민진당은 환호했다. 혹자는 리덩후이를 "국민당과 민진당의 공동 주석"이라고 표현할 정도였다.17

1996년 3월 타이완 해협에서 중국이 벌인 군사행동은 리덩후이의 총통 당선을 차단하려는 의도에서 비롯됐다. 타이완의 유권자들을 겁박해 리덩후이에 대한 지지를 철회시키려는 것이었다. 그러나 중국의 군사적 압박은 오히려 타이완의 반중 여론을 증폭시켜 리덩후이의 압도적 승리에 일조했다. 더욱이 미국의 개입도 초래했다. 1979년 중국과 수교하면서 미 의회는 타이완 관계법을 통과시켰다. 미국은 "타이완의 미래를 비평화적 방식으로 결정하려는 어떤 시도에 대해서도 '유의'consider할 것"이며, "타이완에 방어용 무기를 제공하고," "무력으로 타이완의 안보, 사회경제적 안정을 위태롭게 하는 어떤 시도에 대해서도 저항할 능력을 갖춘다."라는 내용이었다. 중국의 반분열국가법처럼 미국 역시 법률적으로 유사시 타이완 방어 의지를 명시한 것이다. 1996년 타이완 해협 위기 당시 미국이 항공모함을 급파했던 배경에는 이런 타이완 관계법이 있었다. 미 군함이 2019년 10여 차례나 타이완 해협을 통과한 사실도 미국의 타이완 방어 의지를 드러낸다.[18]

이처럼 타이완에 대한 중국의 강경 대응이 역효과를 초래한다면, 중국은 좀 더 '세련된' 방식으로 타이완 독립 세력을 견제할 필요가 있을 것이다. 예를 들어 '하나의 중국' 원칙을 공유하는 국민당과 연대해 공동의 적인 민진당 세력을 견제할 수 있다. 중국 관영 언론이 "공산당과 국민당의 상호작용은 양안 관계 발전의 지렛대"가 돼야 한다고 주장하는 것은 이런 맥락과 닿아 있다.[19] 혁명기 국공합작의 논리와도 다르지 않다. 1, 2차 국공합작 당시 공동의 적이 각각 군벌과 일본이었다면, 이제는 타이완 독립 세력이 공동의 적이 된 것이다.

실제로 2015년 11월 7일 시진핑과 타이완 총통 마잉지우가 싱가포르에서 역사적인 회담을 가졌다. 차이잉원의 당선이 유력하던 타이완 대선을 두 달 앞둔 시기였다. 1945년 8월 충칭에서 장제스와 마오쩌둥이 만난 이후 70년 만에 국공 양당의 수뇌가 다시 만난 것이다. 가히 '3차 국공합작'을 보여 주는 듯했다. 시진핑은 양안 관계를 "뼈가 부서져

도 근육으로 연결된, 피는 물보다 진한 한 가족"이라고 표현하면서 양
안이 분리될 수 없음을 강조했다. 또한 "양안 관계의 최대 위협은 바로
타이완 독립 세력"이라고 비판하면서 양안의 동포들이 이에 반대해야
한다고 주장했다. 민진당은 당연히 강력하게 반발했다. 차이잉원은 마
잉지우가 타이완의 민주주의에 대해 침묵했다며 비난했다.[20]

사실, 타이완 대선에서 차이잉원의 당선이 확실시되는 상황이었기
때문에 국공 수뇌 회담이 선거의 판세를 뒤집으려는 목적으로 개최됐
다고 보기는 어렵다. 그보다 중국으로서는 반민진당 세력을 포용함으
로써 곧 들어설 차이잉원 정권을 고립시킬 수 있다는 계산이 있었을 것
이다. 국민당 역시 향후 재집권하기 위해서라도 안정적인 양안 관계를
정치 자산화하려 했을 것이다. 어쨌든 타이완 여론은 양안 관계의 안정
을 희망했기 때문이다. 실제로 시-마 회담에 대한 찬성 여론이 56%로,
반대 24%에 비해 압도적이었다. 특히 양안 관계 발전이 경제 이익 확
보를 위한 좋은 기회라고 생각한 타이완 재계는 시-마 회담에 호의적
이었다.[21]

차이잉원이 집권한 이후에도 시진핑 정권은 경제적 유인책으로 타
이완 내 친중 여론을 확보하려 했다. 2010년 체결된 '경제협력기본협
정'ECFA을 기반으로 타이완에 적극적인 경제 우대 조치를 취한 것이다.
2018년 2월 발표한 '양안 경제문화교류 협력 촉진에 관한 약간의 조
치'31項惠臺措置가 그 구체적 사례다. 주요 내용은 중국에서 생활하는 타
이완 주민과 기업인들에게 중국인들과 동등한 대우를 해준다는 것이었
다. 또한 타이완 주민들에게 거주증이나 5년 기한의 전자 통행증을 발

행해 비자 없이 대륙에서 거주할 기회를 제공한다는 내용이었다.[22]

물론 이런 중국의 전략이 과연 효과적인지는 시간이 판별할 것이다. 타이완 내 통일 지지 여론이 시진핑 정권 들어 오히려 낮아지고 있기 때문이다. 타이완 행정원의 조사에 따르면, 2020년 3월 현재 통일을 지지하는 여론은 6.8%(즉시 통일 0.8% + 장기적 통일 6%)에 머물러 지난 10년간 가장 낮은 수치를 기록했다. 반면, 독립을 지지하는 여론은 36%(즉시 독립 9.3% + 장기적 독립 26.7%)로 훨씬 높다. 나머지 다수 응답자는 '현상 유지'를 선호해 결국 ① 현상 유지, ② 독립, ③ 통일 순이 된다. 특히 응답자의 76.6%가 중국이 타이완 정부에 적대적이며, 61.5%는 타이완 국민들에게도 적대적이라고 답변했다. 무엇보다 응답자의 무려 90% 이상이 대륙의 무력 사용 위협과 일국양제 방안에 반대하고 있다. 또한 90%가 넘는 응답자가 코로나 사태를 둘러싼 중국의 행태에 거부감을 표시했다. 중국이 타이완의 WHO 참여를 방해함으로써 타이완 사람들의 건강을 위협했다는 것이다.[23]

타이완을 '관리'하는 미국

> 우리는 중국과 타이완이 긴장 완화와 양안 관계 개선을 위해 취한 조치들을 분명히 환영한다.[24]

시-마 회담에 대한 백악관 대변인의 언급이다. 미 국무부는 시-마

회담을 양안 관계의 '역사적 진전'이라고 표현했다. 이는 양안 관계의 '안정'이 미국에게 중요하다는 것을 보여 준다. 미국은 타이완 대선에서 차이잉원이 승리했을 때도 양안 관계의 안정과 대화를 촉구했다. 타이완의 정권 교체로 말미암아 양안 관계가 불안정해질 수 있다는 초조함 때문이었다.[25] 타이완 독립 세력이 강해질수록 중국을 자극할 것이고, 그것은 미중 충돌이라는 최악의 상황으로 이어질 수 있다는 우려였다. 미국으로서는 그런 가능성을 원천봉쇄하는 것이 최선일 수밖에 없었다.[26]

중국이 타이완 독립 시 무력을 사용할 수 있음을 공언하는 것은 이런 미국의 딜레마를 심화시켜 미국으로 하여금 타이완 독립 세력을 자제시키게 하려는 것으로 해석할 수 있다. 물론 미국은 타이완 독립 세력을 '단호하게' 반대하지는 않는다. 타이완 독립 세력이 미중 충돌을 초래하지만 않는다면 중국을 다루는 데 타이완 카드를 버릴 이유가 없기 때문이다. 한국전쟁 당시 맥아더의 표현대로 타이완은 여전히 미국에게 '가라앉지 않는 항공모함'이다. 그 항공모함이 미국의 통제 내에서 움직인다면 미국으로서는 크게 문제될 것이 없다.

이런 맥락에서, 미국은 타이완 문제에 대해 이른바 '전략적 모호성'을 유지하고 있다. 명확한 패를 내보이지 않음으로써 중국과 타이완 중 누구라도 섣불리 군사행동을 하지 못하도록 하려는 전략이다.[27] 미국은 상황에 따라 중국 혹은 타이완에 힘을 실어 왔다. 1950년 1월 미국의 동아시아 방어선에 타이완을 제외한 것이 전자의 경우였다면, 한국전쟁 발발 직후 타이완 해협을 봉쇄한 것이나 1954/58년 진먼 도와 마쭈 도 포격 당시의 대응은 후자의 경우였다. 반면, 1970년대 미국은 중국과 수교하면서 타이완과 단교했고 상호방위조약 역시 폐기했다. 타이완이 시도하던 핵 개발도 압력을 가해 중지시켰다.[28] 그러나 타이완 관계법에 기초해 무기 판매를 계속함으로써 양안 간 최소한의 군사적 균형을 맞추려 하고 있다.

냉전이 붕괴되고 중국의 부상이 가속화되면서 미국은 타이완의 전략적 가치에 좀 더 무게 중심을 두기 시작했다. 1996년 타이완 해협 위기 시 항공모함을 급파했던 것은 그 첫 사례였다. 특히 미국은 타이완 방어에 미일 동맹을 활용하기 시작했다. 지정학적으로 타이완은 일본의 남쪽 제방이라 할 수 있기 때문에 일본 역시 미국의 전략에 적극적으로 호응했다. 2005년 2월 미일 양국은 외교·국방 장관 회담(2+2 회담)에서 최초로 타이완 문제를 거론했다. "대화를 통한 평화적 해결"을 촉구한 것이다.[29] 아울러 미일 양국은 1997년과 2015년 '미일 방위 협력 지침'을 개정해 이른바 '주변 사태' 발생 시 미군의 후방 기지로서 일본의 역할 강화를 명시했다. 또한 아베 정권은 2014년 각의 결정을 통해 타국에 대한 공격일지라도 일본의 존립이 위협받을 경우 집단 안보에 나설 수 있다고 헌법을 재해석했다. 그 대상 지역이 명시되지는 않았지만 타이완이 포함된다는 것은 분명했다.[30] 특히 중국 위협론자들은 적극적으로 대중국 견제를 위한 미국-일본-타이완의 협력을 주장했다.[31]

한편 트럼프 정권은 1979년 이래 타이완에 '가장 우호적인 백악관'이라는 평가를 받았다.[32] 미 대통령 당선인이 타이완 총통과 통화한 사레는 트럼프가 유일했다. 또한 트럼프 정권은 2018년 3월 '타이완 여행법'에 서명해 양국 고위 관료들의 상호방문을 법제화했다. 2019년 7월에는 카리브 해 우방국을 순방하던 차이잉원이 뉴욕에 기착할 수 있도록 허용했다. 차이잉원은 이틀 동안 미 경제계 인사들과 우방국들의 유엔 주재 대사들을 만났다. 중국을 겨냥해 "타이완은 위협에 굴복하지 않을 것"이라고도 했다.[33] 군사 부문에서도 트럼프 정권은 타이완에 우호적인 태도를 보였다. 2019년 6월 미 국방부가 발간한 "인도-태평양 전략 보고서"는 타이완을, 미국의 이익을 실현하기 위해 관계를 강화할 필요가 있는 '국가들' 중 하나로 명시했다. 중국이 자국의 일부로 간주하는 타이완을 '국가'로 표현한 것이다.[34] 또한 일반 무기·군사 장비 수출과 1992년 이후 처음으로 F16 전투기 수출(80억 달러 상당)을 승인했다.[35] 타이완 해협을 통과하는 미 해군의 '자유항행' 작전 역시 전임 오바마 정권 때보다 강화했다.

중국은 당연히 강력하게 반발했다. 미국이 '하나의 중국' 원칙을 위배함으로써 주권을 침해하고 내정에 간섭한다는 것이다. 미국이 "인도-태평양 전략 보고서"를 발표한 직후에는 산둥 반도 부근에서 잠수함 발사 탄도미사일 훈련을 벌이기도 했다. "누군가 타이완을 중국으로부터 분열시킨다면 중국 군대는 일전도 불사하고 어떤 대가도 치를 것"이라는 국방부장 웨이펑허의 경고도 동일한 맥락이었다.[36]

트럼프 정권은 실제로 '하나의 중국' 원칙을 폐기하려 했을까? 트럼프는 당선자 시절부터 '하나의 중국' 원칙에 의문을 제기하곤 했다. 중국이 무역 문제 등에서 양보하지 않으면 '하나의 중국' 원칙을 폐기할 수도 있다고 했다.³⁷ 그럼에도 집권 이후 트럼프는 시진핑과의 회담에서 미국은 계속해서 '하나의 중국' 원칙을 견지할 것이라는 점을 분명히 했다.³⁸ 미중 관계를 규정하는 3대 공동성명(1972년 상하이 공동성명, 1979년 미중 수교에 관한 공동성명, 1982년 타이완 무기 판매에 관한 공동성명)을 관통하는 '하나의 중국' 원칙을 거부하는 것이 어떤 의미인지 트럼프 정권이 모를 리 없기 때문이다. 그것은 곧 미중 양국의 단교를 의미한다.

사실, 상술한 트럼프 정권의 행보가 과연 타이완에 우호적인가라는 의문도 제기된다. 중국 전문가인 리처드 부시는 트럼프의 타이완 정책이 거의 '조현병' 수준이라고 혹평했다. 여러 정책이 상호 모순되고 일관성이 없다는 것이다. 예를 들어, 정치적으로는 타이완을 두둔하다가도 타이완산 철강에 보복관세를 부과하고 미국산 육류에 시장을 개방하라고 압박했다는 것이다. 또 중국산 IT 제품에 대한 보복관세 역시 타이완이 그 생산 네트워크에서 한 축을 담당하고 있다는 사실을 망각하고 있다는 것이다. 그렇다면 트럼프 정권이 타이완에 우호적 태도를 보인 것은 무역 분쟁이나 북한 문제 등에서 중국의 양보를 얻어 내려는 단순한 전술에 불과하다고 볼 수도 있다.³⁹

향후 미국의 양안 정책은 어떻게 될 것인가? 미국이 미중 관계의 근간이라 할 수 있는 '하나의 중국' 원칙을 폐기할 가능성은 희박하다. 그럴 경우 초래될 파국을 모르지 않기 때문이다. 미국은 그런 대전제 아래서 상황에 따라 타이완 혹은 중국에 힘을 실어 줄 가능성이 크다. 따라서 민진당과 타이완 독립 세력이 미국을, 언제든 자신들을 보호해 줄 세력으로 생각한다면 '순진'한 믿음이 될 수도 있다.[40] 만약 타이완이 명시적으로 독립을 선언한다면 미국은 어떻게 대응할까?

"아마 미국이 그런 상황은 만들지 않을 겁니다." 중국 공산당 당교의 한 교수가 필자에게 했던 말이다. 필자는 그에게 타이완이 전격적으로 독립을 선언한다면, 중국은 반분열국가법에 따라 군사개입을 할 것이고, 동시에 미국도 타이완 관계법에 따라 군사개입을 할 텐데, 그렇게 되면 미중 전쟁이 일어나는 것 아닌가라고 물었던 적이 있다. 그는 약간 당황스러워하더니 위와 같이 답했다. 결국 미국을 믿는다는 것이다. 중국의 정책 결정자들도 같은 생각일지는 알 수 없다. 다만 구조와 그 속에서 생존하려는 행위자들의 합리성을 가정한다면 그의 예상은 크게 틀리지 않을 것 같다.

12

북한이라는 '게토'

한반도 안정을 위한
미중의 전략

우리는 북한 급변 사태 시 38선을 넘어 핵무기를 확보한 이후 남쪽
으로 철수할 것이라는 점을 중국에 약속했습니다.[1]

2017년 12월 미 국무 장관 렉스 틸러슨은 이렇게 말했다. 북한이
잇달아 장거리 미사일을 발사해 한반도 위기가 고조된 상황에서 미중
양국이 북한 급변 사태에 관해 협의했다는 사실을 공개한 것이다. 틸러
슨은 중국 측이 북한의 대량 난민 발생 가능성에도 대비하고 있음을 밝
혔다. 이례적인 발언이었다. 북한의 동맹국 중국이 북한의 주적인 미국
과 북한 정권 붕괴 상황을 협의했다는 것이다. 미국은 이미 북한 급변
사태를 대비한 '작전계획 5015'Operation Plan 5015를 마련해 둔 상황이
지만, 중국에게 북한 급변 사태는 일종의 금기어였다. 그런 중국이 미
국과 북한 급변 사태를 논의한 것이다. 심지어 남한에서도 '코리아 패
싱'을 우려하는 목소리가 나오기도 했다.[2]

사실, 한반도 문제를 두고 미중 양국이 남북한을 소외시킨 전례가
없었던 것은 아니다. 이 책의 7장에서 설명했듯이, 1970년대 초반 미
중 관계가 급진전될 당시 상황도 비슷했다. 닉슨은 저우언라이에게, 기
질적으로 충동적인 한국인들을 자제시켜야 한다고 말하기도 했다. 당
시 미국의 대중 정책을 총괄했던 키신저는 2017년 한반도 위기 상황

에서도 동일한 주장을 했다. 북한 붕괴 이후 상황에 대한 미중 간 협의와 이해가 북핵 문제 해결의 '본질적인 선행조건'이라고 주장한 것이다.[3] 틸러슨이 밝힌 북한 급변 사태에 대한 미중 협의는 키신저의 주문이 현실화되고 있음을 보여 준다.

2010년 11월 23일 연평도 사태는 한반도 문제에 대한 미중 양국의 속내를 잘 보여 준다. 북한군이 남한 마을을 기습 포격해 민간인이 사망한 사건은 휴전 이후 처음 있는 일이었다. 미중 양국은 그만큼 급박하게 움직였다. 당일 베이징에 있었던 미 대북 정책 특별 대표 스티븐 보즈워스는 중국 측 파트너인 우다웨이와 긴급 회동을 가졌다. 그들은 연평도 포격 사건을 '매우 바람직하지 않은' 사건으로 규정하고 남북한 모두에 대해 자제를 촉구했다. 11월 26일에도 중국 외교부장 양제츠와 미 국무장관 클린턴은 한반도 안정에 대한 공감대를 재확인했다.[4] 2011년 1월 19일 오바마-후진타오 정상회담에서도 양국은 한반도 긴장 상황에 깊은 우려를 표명하고 양국 간 긴밀한 협력을 강조했다. 총 41개 조항으로 이뤄진 정상회담 공동성명 중 18번째 조항 전부가 한반도 안정을 강조했다.[5]

특히 미중 양국은 각각의 동맹국인 남북한에 긴장 완화를 촉구했다. 정치적 압력이었다. 양제츠는 11월 26일 중국 주재 북한 대사를 불러 긴장 완화를 주문했고, 12월 9일 다이빙궈는 방북해 김정일에게 한반도 긴장 완화 및 6자 회담 재개를 강력히 요청했다.[6] 미국도 다르지 않았다. 12월 남한은 무력시위의 차원에서 연평도 일대에서 대규모 사격 훈련을 계획하고 있었다. 북한은 남한 군대가 사격 훈련을 실시할 경우 '예상할 수 없는 자위적 타격'을 가하겠다고 위협하면서 전면전을 암시했다.[7] 미국은 남한을 자제시켰다. 미 합참 부의장 제임스 카트라이트는 남한의 사격 훈련이 '연쇄반응'을 일으켜 상황을 걷잡을 수 없게 만들 것을 우려했다. 주한미군 사령관 월터 샤프와 미 대사 캐슬린 스티븐슨은 청와대를 방문해 사격 훈련이 꼭 필요한지 확인하기까지 했다.[8]

그러나 이명박 정권은 예정대로 사격 훈련을 강행했다. 강경한 대응을 바라는 여론이 존재하는 상황에서 훈련 철회가 초래할 정치적 부담 때문이었다. 미국도 북한이 먼저 도발한 상황에서 동맹국 남한의 군사훈련을 반대만 할 수는 없었다. 따라서 미국은 남한군의 사격 훈련이 통제 가능한 범위에서 이뤄질 수 있도록 관리하려 했다. 주한미군 20여 명을 통신·의료 지원의 명목으로 연평도에 급파해 일종의 '인계철선'trip-wire 역할을 자처했다. 또한 마침 방북 중이던 뉴멕시코 주지사 빌 리처드슨은 북한 측에 긴장 완화를 요청했다. 위기는 결국 북한이 "일일이 대응할 일고의 가치를 못 느낀다."라며 물러서면서 종결됐다.[9] 연평도 사건에 대해서는 다양한 분석이 가능하나, 미중 양국이 전쟁을 차단하기 위해 긴박하게 움직였다는 사실만큼은 부인할 수 없다.

타이완과는 다르다

한반도 역시 타이완처럼 미중 양국에게는 딜레마다. 남북한은 각각 양국의 동맹국이기 때문에 동맹 딜레마를 피할 수 없다. 그럼에도 한반도 문제는 타이완 문제보다 미중 양국이 타협할 공간이 더 크다. 특히 중국에게 그렇다. 중국은 주권 문제인 타이완 문제에 대해서는 미국과 타협할 수 없다. 그러나 다른 국가인 북한 문제는 그렇지 않다. 설령 북한이 남한으로 흡수 통일된다 해도 중국공산당의 정치적 위신이 타이완 문제에서만큼 훼손되는 것은 아니다.

따라서 중국은 북한 문제를 주권 문제가 아닌 지정학적 문제로 간주하고 대응한다. 전통적으로 중국이 주장해 온 순망치한의 논리가 그것이다. 임진왜란 당시 파병을 둘러싸고 명 조정에서 격론이 벌어졌을 때 파병 옹호론자들은 순망치한의 논리를 들어 자신들의 주장을 정당화했다. 청일전쟁과 한국전쟁 당시에도 중국군의 파병 논리는 순망치한이었다. 1994년 북핵 위기가 고조되는 상황에서도 국가 주석 장쩌민은 순망치한을 말하며, 방중한 북한 총참모장 최광을 안심시켰다. 중국의 정책 결정자가 누가 되든 중국과 한반도 관계는 공고한 구조의 논리에 기반한다는 것을 보여 준다.[10]

따라서 중국은 한반도(북부)라는 지정학적 이익만 훼손당하지 않는다면 미국과 타협할 가능성이 크다. 한국전쟁 당시 저우언라이가 미군의 38선 월경을 좌시하지 않겠다고 한 것은 그 조건만 지켜진다면 타협할 수 있다는 의미였다. 2017년 한반도 위기 상황에서도 다르지 않았다. 관영 언론 『환구시보』는 미 지상군이 38선을 넘지 않고, 북핵 시설에만 폭격한다면 중국은 개입하지 않을 것임을 분명히 했다.[11] 베트남전쟁 당시 17도선을 경계로 미중 양국이 암묵적 타협을 이뤘던 상황과 다르지 않다. 북한은 강하게 반발했다. 북한이 전례 없이 중국을 공개 비난한 것은 북의 배신감을 반증한다. 조선중앙통신은 미국과 공조하에 이뤄지는 중국의 대북 제재를 신랄하게 비난하며, "조중 관계의 기둥을 찍어 버리는 오늘의 무모한 망동이 가져올 엄중한 후과에 대해 심사숙고하는 것이 좋을 것"이라고 경고할 정도였다.[12]

2017년 위기 시 중국의 행태는 북한에 대한 '피로감'이 그만큼 극대화됐음을 의미한다. 북한이 연이은 도발로 한반도 전쟁을 부추김으로써 미중 충돌이라는 최악의 상황을 기도하고 있다는 불만이었다. 동맹 이론의 관점에서 보면, 강대국은 동맹 약소국으로 말미암아 다른 강대국과 전쟁을 하기보다는 차라리 다른 강대국과 협력해 동맹 약소국을 통제하는 것이 합리적일 수 있다. 약소국에 대한 강대국들의 '공동 통치'condominium 상황이다.[13] 극단적인 상황에서는 강대국이 동맹 약소국의 정권 교체를 기도할 수도 있다. 예를 들어, 1882년 임오군란 당시 신속히 개입해 폭동의 배후인 대원군을 납치해 간 청의 행태가 그랬다. 청은 대원군 세력의 호전적인 대일 행태가 청일 간 전쟁을 초래할지 모른다고 우려했던 것이다.[14]

근원적 해결 전략: 북핵 인정과 북한 붕괴

북한(핵)이라는 난제를 풀기 위한 미국과 중국의 전략은 무엇인가? 북핵 문제를 해결하고 최고 목표인 한반도 안정을 이루기 위한 양국의 대안은 무엇일까? 몇 가지로 정리될 수 있다. 첫째, 북핵을 '공식적'으로 인정하는 것이다. 논리적으로 북한의 핵 개발이 문제가 되는 것은 핵을 가져서는 안 될 국가가 핵을 가지려 한다고 국제사회가 간주하기 때문이다. 따라서 북한을 공식적인 핵보유국으로 인정한다면 북핵 문제는 자동적으로 소멸된다. 물론 이런 시나리오가 현실화될 가능성은 희박하다.

우선, 미국으로서는 북핵을 공식 인정할 때 초래될 전 지구적 핵 확산을 우려하지 않을 수 없다. 동아시아 지역만 놓고 보더라도, 북한을 핵보유국으로 인정하면 동맹국인 한국과 일본의 핵무장을 막을 명분이 사라진다. 핵무기를 가진 한국과 일본은 그만큼 미국에 순응하지 않을 것이다. 그 결과 미국이 안보를 제공하는 대가로 이들 국가로 하여금 달러를 부양케 하던 신브레턴우즈 체제도 흔들릴 수 있다. 정치학자 제임스 모로가 설명하듯이, 강대국-약소국 간 비대칭적 동맹 관계에서 약소국은 자국의 자율성 훼손을 대가로 강대국으로부터 안전보장을 약속받는다. 그런 약소국이 핵무장을 한다면 이 관계는 근본적으로 뒤흔들릴 가능성이 크다.[15] 미국은 결코 수용할 수 없다.

중국도 북한을 공식적인 핵보유국으로 인정할 수 없다. 애초 중국은 북한의 핵보유를 암묵적으로 용인한 측면이 있다. 북한의 핵 개발 의지가 아무리 강하다 하더라도 중국이 '결사적'으로 막았더라면 핵 개발은 불가능했을 것이다. 북한 대외무역의 약 90%가 대중국 무역이고, 소비하는 석유 대부분을 중국이 공급하고 있다는 사실, 무엇보다 북한의 유일한 군사 동맹국이 중국이라는 사실은 북한의 대중국 취약성을 보여 준다. 그럼에도 중국으로서는 북한의 지정학적 가치가 크기 때문에 실질적 압력을 자제해 왔다. 미국을 견제하기 위해서라도 북한 정권을 안정적으로 유지시켜야 할 필요가 있는 것이다. 과거 중국이 인도를 견제하기 위해 파키스탄의 핵 개발을 지원했던 상황과 크게 다르지 않다.[16]

그러나 북한 핵 개발을 공식적으로 인정하는 것은 전혀 다른 문제다. 그럴 경우 중국의 안보 환경이 심각하게 훼손될 수 있기 때문이다. 무엇보다 중국은 일본의 핵무장을 우려하지 않을 수 없다. 핵무장을 한 일본은 미국의 영향력에서 벗어나 과거와 같이 지역 헤게모니를 추구할 수 있다. 동북아 핵 확산에 따라 타이완도 핵 개발에 나설 수 있다. 핵으로 무장한 타이완은 독립 추구를 더욱 노골화할 가능성이 크다.[17] 중국은 이런 상황을 피해야 하므로 북핵을 공식적으로 승인할 가능성은 희박하다.

둘째, 북한 정권의 붕괴도 근원적 해결책일 것이다. 북핵 문제의 주체가 소멸된다는 점에서 그렇다. 미국은 공개적으로 북한 정권의 전복을 말하고 있지는 않지만, 그 가능성을 완전히 배제한 것은 아니다. 2015년 수립된 한미연합사의 '작전계획 5015'는 이를 보여 준다. 기존의 '작계 5027'이 북한 급변 사태 시 미군의 사후 대응에 관한 지침이라면, '작계 5015'는 유사시 선제 타격까지도 포함하고 있다.[18] 중국 역시 극단적인 상황에선 북한 정권의 전복을 기도할 수 있다. 2017년 틸러슨이 공개했던 북한 급변 사태에 대한 미중 간 협의는 이런 상황과 닿아 있다.

문제는 북한 붕괴 전략이 초래할 불확실성이다. 애초 의도하지 않은 상황은 언제든지 일어날 수 있다. 예를 들어, 미국의 외과 수술식 타격이나 (적의 핵심 수뇌부 제거를 뜻하는) '참수 작전'이 실패하고 북한이 핵 보복에 나설 가능성도 있다. 혹은 북한에 진주한 미중 양국의 군대 사이에서 의도하지 않은 충돌이 일어날 수도 있다. 더군다나 어느 일방이 양국 간 합의를 고의로 깰 수도 있다. 예를 들어, 미군이 핵무기를 확보한 후 38선 이남으로 철수하지 않고 북한에 계속 주둔할 수도 있다. 미국이 북한 전 지역을 자국의 세력권에 편입시키는 상황이다. 이런 불확실한 상황들을 모두 배제할 수 없기 때문에 북한 붕괴 전략은 미중 양국에게 위험한 도박이 된다.

누구나 동의하는 협상

북핵 인정은 가능성이 희박하고 북한 붕괴는 모험이라면, 미중 양국은 좀 더 '안전한' 전략을 강구해야 한다. 협상이다. 6자 회담이 그 대표적인 사례다. 6자 회담은 협상의 목표를 이미 문서화해 놓았다. 2005년 9월 제4차 6자 회담에서 도출된 공동성명은 ① 한반도 비핵화, ② 북미, 북일 간 관계 정상화를 위한 조치, ③ 대북 에너지 지원, ④ 한반도의 항구적 평화 체제 수립을 위한 협의 등을 담고 있다.[19]

처음부터 중국은 협상에 의한 문제 해결을 적극적으로 주장해 왔다. 북한이 강압 외교를 시도할 때마다 가장 난처한 국가가 바로 중국 자신이기 때문이다. 북한이라는 완충지대를 포기할 수도 없고 그렇다고 북한 때문에 미국과 충돌할 수도 없는 중국으로서는 협상만이 거의 유일한 문제 해결책이다.[20] 중국은 대내 정치의 측면에서도 한반도 전쟁을 용인할 수 없다. 국가 최고 목표인 경제 건설에 악영향을 줄 가능성이 크며, 대규모로 유입될 북한 난민도 신경 쓰지 않을 수 없다. "누구든 문 앞에서 전쟁과 난리를 일으키는 것生戰生亂을 절대 용인하지 않을 것"이라는 중국의 입장은 이런 우려에서 비롯된다.[21]

중국 외교부장 왕이가 9·19 공동성명 10주년 토론회에서 "9·19 공동성명이 여전히 한반도 문제를 해결하는 데 있어 최선의 방안"이라고 강조한 것은 협상에 대한 중국의 의지를 잘 보여 준다.[22] 중국은 협상을 통해 한반도 비핵화와 평화협정 체결이라는 목표를 이뤄야 한다고 계속해서 강조하고 있다. 한반도 비핵화가 북한에 대한 요구라면, 평화협정은 미국에 대한 요구라 할 수 있다. 중국은 이런 사고에 기초해 2016년 2월 '한반도 비핵화'와 '평화협정'의 동시 추진을 공식 제의했다. 이른바 '쌍궤병행'雙軌竝行이었다. 왕이는 평화협정 없는 한반도 비핵화도, 한반도 비핵화 없는 평화협정도 실현될 수 없다는 논리를 들어 두 목표를 동시에 추구하는 것만이 해법이라고 주장했다.[23] 아울러 쌍궤병행을 이루기 위한 사전 조치로 '쌍중단'雙暫停을 주장했다. 북한은 핵·미사일 실험을 중지하고, 한미 양국은 연합 군사훈련을 중지하라는 제의였다.[24]

미국은 중국의 쌍중단 제안에 미온적 태도를 보였다. 트럼프는 2017년 11월 시진핑과 회담 직후 중국 측이 쌍중단 제안을 철회했다고 주장하기도 했다. 미국은 쌍중단이 이전에도 실패한 적이 있으며, 한국의 방위력을 약화시킬 수 있다고 선을 그었다. 또한 쌍중단이 북한의 도발에 대한 보상 성격이 있어서 북한에 잘못된 인상을 줄 수 있다고도 했다.[25]

그러나 2018년 들어 급반전된 한반도 상황을 놓고 보면, 중국의 쌍중단 제안이 현실적이었음을 알 수 있다. 북한은 2017년 11월 29일 대륙간 탄도미사일ICBM인 화성15호 발사를 마지막으로 '핵 무력 완성'을 선언한 후 핵실험과 장거리 미사일 발사를 중지했다. 핵 무력 완성 선언은 도발을 중지하겠다는 암시였다. 핵과 미사일 능력을 이미 갖추었기 때문에 더 이상 실험을 할 필요가 없다는 명분이 생겼기 때문이다.[26] 한미 양국도 이에 반응했다. 평창올림픽 기간 중 한미 연합 훈련을 연기하기로 결정한 것이다.[27] 6월 역사적인 북미 정상회담에서도 트럼프는 대화가 지속되는 한 한미 연합 훈련을 중지하겠다고 약속했다. 실제로 한미 양국은 정례 대규모 한미 연합 훈련인 '을지 프리덤 가디언'UFG을 중지했다. 또한 2019년 2월 하노이 북미 정상회담이 결렬됐음에도 또 다른 연합 훈련인 '키 리졸브'KR와 '독수리 훈련'FE을 중지하고, 규모가 축소된 '동맹' 훈련으로 대체했다. 이후 북한의 잇따른 단거리 미사일 발사에도 불구하고 공중 연합 훈련인 '비질런트 에이스'Vigilant Ace 역시 중지했다.[28]

이처럼 협상을 통한 북핵 문제 해결은 그것이 어떤 용어로 불리든 관련국들 간에는 이미 그 목표와 방법론에 대해 명시적 혹은 암묵적인 합의가 존재한다. 핵심은 한반도 비핵화와 평화협정을 목표로 설정하고, 상대를 자극하는 군사행동을 자제함으로써 대화를 지속시키겠다는 것이다. 그러나 문제는 협상을 통한 해결이 거의 유일한 대안임에도 그것이 실제로 달성되기가 쉽지 않다는 것이다. 2005년 9·19 공동성명이 발표되고 이후 북미 정상회담까지 개최됐음에도 관련국들 간의 갈등은 계속됐다. 협상 난항의 책임이 누구에게 있는가를 떠나, 협상 목표가 분명하고 구체적 사안에 합의했음도 불구하고 문제 해결이 쉽지 않다는 사실은 결국 이상과 현실의 괴리를 보여 준다.

남는 것은 현상 유지뿐?

공식적으로 북핵을 인정하는 것도, 북한 정권을 붕괴시키는 것도 현실성이 떨어지고, 협상마저 지지부진하다면 미중 양국에게 남는 전략은 결국 '현상 유지'가 될 것이다. 한반도 긴장을 통제 가능한 수준에서 관리하는 전략이다. 2018년 이후처럼 실질적인 쌍중단 상황일 수도 있고, 아니면 2018년 이전과 같은 위기 상황일 수도 있다. 전자라면 북핵을 통제 가능한 수준에서 관리하는 전략이 된다. "나쁜 거래보다는 현상 유지가 낫다."라는 논리다.[29] 북한 붕괴를 바라지 않는 중국 역시 한반도 안정의 대가로 현상 유지를 선호할 수 있다. 중국에게는 한반도 안정이 한반도 비핵화보다 상위의 가치이기 때문이다.[30]

현상 유지가 2018년 이전 상황으로 돌아가는 것이라면, 미국은 다시 '군사적 조치'를 거론하고 북한은 핵·미사일 실험으로 맞설 것이다.

북미 사이에서 난처해진 중국은 양측의 자제를 강조하며 쌍궤병행을 계속 주장할 것이다. 그러면서도 대북 제재 준수를 강조하며 '책임 대국'으로서의 위상을 과시할 것이다. 운신의 폭이 좁아진 남한은 미국의 강경책에 끌려 다니는 상황에 직면할 것이다.

현상 유지는 조금 더 부정적인 의미에서 '방치' 전략이라 할 수도 있다. 실제로 오바마 정권이 추진했던 이른바 '전략적 인내'는 방치 전략과 다르지 않았다. 기다리면 북한이 변한다는 논리였다. 시진핑 정권의 행태도 크게 다르지 않았다. 공개적으로 한반도 비핵화와 평화협정, 그리고 협상을 통한 문제 해결을 강조했지만, 실질적인 조치는 취하지 않았다. 시진핑 정권은 2018년 이전까지 북중 정상회담에 나서지 않았다. 하노이 회담 결렬 이후 트럼프 정권의 행태 역시 방치 전략과 크게 다르지 않았다. 북한이 전면적인 핵 폐기를 수용할 때까지 기다린다는 것이다.[31]

따라서 북한이 전면적인 핵 폐기를 거부한다면 향후 북핵 협상은 교착상태가 지속될 가능성이 크다. 그런 상황에서 미중 양국은 북핵 문제 해결에 적극적으로 나서기보다는 그것이 파국을 초래하지만 않도록 관리할 것이다. 북한이라는 시스템 리스크를 '격리'하는 것이다. 리스크를 근원적으로 제거할 수 없다면 차선책은 격리 전략일 수밖에 없다.

비판 이론의 관점에서 보면, 현대 통치 권력은 '공간'마저도 통치의 대상으로 삼는다. 즉, '위험한 자들'이나 '쓸모없는 자들' 그리고 '빈곤한 자들'을 공간적으로 배제하고 격리한다. 장벽을 세워 위험 지역과 그렇지 않은 지역을 획분한다. 일종의 게토를 구축하는 것이다.[32] 국제

정치에서도 마찬가지다. 글로벌화의 심화로 국가 간 경계가 희미해지는 '탈영토화'가 진행되지만, 동시에 좀 더 정교하게 경계를 설정하는 '재영토화'가 진행된다. 자본주의 국제 질서를 떠받치는 자본과 기술, 인간의 흐름은 보호하고 촉진되지만, 그 질서를 위협하는 테러리즘, 불법 이민자 등은 난민 캠프나 테러 용의자 수용소에 격리된다.[33]

> 엄격한 통제하에서 열한 개 출입문을 통해 최소한의 통행은 가능했다. 또 문을 지키는 독일 경찰, 폴란드 경찰, 그리고 새로 창설된 유대인 경찰을 매수할 수 있었기 때문에 몰래 들고 나는 일도 가능했다. 경계가 비교적 허술한 지점에서는 위험을 무릅쓰고 벽을 넘는 일도 있었다. 그런가 하면 유대인이 사는 건물의 지하실을 통해 아리아인의 지하실로 건너갈 수도 있었다. 이런 방법으로 주로 식량 밀거래가 이루어졌다.[34]

제2차 세계대전 시기 폴란드 바르샤바에 있던 유대인 게토 지역에 대한 묘사다. 미국과 중국이라는 두 강대국이 떠받치고 있는 자본주의 국제 질서로부터 격리된 북한의 모습과 크게 다르지 않다. 북한은 자본주의 국제 질서 속의 예외 공간에 존재하는 것이다. 향후 북한이라는 게토는 어떻게 될까? 자본주의 국제 질서로 편입될 것인가? 아니면 현재와 같은 게토로 남을 것인가? 후자라면 관련 행위자들 누구의 이익도 충족시키지 못할 것이다. 미국은 북한의 핵 능력 강화에 직면할 것이고, 중국은 북미 사이에서 계속 난처해질 것이다. 남한은 일상적인 안보 위기에 시달릴 것이다. 북한도 마찬가지다. 핵 능력을 강화했을지 모르지만, 계속되는 대북 제재로 경제적 빈곤은 심화될 것이다. 자본 없이 경제를 발전시킬 수는 없다. 마오쩌둥 시기 대약진운동의 '대실패'가 이를 분명히 보여 준다. 그 직접적 피해는 온전히 북한 인민들의 몫이 될 것이다. 장기적으로 체제 생존에 오히려 더 심각한 위협이 될지도 모른다.

13

일대일로와
위안화의
국제화

**대미 취약성
극복하기**

중국이 합리적 행위자라면 자본주의 국제 질서에 따라 경제 발전을 지속하는 동시에 미국에 대한 취약성을 극복하려 할 것이다. 또한 이런 목표를 위해 중국은 군사력과 경제력뿐만 아니라 문화적 매력 같은 소프트 파워까지 강화하려 할 것이다. 특히 이 가운데 경제력은 핵심 요인이 될 것이다. 중국은 핵 억지력을 가지고 있기 때문에 군사 영역에서는 기본적으로 대미 취약성이 크다고 할 수 없지만, 경제 영역에서는 그렇지 않기 때문이다.

일반적으로 우리는 국가 간 힘을 GDP나 국방예산과 같은 수치를 사용해 비교한다. 투키디데스 함정론으로 중국의 위협을 이야기한 앨리슨은 구매력 기준으로 중국의 경제력이 미국을 넘어섰다는 지표를 제시한다.[1] 그러나 이런 절대 수치 비교는 국가 간 힘의 우열을 적확히 드러내지 못한다. 비록 A국이 B국보다 GDP가 크다고 하더라도, A국 경제가 운용되는 데 필수적인 요인(원료·기술·자본 등)을 B국이 제공하고 있다면 A국의 취약성은 클 수밖에 없다. 더욱이 B국이 그런 요인을 '독점'하고 있다면 B국은 A국의 생존을 좌우할 수 있다고 해도 과언이 아니다.

그렇다면 국가 간 우열은 상호 '취약성'vulnerability을 기준으로 판단할 때 더 정확해질 것이다. 핵심은 누가 누구를 더 필요로 하는가의 문제이다. 누군가가 나를 필요로 하면 할수록 나의 '몸값'은 뛰기 마련이다. 일반적으로 강대국의 대외 취약성은 약소국보다 작다.[2] 물론 대외 취약성이 작다고 모두 강대국이라 할 수는 없다. 북한처럼 고립된 국가는 대외 취약성이 작을 수밖에 없기 때문이다. 그러나 자본주의 국제 질서에 속한 국가들 사이에서라면 다르다. 한 국가가 다른 국가의 경제 발전에 필수적인 요소들을 많이 가질수록 우위에 서게 된다.

이런 맥락에서 중국의 대미 취약성이 미국의 대중 취약성보다 훨씬 크다는 것을 부인할 수 없다. 중국의 대미 취약성은 8장에서 설명한 것처럼 개혁 개방기 달러 경제권에 편승해 경제 발전을 이룬 대가라 할 수 있다. 특히 수출 지향형 중국의 경제구조에서 최대 시장인 미국의 경기 상황은 중국 경제에 막대한 영향을 준다. 2019년 중국의 GDP(14조1400억 달러)에서 대미 수출(제조업과 서비스 상품)은 3.3%를 차지한다. 일견 작은 듯 보이나, 같은 해 미국의 대중국 수출이 GDP(21조4390억 달러)의 0.76%에 불과하다는 사실과 비교해 보면 중국의 취약성이 드러난다.[3]

수출입 상품의 구체적인 목록을 보면 중국의 취약성이 더 확연히 드러난다. 미국은 중국으로부터 수입하는 상품의 대체 구매지를 찾을 수 있지만 중국은 그렇지 못하기 때문이다. 중국은 미국에 일반 소비 상품을 수출하지만, 미국은 중국에 기술과 지식을 수출하고 있다. 2019년 제조업 상품 무역에서 중국은 3452억 달러의 흑자를 얻었지만, 서비스 무역에서는 364억 달러의 적자를 기록했다.[4] 즉 중국은 미국에 전자 제품, 일반 기계류, 가구, 완구 및 스포츠 장비 등을 수출한 반면, 미국으로부터는 지식 및 기술 등의 지적 재산을 수입했다.[5] 중국은 제조업 생산품을 만들기 위해서라도 미국이 독점하는 지식과 기술을 수입해야 하는 것이다. 중국의 기술 취약성은 14장에서 좀 더 상세히 설명할 것이다.

중국 경제의 대미 취약성이 가장 잘 드러나는 곳은 통화 부문이다. 기축통화 달러에 대한 취약성이다. 2019년 국제무역 결제에서 무역 당사국 중 어느 한 국가라도 달러를 사용한 비중이 88.3%에 달했다. 반면, 위안화 결제 비중은 4.3%에 불과해 결제통화 중 8번째에 머물렀다.[6] 달러는 전 세계 외환 준비금 비중에서도 압도적이다. 2020년 1분기 전 세계 외환 준비금 중 달러가 차지하는 비중은 61.99%였다. 두 번째 통화인 유로화의 20.05%와 비교해도 압도적이다. 이에 비해 위안화의 비중은 다섯 번째로 2.02%에 불과하다.[7]

중국으로서는 무역 결제를 하고 외환 위기에 대비하기 위해서라도 달러 확보가 필수적이다. 문제는 달러 확보의 핵심 창구가 대미 무역이라는 사실이다. 2019년 중국의 대미 무역 흑자는 총 대외무역 흑자의 84%에 달했다. 결국 대미 수출이 원활하지 않으면 달러 수급에 심각한 장애가 생기는 것이다. 최악의 경우 유동성 위기에 빠져 국가 부도 사태가 발생할 수도 있다. 경제학자 리샤오가 지적하듯이, 이런 중국의 취약성은 개혁 개방기 경제성장이 기본적으로 '달러 체제 내의 지위 상승'에 지나지 않는다는 것을 의미한다.[8]

중국은 대미 취약성을 어떻게 극복할 수 있을까? 그 답은 간단해 보인다. 즉, ① 수출 시장을 다변화하고, ② 미국의 기술이 아닌 자국의 원천 기술을 개발하며, ③ 위안화를 신용 있는 국제통화로 만드는 것이다.[9] 이런 목표들은 상호 연결돼 있으며, 특히 위안화의 국제화는 중국이 미국을 넘기 위해서는 반드시 달성해야 할 목표라 할 수 있다. 아무리 수출 시장을 다변화하고 원천 기술이 있다고 하더라도 대외 결제에 달러를 사용해야 한다면 미국은 달러를 무기 삼아 중국을 통제할 수 있기 때문이다. 현재 시진핑 정권이 추진하고 있는 일대일로 구상은 이런 목적들과 맞닿아 있다.

내수만 된다면 걱정 없다?

중국은 그 크기와 인구로만 봤을 때 단일 국가라기보다는 '세계'라 할수 있다. 중국 영토의 크기는 938만 평방킬로미터로 유럽연합의 2배가 넘는다. 인구는 2020년 현재 14억3932만 명으로 유럽연합 인구의 3배에 달한다. 전 세계 인구 77억6000만 명 가운데 18.5%가 중국인이다.[10] 규모만 놓고 보면 중국은 내수만으로도 생존할 수 있다.

실제로 중국은 2008년 글로벌 금융 위기 이후부터 내수 확대 전략을 적극적으로 추진하기 시작했다. 2008년 12월 중국공산당 중앙경제공작회의는 내수 확대를 경제 목표로 설정하고, '가전하향'家電下鄕과 '자동차하향'自動車下鄕 정책을 수행했다. 농민들이 지정된 가전제품이나 자동차를 구매할 경우 정부가 보조금을 지원함으로써 소득 증대와 소비 진작 효과를 모색했다. 2010년 공산당 17기 5중 전회에서 발표된 12차 5개년 규획(2011~15년)도 소득 증대와 내수 확대를 중요 목표로 설정했다. 주거·의료·양로 및 빈곤 계층에 대한 사회보장제도를 강화함으로써 소득 증대 효과를 노렸다. 특히 농촌 출신 노동자들의 사회보장을 제약했던 호구 제도를 개혁함으로써 그들의 생활수준을 높이려 했다.[11]

2013년 집권한 시진핑 정권도 '전면적인 소강사회小康社會'(중산층 수준의 사회) 건설을 핵심 목표로 설정했다. 2020년까지 GDP와 국민소득을 2010년 대비 2배로 높이겠다는 의지였다. 2015년 공표한 13차 5개년 규획(2016~20년)은 그 구체적인 전략이었다. 13차 5개년 규획은 의료 및 교육 등 전 국민에 대한 사회보장제도를 확립하고, 낙후된 농촌 지역의 빈곤 해결을 핵심 목표로 삼았다.[12] 실제로 시진핑 정권은 13차 5개년 규획의 목표를 초과 달성했다. 중국 국가통계국 발표에 따르면, 2019년 GDP(99조865억 위안)는 2010년(41조2119억 위안)에 비해 2.4배 성장했다. 1인당 국민소득 역시 2019년 7만892위안으로 2010년 3만808위안에서 2.3배 성장했다. 처음으로 1만 달러가 넘은 것이다. 시진핑은 2020년 신년사를 통해 전국 340개 현과 1천만 명이 빈곤으로부터 탈출했음을 선언하기도 했다.[13]

내수 확대 전략의 핵심 표적은 농촌이다. 농촌은 도시에 비해 소득과 소비지출이 현격히 떨어지기 때문이다. 2019년 1인당 가처분 소득(실소득)과 소비지출은 도시지역이 각각 4만2359위안과 2만8063위안인 데 비해 농촌은 각각 1만6021위안과 1만3328위안으로, 도시가 농촌보다 2배 이상 많았다.[14] 중국은 농촌의 소득과 소비를 어떻게 늘리고 있을까? 앞에서 말한 가전하향처럼 보조금을 직접 제공하는 방법뿐만 아니라, 좀 더 근본적으로 '도시화율' 자체를 높이려 하고 있다.

도시화율은 전체 인구 가운데 도시에 사는 사람들의 비율이다. 도시는 농촌에 비해 일자리가 많기 때문에 도시화율이 올라갈수록 소득과 소비는 자연스럽게 증가한다. 도시화율과 경제성장의 상관관계에 대해 여러 이견이 존재하지만, 중국의 경우 정비례 관계에 있다는 주장이 주류를 이룬다. 도시화 비율이 1% 상승할 때마다 수요가 6조6000억 위안씩 창출돼 10조 위안의 수출 대체 효과를 갖는다는 통계도 있다.[15]

2020년 현재 중국의 도시화율은 61.4%에 머무르고 있다. 이 수치는 일본(91.8%), 미국(82.7%), 한국(81.4%) 등 산업 선진국과 비교하면 상당히 낮은 수준이다.[16] 중국은 그만큼 내수를 진작시킬 공간을 더 많이 가지고 있는 것이다. 도시화율을 높이는 방법은 두 가지로 요약된다. 낙후된 농촌을 개발해 도시로 변화시키거나, 도시로 유입된 농촌 출신 인구를 안정적인 도시 거주민으로 전환시키는 것이다. 전자는 이른바 '도농 통합 발전 전략'이며, 후자는 호구 제도 개혁과 연결된다.[17]

현재 중국이 전력을 기울이고 있는 이른바 '삼농 문제'(三農問題, 농민·농촌·농업의 빈곤 및 낙후 문제) 해결도 농촌의 도시화 전략과 닿아 있다. 일각에서는 도시화만이 삼농 문제의 근본적인 해결책이라고 주장하기도 한다. 농촌문제의 핵심은 저소득 문제이기 때문에 토지의 자유 매매 등 농촌의 경제 시스템을 근본적으로 개혁해야 한다는 논리다.[18] 반면, 호구 제도 개혁은 도시로 유입된 농민공(농촌 출신 노동자)의 소득을 증대시키려는 전략이다. 농민공들은 출신지 호구에 묶여 있기 때문에 거주 도시에서 의료나 교육 같은 사회보장 혜택을 받기 어렵다. 호

구 제도 개혁의 목표는 이런 농민공들을 안정된 도시 거주민으로 변화시키는 것이다.[19]

　물론 도시화나 호구 제도 개혁이 능사는 아니다. 무엇보다 그로 인한 임금 상승은 값싼 노동력에 의존하던 동부 연해 지역 중심의 수출 전략에 큰 부담을 줄 수밖에 없다. 실제로 이들 지역의 산업 주체들은 임금 상승에 따른 비용 보전을 정부에 요구하고 있으며, 노동자 해고 요건을 강화한 '신노동법'에 우려를 드러내고 있다.[20] 그뿐 아니라 경제학자 원톄쥔이 지적하는 바와 같이, 농촌의 도시화가 초래하는 토지 사유화는 오히려 토지 균등 분배를 기반으로 한 농촌 사회를 붕괴시킬 수 있다. 다수의 농민이 상대적 빈곤층으로 전락할 수 있다는 것이다.[21]

일대일로 : 대미 취약성 돌파 전략

내수 시장 활성화가 중요하긴 하나, 그 과정이 장기적이며 그에 따른 사회문제가 발생한다는 점에서 대외무역은 여전히 중국 경제 발전의 중요한 토대이다. 그렇다면 핵심 문제는 과도한 대미 시장 의존을 어떻게 완화할 수 있는가가 될 것이다. 일대일로 전략(이하 일대일로)은 시진핑 정권이 내놓은 해답이다.

　2013년 시진핑 정권은 '실크로드 경제권'One Belt, 絲綢之路經濟帶과 '해상 실크로드'One Road, 海上絲綢之路 건설을 주창하면서 일대일로를 공식화했다. 해당 지역 국가들을 연결해 거대한 자유무역 지대를 수립한다는 구상이었다. 이를 위해 다섯 개 요소의 연결(5통)을 구체적 방법론으로 제시했다. 정책·시설·무역·자금·민심을 연결하겠다는 것이다. '공간을 연결하는 것이 일대일로의 뼈대라면, 자금을 연결하는 것은 일대일로의 심장이며, 정책 소통은 일대일로의 두뇌'라 할 수 있다.[22]

일대일로는 중국이 2000년부터 추진해 온 '서부 대개발'의 대외 확장판이기도 하다. 중국은 서부 대개발을 통해 쓰촨·윈난·간쑤·칭하이성 등 낙후된 서부 지역을 개발해 왔다. 낙후된 지역을 개발하고 도시화율을 끌어올림으로써 내수 경제를 활성화하려는 전략이었다. 실제로 20여 년간의 서부 대개발 결과 서부 지역의 GDP는 평균 10배 이상 성장하는 성공을 거두었다.[23]

시진핑 정권은 일대일로 정책의 '공공성'을 강조한다. 중국만의 이익이 아니라 참여하는 모든 국가의 이익을 증진한다는 것이다. 냉전 시기 미국의 마셜 플랜과도 다르다고 주장한다. 마셜 플랜이 반공 진영의 경제 부흥을 통해 소련을 견제하려던 전략이었다면, 일대일로는 그런 지정학적 논리를 담고 있지 않다는 것이다. 마셜 플랜과 달리, 일대일로의 목표는 구동존이 정신과 포용성에 기반해 아시아·유럽·아프리카를 아우르는 '운명 공동체' 건설이라는 것이다. "일대일로는 중국의 독주곡이 아니라 국가 간 교향곡"이라는 중국 외교부장 왕이의 발언은 이를 뒷받침한다.[24]

물론 일각에서는 일대일로에 중국의 정치적 의지가 투영돼 있다고 주장한다.[25] 미국이 인도 및 일본과의 지역 동맹 체제를 강화하고, '환태평양경제동반자협정'을 통해 대중국 견제에 나서자 중국이 일대일로를 주창했다는 것이다.[26] 특히 미국은 일대일로를 그런 지정학적 맥락에서 평가한다. 중국이 일대일로를 통해 참여국들의 대중국 의존도를 심화시키고, 거점 지역에 대한 군사적 영향력을 확보하려 한다는 것이다.[27] 이런 측면에서 트럼프 정권이 내세우는 인도-태평양 전략은 사실 일대일로를 견제하기 위한 것이라는 주장도 있다.[28]

일대일로의 목표는 미국이 주장하듯 지정학적 이익인가, 아니면 중국이 주장하듯 지경학적 이익인가?[29] 물론 두 가지 목표는 동시에 존재할 것이다. 그러나 앞에서 말한 바와 같이 중국에게 대미 취약성 극복이 중요한 정책 목표라면, 일대일로의 초점은 정치보다는 경제에 맞춰져 있다고 해석할 수 있다. 미국에 대한 공세 전략이라기보다는 미국으로부터 경제 자율성을 확보하려는 방어 전략이라는 것이다. 사실, 일대일로의 지정학적 맥락이 부각될수록 중국의 부담은 커진다. 중국 위협론을 그만큼 증폭시키기 때문이다. 중국이 일대일로의 포용성을 반복해 강조하는 것도 이 때문일 것이다.

실제로 무역 지표들은 일대일로가 중국의 대미 시장 의존도를 감소시킨다는 사실을 보여 준다. 중국 관세청의 발표에 따르면, 2019년 일대일로 참여국과 중국의 무역 규모는 9조2700억 위안(1조3400억 달러)에 달해 중국의 총 대외무역 중 30%를 차지했다. 무역 규모의 성장률 역시 2014년부터 2019년까지 연평균 6.1%로 꾸준히 증가하고 있다. 반면, 같은 해 대미 무역 비중은 무역 분쟁 등의 여파로 크게 하락했다. 대미 무역은 총 5341억 달러로 전년보다 10.7%나 감소해(수출은 12.5% 감소) 전체 대외무역에서 차지하는 비중이 12%에 머물렀다. 특히 중요한 점은 중국 통계 기준 2019년 중국의 대미 무역 흑자가 8.5% 감소했음에도 불구하고 중국의 전체 무역 흑자는 오히려 25.1%나 급증했다는 사실이다. 대미 무역 흑자 감소분을 일대일로 참여국과의 무역 흑자로 초과 만회한 것이다. 실제로 동남아 국가들은 미국을 제치고 유럽에 이어 중국의 두 번째 무역 상대국이 되기도 했다.[30]

일대일로를 통한 수출 다변화 전략은 중국의 대미 취약성을 해결할 수 있을까? 분명 취약성을 완화할 수는 있겠지만, 근본적인 해결은 어렵다. 미국은 여전히 달러라는 궁극의 무기를 독점하고 있기 때문이다. 중국이 설령 수출 다변화에 성공했다 해도 달러로 무역 결제를 한다면 미국은 달러 공급을 무기 삼아 중국을 통제할 수 있다. 그렇다면 중국의 궁극적인 목표는 결국 '위안화 굴기'가 될 수밖에 없다. 달러 중독에서 벗어나는 것이다.

위안화 굴기는 궁극의 목표

중국은 자국 경제가 달러에 취약하다는 것을 명확히 인지하고 있다. 특히 중국에게 1997년 동아시아 금융 위기는 중요한 반면교사가 됐다. 이후 중국은 적극적으로 주변국과 통화 스왑을 맺는 등 대응책을 마련하기 시작했다. 2000년 창설된 치앙마이 이니셔티브CMI는 그 대표적 사례이다. CMI는 금융 위기에 대비하려는 한중일과 아세안의 이해관계가 합치된 결과였다. CMI는 2008년 금융 위기 이후 치앙마이 이니셔티브 다자간 협정CMIM으로 확대, 강화되었다. CMIM은 통화 스왑 규모를 확대하고 IMF의 영향력을 축소했다. 특히 CMIM은 공동 기금을 관리하는 '아세안+3 거시경제조사기구'AMRO를 창설했는데, 중국은 일본과 함께 가장 많은 분담금(각각 32%)을 출연해 그 주도국이 되었다.[31] 또한 CMIM이 2019년 통화 스왑 통화에 위안화를 추가하는 문제를 협의하기 시작했는데, 그 배경에는 달러 의존도를 낮추려는 중국의 의도가 있었다.[32]

물론 통화 스왑 역시 달러에 대한 취약성을 근본적으로 해결할 수는 없다. 위기에 대비하는 일종의 보험으로 보는 것이 적절하다. CMIM의 전체 통화 스왑 규모가 800억 달러에서 2400억 달러로 확대됐음에도 불구하고 금융 위기에 대응하기에는 부족하다. 또한 회원국이 'IMF의 구조 조정 프로그램과 관계없이 빌릴 수 있는 금액'IMF de-linked portion도 충분하지 못하다. 비록 차용 금액이 10%에서 30%로 확대되었지만, 여전히 충분한 규모로 볼 수 없다. 게다가 AMRO의 집행부 구성과 그 운영을 둘러싸고 회원국들 간 이해관계가 충돌하고 있는 상황이다.[33]

그렇다면 중국이 달러 중독을 극복할 수 있는 가장 확실한 방법은 결국 위안화를, 신뢰받는 국제통화로 만드는 것이다. 실제로 중국은 2008년 금융 위기 이후부터 위안화의 국제화를 적극적으로 추진하기 시작했다. 중국은 2009년 상하이, 광저우 등에서 위안화로 무역 결제를 시작한 이후 그 범위를 해외로 확대하고 있다. 또한 2007년과 2010년에는 각각 역외 위안화 거래 시장과 채권시장을 개설해 위안화 금융 거래를 확대하기 시작했다. 중국 인민대학의 위안화 국제화 보고서에 따르면, 위안화 국제화 지수는 국제화 추진 원년인 2009년 0.02%에서 2018년 2.95%로 상승했다. 전 세계 총 무역 결제에서 위안화 결제가 차지하는 비중도 2.05%로 상승했다. 중국의 대외무역으로 한정하면, 위안화 결제 비중은 2018년 14.9%에 달했다. 위안화 표시 국제 금융 거래(투자·대부·채권) 역시 거의 전무하던 수준에서 4.9%로 높아졌다. 절대적인 수치는 여전히 크지 않지만, 위안화 국제화 기간이 10여 년에 불과하다는 점을 감안하면 유의미한 증가라 할 수 있다.[34] 위안화는 이런 위상 강화를 토대로 2016년 IMF 특별인출권SDR 바스켓에 포함되기도 했다. SDR의 가치를 산정하는 데 위안화가 달러·유로·파운드·엔과 함께 기준 통화로 인정받은 것이다.[35]

일대일로는 이런 위안화 국제화의 플랫폼이 되고 있다. 중국은 참여국과의 무역 거래 및 각종 인프라 건설 사업에 드는 비용을 위안화 결제로 유도하고 있다.[36] 일대일로의 자금 융통을 위해 창설된 아시아인프라투자은행AIIB 역시 위안화 국제화에 일조하고 있다. 2019년부터 AIIB는 지역 통화를 사업 자금 대출에 사용하기 시작했다. 트럼프 정권의 빈번한 금융 제재로 달러 수급에 불안감을 느끼는 참여국들을 파고드는 중국의 전략이었다.[37] 중국이 2014년부터 적극적으로 추진하고 있는 '디지털 위안화'도 위안화 국제화와 맞닿아 있다. 일대일로 참여국과의 거래에서 은행 중계를 거치지 않음으로써 위안화의 사용 범위를 확대하는 것이다. 특히 디지털 위안화는 민간 암호 화폐와 달리 중국 정부가 공식적으로 발행하는 화폐라는 점에서 그만큼 안정적이다. 디지털 위안화에 대한 미국의 민감한 반응은 그 파급력을 반증한다.[38]

가야 할 길이 멀다

위안화 국제화는 성공할 것인가? 분명 가야 할 길이 멀다. 양적인 측면에서도, 질적인 측면에서도 그렇다. 앞서 말했듯이 IMF 통계에 따르면, 2020년 1분기 현재 전 세계 외환 준비금 중 주요 통화별 비중은 달러(61.99%), 유로(20.02%), 엔(5.70%), 파운드(4.43%), 위안(2.02%), 캐나다 달러(1.78%) 순이다.[39] 달러와 비교해 위안화의 비중은 미미한 수준이다. 그만큼 안전 자산으로 인정받고 있지 못한 것이다. 세계 최대 외환 보유국인 중국 스스로 외환의 3분의 2를 달러화 자산으로 가지고 있다는 것 자체가 이를 반증한다.[40] 앞서 말했듯이, 국제무역 결제통화로서 위안화의 위상 역시 여전히 크다고 할 수 없다. 2019년 무역 결제에서 달러의 비중이 200% 기준 88.3%인 데 반해 위안화는 4.3%에 불과했다. 2016년 위안화의 SDR 바스켓 포함 역시 실리보다는 위안화의 위상이 올라갔다는 정도의 상징적 의미가 강하다. 사실, SDR의 총규모(2910억 달러)는 전 세계 외환 보유액의 2.6%에 불과하다.[41]

실제로 위안화 국제화 상황도 순탄치만은 않다. 중국의 대외무역에서 위안화 결제 비중은 2015년 30%에 달한 이후 2018년에는 14.9%로 폭락하기도 했다. 중국의 경기 침체와 미중 무역 분쟁, 그리고 정부의 전략적인 환율 조정에 따라 위안화에 대한 신뢰가 떨어진 것이다.[42]

더욱 근본적인 문제는 위안화 국제화를 가로막는 구조적인 장애가 존재한다는 사실이다. 위안화 국제화에 따르는 '리스크'를 중국이 과연 감내할 수 있겠는가의 문제다. 한 국가의 통화가 신뢰받는 국제통화가 되려면 일반적으로 ① 해당 통화의 자유 태환이 가능하고, ② 발행 국가가 국제수지 적자를 감내하면서도 대외적으로 통화를 공급해야 하며, ③ 시장 논리에 따른 개방된 국제 금융시장이 존재해야 한다. 위안화 국제화 역시 이런 조건이 우선 충족된 상황에서라야 비로소 가능할 것이다. 그러나 인위적인 자본 통제를 구사하는 중국이 과연 이런 조건을 충족시킬 수 있는가는 여전히 회의적이다. 1997년 동아시아 외환 위기가 보여 주듯이, 투기자본은 국경을 넘나들며 해당 국가의 경제를 한순간에 초토화할 수 있다. 중국은 이런 상황을 여전히 강하게 경계하고 있기 때문에 금융시장 개방에 그만큼 신중하다.[43]

2019년 중국 정부는 (중국 주식시장에서 중국인 전용 주식에 투자할 권리를 중국 정부로부터 허가받은 외국 금융기관인) 적격 외국 기관 투자자QFII가 매입할 수 있는 중국 채권과 주식의 한도(3000억 달러)를 폐지했다. 중국의 금융 상품을 개방한 것이다. 문제는 외국 투자자들이 중국의 금융 상품을 매입하는 데 한도가 없어졌다고 하더라도, 그것을 다시 매도할 수 있는가에 대해서는 회의적인 시각이 많다는 것이다. 급격한 자본 유출을 경계하는 중국 당국의 통제가 여전히 작동하고 있기 때문이다. 투자자의 중국 금융 상품 매입은 촉진하면서도 (해외 금융시장에 투자할 권리를 중국 정부로부터 허가 받은 중국 금융기관인) 적격 내국 기관 투자자QDII의 해외 금융 상품 매입을 통제하고 있는 현실 역시 동일한 맥락이다.[44]

중국의 막대한 대외무역 흑자 역시 위안화 국제화의 장애요인이 되고 있다. 8장에서 설명했듯이, 1970년대 초 금-달러 태환이 붕괴된 이후에도 달러가 기축통화의 지위를 굳건히 지켰던 이유는 미국이 막대한 대외무역 적자를 감수하는 방식으로 달러의 국제 유동성을 확대했기 때문이다. 위안화를 인위적으로 평가 절하시켜 대외 수출을 촉진하려 한다는 의심까지 받는 중국으로서는 수행하기 어려운 전략이다. 따라서 이런 수출 주도형 발전 전략을 소비 중심 발전 전략으로 바꾸지 않는 한 위안화 국제화는 어려울 것이다. 사실, 중국이 위안화의 SDR 편입에 적극적이었던 배경에는 그 기회를 활용해 수출 주도형 발전 전략을 변화시키려 했다는 주장도 있다. 중국은 SDR에 편입되면서 위안화 가치를 시장 논리에 따라 결정되도록 해야 할 의무가 생긴다. 중국 정부가 이를 명분으로 수출 주도형 경제 전략을 옹호하는 국내 세력들의 반발을 무마하려 했다는 것이다.[45]

좀 더 구조적인 측면에서 보면, 위안화 국제화는 중국의 종합 국력이 대외적으로 신뢰를 받을 때 궁극적으로 성공할 수 있을 것이다. 종합 국력은 단순히 양적인 수치가 아니라 질적인 측면에서 판단되어야 한다. 예컨대, 중국이 비록 세계 최대 제조업 생산과 수출국일지라도 그 생산품 대부분이 일반 소비 상품이거나 외국의 기술 지식에 의존해야 한다면 중국의 종합 국력은 강하다고 할 수 없다. 후기 산업사회의 특징인 '지식 기반 경제'에서는 더더욱 그렇다. 현재 시진핑 정권이 중국만의 원천 기술 확보에 전력을 기울이고 있는 것에는 이런 배경이 있다. 중국의 '기술 굴기'는 성공할 수 있을까?

14

중국의
기술 굴기와
미중 무역 전쟁

**미국은 왜
중국의 기술 굴기를
경계하는가?**

중국이 더는 우리의 일자리를 훔치지 못하도록 해야 한다.

2019년 1월 5일 트럼프의 연두교서 중 한 대목이다. 트럼프는 힐러리와 대결한 대통령 선거 당시부터 중국이 미국의 일자리를 훔친다며 비난했다. 중국의 엄청난 대미 무역 흑자가 미국의 제조업을 고사시켰다는 것이다. 노동자의 표심을 잡기 위한 전략이었다.

집권 이후에도 중국에 대한 트럼프의 비난은 멈추지 않았다. 2018년 3월 백악관. 트럼프는 외국산 철강 제품에 보복관세를 부과하기로 결정하면서 외국의 불공정 무역 관행을 비난했다. 그의 뒤에는 작업복 차림에 안전모를 손에 든 노동자들이 서있었다. 트럼프 자신이 노동자 편이라는 것을 과시하려는 퍼포먼스임이 분명했다. 그 자리에서도 트럼프는 중국을 비난했다. 결국 미중 무역 전쟁은 2019년 4월 3일 트럼프 정권이 대중국 보복관세를 부과하면서 시작됐다.

표면적으로 보면, 대중국 보복관세는 양국 간 막대한 무역역조를 완화하기 위한 정당한 조치일 수 있다. 그러나 미중 무역역조는 양국 관계 정상화 이후 미국 스스로 선택한 것이었다는 점에서 트럼프 정권의 행태는 비상식적인 측면이 있다. 앞에서 말한 것처럼 1970년대 초, 금-달러 태환(브레턴우즈 체제)을 중지시킨 이후 무역 적자 방식으로 달러를 전 세계로 유통시킨 것은 다름 아닌 미국이었다. 중국은 그런 미국의 전략에 순응했을 뿐이다.

그렇다면 트럼프는 왜 계속해서 무역역조를 비난한 것일까? 단순히 노동자의 표심 잡기라는 정치적 목적 때문일까? 물론 그렇게만 볼수는 없을 것이다. 모든 국가가 그렇듯이 정권의 이익뿐만 아니라 국가이익 역시 존재한다. 구조적으로 미중 무역 전쟁의 배경에는 중국의 부상을 차단하고 패권을 공고히 하려는 미국의 전략적 의도가 숨어 있다.

표적은 중국의 기술 굴기

2018년 초 미 무역대표부는 트럼프에게 보고서 하나를 제출한다. 보고서의 제목은 "기술이전, 지적재산권 및 혁신과 관련된 중국의 법안, 정책, 그리고 행동에 관한 1974년 무역법 301조에 따른 조사"였다. 트럼프는 이 보고서를 검토한 직후 대중국 무역 전쟁을 개시했다. 보고서가 무역 전쟁의 배경이 된 것이다. 그런데 보고서의 핵심 내용은 미중 무역역조에 대한 것이 아니었다. 핵심은 중국이 기술을 훔친다는 것이었다. 중국이 각종 법·행정 조치를 통해 미국 기업의 시장 접근을 차단하고 첨단 기술 이전을 강요한다는 지적이었다. 해킹을 통해 관련 정보를 훔친다고도 적시했다.[1]

트럼프 정권이 보복관세를 부과한 '품목' 역시 무역 전쟁의 본질이 첨단 기술을 둘러싼 갈등임을 보여 준다. 트럼프 정권은 보복관세 대상품목에서 의류·가구·완구와 같은 일반 소비 상품은 제외했으나, 전자나 기계류 등 첨단 제품은 포함했다. 9월 강행된 2000억 달러 상당의 중국산 상품에 대한 추가 관세 대상에서도 의류·농산물·가구 등 일반 소비 상품은 제외했다.[2] 그 이유는 무엇일까? 중국이 미국에 저렴하게 공급하는 소비 상품들은 오히려 미국에 이득이 된다. 미국은 자국 소비자들을 위해서라도 값싸고 질 좋은 중국산 소비 상품이 필요하기 때문이다. 그러나 첨단 상품은 그렇지 않다. 미국의 패권을 위협할 중국의 기술 굴기를 도와주는 것이기 때문이다. 이런 맥락에서, 트럼프 정권의 무역 전쟁은 일종의 '선택적 비동조화'selective decoupling 전략이라 할 수도 있다.[3] 미국에 이익이 되는 영역에서는 동조화를 유지하면서, 그렇지 않은 부문에서는 동조화를 약화시키는 것이다.

트럼프 정권이 중씽통신ZTE의 미국 내 영업을 금지하고, 중국 반도체 회사 푸젠진화JHICC에 대한 장비 및 기술이전을 금지한 것도 같은 맥락에서였다. 5G 기술에서 두각을 나타내고 있는 화웨이에 대한 압박도 다르지 않다. 인공지능, 로봇, 양자 컴퓨터 등과 관련된 수출 통제를 강화한 미 산업안보국BIS의 결정 역시 마찬가지였다.[4] 트럼프 정권은 코로나 사태로 미중 갈등이 심화되는 상황에서도 화웨이에 대한 규제 조치를 강화했다. 외국 기업이라도 미국의 기술을 사용한다면, 화웨이에 반도체를 공급할 경우 미국의 허가를 받아야 한다는 것이었다. 일종의 세컨더리 보이콧이었다.[5]

사실, 미국이 타국의 기술 발전을 견제하려고 했던 것은 새삼스러운 일은 아니다. 냉전 시기에도 소련이 서방의 기술을 절취한다며 비난한 전력이 있다. 미국은 동맹국 일본에 대해서도 같은 비난을 가했다. 일본산 컴퓨터 칩에 대한 의존이 심화될 경우 유사시 미국의 산업 체계 전반에 심각한 균열이 생길 수 있다고 주장했다. 미국은 그 대응으로 보복관세를 부과하고 수출 통제를 강화하기도 했다. 트럼프 정권이 중국에 보인 행태와 다르지 않았다.[6]

국가가 적극적으로 첨단 기술을 개발하려는 것은 국가들의 보편적인 발전 전략이다. 독일의 '인더스트리 4.0'이나 일본의 '소사이어티 5.0', 그리고 한국의 '4차 산업혁명'도 모두 그런 경우다. 미국 자신도 '첨단 제조업 국가 전략계획'을 추진하고 있다.[7] 그런 미국이 왜 '중국 제조 2025' 中國製造 2025로 상징되는 중국의 기술 굴기 전략에는 그토록 예민하게 반응할까?

중국 : 글로벌 프롤레타리아에서 글로벌 부르주아로

1978년 개혁 개방 이후 중국은 '세계의 공장'이 됐다. 중국의 값싸고 풍부한 노동력이 전 세계 자본을 끌어들였다. "영국 자본이 필요로 하는 것은 더 이상 유럽 대륙의 임금이 아니라 중국의 임금이다."라고 단언한 카를 마르크스의 예측이 100여 년 후 실현된 것이다.[8] 중국은 그렇게 해외 자본으로 상품을 만들어 전 세계로 수출했고, 세계 시장 어디에서도 중국 제품이 큰 비중을 차지하게 됐다. 결국 중국은 개혁 개방 이후에야 비로소 진정한 '글로벌 프롤레타리아 국가'가 됐는지도 모른다. 부르주아를 타도하고 사회주의혁명을 이뤄서 그런 게 아니라, 전 세계 부르주아들의 이윤을 위해 누구보다 충실히 상품을 생산해 왔기 때문이다. 개혁 개방기 중국은 세계 자본의 성실한 '산노동'이 된 것이다.

중국은 세계의 공장 역할에 만족했다. 개혁 개방 이전 시기와는 비교도 할 수 없을 만큼 부유해졌기 때문이다. 1970년대 10위권이던 GDP 순위는 이제 미국을 넘보고 있으며, 세계 최대 외환 보유국이 됐다. 문제는 돈이 많아졌다고 중국이 프롤레타리아에서 부르주아로 신분 상승을 이룬 것은 아니라는 사실이다. 중국은 월급을 모아 부자가 된 것이지, 자신의 생산수단과 기술로 부자가 된 게 아니기 때문이다. 중국은 산업 선진국들의 자본과 '비법'대로 물건을 생산해 공급했을 뿐이다. 중국에 대한 선진국의 해외직접투자FDI가 자금줄이었고 그들의 기술 지식이 비법이었다. 중국은 돈 많은 프롤레타리아가 됐을 뿐이다.

산업 생산량만 놓고 보면 중국은 이미 미국을 넘어서 세계 최대 국가가 됐다. 2020년 2월 중국의 산업 생산량은 4240억 달러로 2위인 미국의 2890억 달러를 크게 앞서고 있다.[9] 또한 첨단 제품 수출량에서도 중국은 2018년 7319억 달러로 미국의 1564억 달러를 압도하고 있다. 수치만 보면, 15년 안에 미국을 따라잡겠다던 대약진 시기 마오쩌둥의 꿈이 드디어 이뤄졌다고 할 수도 있다. 그러나 이런 수치는 중국 경제의 질적인 측면을 말해 주지 못한다. 즉, 중국의 산업 생산량과 수출량의 상당수가 해외 자본에 의해 통제되는 '가공무역'의 결과라는 사실을 드러내지 못한다.[10]

그림 5_첨단 상품 미-중 수출액(단위: 10억 달러)

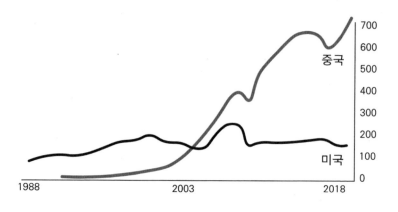

출처: Knoema, "China- High-technology exports in current prices,"
https://knoema.com/atlas/China/High-technology-exports?compareTo=US.

〈그림 5〉는 2000년대 초 중국이 이미 첨단 제품 수출량에서 미국을 넘어섰음을 보여 준다. 그러나 〈그림 6〉은 중국의 생산량이 철저하게 미국의 기술 지식에 의존하고 있음을 보여 준다. 과학기술 관련 지적재산권 수익을 놓고 보면 미국과 중국은 비교조차 하기 힘들다. 미국은 2위 국가인 일본과 비교해도 갑절 이상의 수익을 얻고 있다. 중국은 결국 미국으로부터 기술 지식을 제공받지 못하면, 중저가 소비 상품 공급자의 지위에 만족해야 할 운명이라 할 수 있다. 최근 특허 출허나 관련 학위 배출에서 중국이 미국을 뛰어넘었다는 통계가 있지만, 실제 생산에 유용한 기술 지식은 여전히 미국이 장악하고 있다. 중국의 취약성이 그만큼 클 수밖에 없다.

그림 6_과학기술 분야 지적재산권 수출액(단위: 10억 달러)

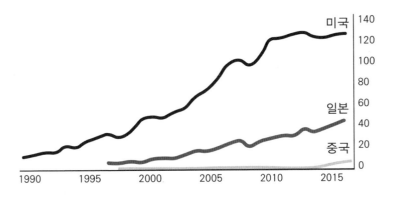

출처: The World Bank, "Charges for the use of intellectual property, receipts (BoP, current US$)," https://data.worldbank.org/indicator/BX.GSR.ROYL.CD?locations=US-CN-JP.

중국의 상황은 일종의 프랜차이즈 음식점에 비유할 수 있다. 중국은 본사(미국)가 제공하는 비법대로 음식을 만들어 열심히 판매한다. 가격 대비 맛이 좋아 음식은 불티나게 팔리지만, 본사와의 갑을 관계는 벗어날 수가 없다. 본사는 언제든 갖가지 꼬투리를 잡아 비법 제공을 중단할 수 있기 때문이다. 비법을 스스로 깨우치지 못하는 한 그런 갑을 관계는 계속될 것이다.

중국이 합리적 행위자라면 이런 상황을 언제까지 감내할 수는 없을 것이다. 세상 누구라도 돈이 생기고 능력이 생기면 자립하려 들기 마련이다. 우리는 언제까지 세계의 공장이어야만 할까? 우리 스스로 자본가가 될 수는 없을까? 부상하는 중국이 자연스럽게 갖는 고민일 것이다. 2015년 중국 정부가 발표한 '중국 제조 2025'는 그 고민의 결과였다. 중국 총리 리커창은 '중국 제조 2025'의 핵심 목표가 중국 스스로 첨단 기계 장비를 만드는 것이라고 말했다.[11] 정보 통신, 슈퍼컴퓨터와 로봇, 항공 우주, 해양 프로젝트 장비, 첨단 선박, 신재생 에너지, 전력 장비, 농기계 장비, 신재료, 그리고 생물 의학 및 첨단 의료 기계 분야에서 원천 기술 지식을 확보하겠다는 것이다. 중국은 자국의 제조업을, '크지만 강하지 않다'大而不强라고 평가한다. 제조업 생산량은 세계 최대지만, 미국을 비롯한 산업 선진국의 기술에 크게 의존하고 있다는 사실을 분명히 인지하고 있는 것이다.[12] 시진핑 역시 중국의 취약성을 공개적으로 우려한다.

> 중국에게 인터넷 핵심 기술은 사람 몸의 중추와 같다. 남이 그런 핵심 기술을 좌우하는 것이 가장 우려스러운 상황이다. 남이 세운 토대 위에 우리 집을 짓는다면 한 번의 타격으로도 허물어질 수 있다. 우리는 핵심 기술 발전이라는 난제를 반드시 돌파해야 한다.[13]

기술 종속을 탈피하기 위해서라도 원천 기술 개발이 시급하다는 논리다. '중국 제조 2025'는 바로 이런 의지를 실제화하기 위한 의욕적인 국가 프로젝트라 할 수 있다. 중국만의 비법을 개발해 국제 자본주의 질서 속 갑을 관계에서 탈피하겠다는 것이다.

미국의 달러 패권 지키기

미국은 중국의 기술 굴기를 차단하려 한다. 자신이 제공하는 자본과 기술로 소비 상품을 만들어 공급하던 중국이 자립을 하겠다는 것을 환영할 리가 없다. 무엇보다 중국의 기술 굴기는 미국 패권의 핵심 토대인 달러의 위상을 뒤흔들 가능성이 있다.

기축통화로서 달러의 위상은 어디로부터 나올까? 그것은 '그린백'이라 불리는 달러 자체에 있지는 않다. 달러는 금화가 아니기 때문에 그 종이 자체에는 아무런 가치가 없다. 따라서 달러의 가치는 그것을 발행하는 미국의 힘으로부터 나온다. 군사력이나 경제력과 같은 하드 파워부터 지식이나 문화적 매력 등 소프트 파워까지 미국의 압도적인 종합 국력이 달러 패권의 핵심 토대가 되는 것이다. 다른 국가들은 미국의 힘을 신뢰하기 때문에 달러를 구매한다. 1970년대 초 금-달러 태환이 붕괴된 이후에도 달러가 기축통화로서의 위상을 잃지 않는 것은 이 때문이었다. 종합 국력의 요소 중 무엇이 가장 중요할까? 우열을 판단하기는 쉽지 않다. 그러나 분명한 사실은 기술·지식이 점점 중요한 요소가 되고 있다는 사실이다. 공멸을 초래할 군사 충돌이 불가능한 선택이라면, 역설적으로 경제력의 중요성은 커진다. 기술 지식은 그런 경제력의 핵심 토대가 된다. 근대 산업화 시기에 산업 생산력은 일국 경제의 수준을 판가름하는 중요한 기준이었다. 그러나 후기 산업사회에서는 더 이상 그런 양적 기준이 통용되기 어렵다. 다른 국가도 생산할 수 있는 상품을 많이 만들어 내는 것은 중요하지 않다. 중요한 것은 다른 국가들이 만들지 못하는 상품을 생산할 수 있는 능력이다. 그만큼 다른 국가들은 그런 능력을 가진 국가에 의존해야 하기 때문이다. 현대 자본주의를 '지식 기반 경제'라 부르는 것은 이 때문이다.

중국 역시 고유한 기술 지식을 확보한다면 종합 국력은 그만큼 강화될 것이다. 종합 국력의 강화는 궁극적으로 위안화의 국제적 위상을 강화할 것이다. 안전 자산으로 인정받는 위안화는 이제 달러 패권을 위협할 것이다. 중국의 종합 국력이 미국을 뛰어넘는다면 위안화는 달러를 밀어내고 새로운 기축통화가 될 것이다. 위안화가 기축통화가 된다면, 중국은 미국이 그랬던 것처럼 위안화를 찍어내 유통시키는 것만으로도 자국의 패권을 유지할 수 있게 된다.

> 제조업에서 국제경쟁력을 강화하는 것이 중국의 종합 국력을 신장시키고 국가 안보를 보장하며, 세계적 강국이 되는 필수적인 경로가 된다.[14]

중국 국무원이 발표한 "중국 제조 2025 통지문"의 한 대목이다. 혁신 기술 → 첨단 제조업 → 종합 국력 증강 → 대외 신용 확보 → 위안화 국제화라는 '큰 그림'이 암시되고 있다. 이런 경로의 첫 단계는 중국이 자신만의 원천 기술을 보유하는 것이다. 그렇게 되면 달러를 벌기 위해 대미 수출에 사활을 걸었던 중국은 이제 상품 자체의 가치를 팔 수 있게 된다. 기술 지식을 무기로 중국을 흔들던 미국의 눈치를 보지 않아도 되는 것이다. 혁신 기술로 무장한 중국은 거래 국가들에게 달러가 아닌 위안화 결제를 요구할 수도 있다. 그렇게 위안화 국제화는 강화될 것이다. 중국은 드디어 외환 위기라는 심연의 공포로부터 해방되는 것이다.

미국은 물론 이런 상황을 수용할 수 없다. 따라서 미국은 적극적으로 중국의 기술 굴기를 견제하고자 한다. 표면적으로 미국은 중국의 기술 굴기가 자국의 안보를 위험에 빠뜨릴 수 있다고 경고한다. 중국산 전자 칩에 미국이 의존할수록 중국은 해킹을 통해 미국의 네트워크를 일거에 무력화시킬 수 있다는 것이다. 또한 중국이 핵심 부품 공급을 차단하면 미국의 무기 체계가 작동 불능에 빠질 수 있다고 주장하기도 한다.[15] 그러나 미국이 주요 첨단 기술 지식을 장악하고 있다는 사실을 고려하면, 차라리 미국이 동일한 방식으로 중국의 국방 체계를 무력화시킬 가능성이 훨씬 크다고 말하는 것이 더 그럴듯하다. 그런데도 미국이 중국의 기술굴기를 계속 견제하려는 것은 달러 패권의 유지라는 좀 더 심층적인 의도가 있는 것은 아닐까?

이상과 현실은 늘 다르다

2019년 12월 초 미중 양국은 무역 분쟁을 해소하기 위한 1단계 합의를 이뤘다. 이에 따라 미국은 12월 15일부터 시행 예고한 추가 보복관세를 철회하고, 이전의 보복관세도 낮추기로 했다. 중국은 그 대가로 미국산 농산물 및 상품 수입을 약속했다. 또한 지적재산권 보호 및 금융시장 개방도 약속했다.[16] 1년여 동안 이어진 무역 전쟁의 승패를 판단해 보면 미국의 완승이라 할 수 있다. 미국은 애초 없었던 관세를 무기로 자신의 요구를 상당 부분 관철했기 때문이다. 더군다나 미국은 보복관세를 완전히 철회한 것도 아니고 단지 낮추는 것만으로 중국의 약속을 끌어냈다.

사실, 무역 분쟁 초기부터 중국은 신중한 태도를 보였다. 2019년 전인대 국무원 업무 보고에서는 '중국 제조 2025'라는 단어가 언급되지 않기도 했다. '중국 제조 2025'가 2015년부터 빠지지 않고 언급됐던 사실에 비추어 보면 이례적이라 할 수 있다. 또한 시진핑은 2019년 4월 일대일로 국제 협력 정상 포럼에서 지적재산권 및 기업의 상업 비밀을 보호하고 기술이전을 강요하지 않겠다고 천명하기도 했다. 미국을 자극하지 않으려는 의도가 다분했다.[17] 코로나 사태로 미중 관계가 악화된 상황에서도 중국은 1단계 무역 합의가 성실히 이행돼야 한다는 입장을 분명히 했다.[18] 중국의 신중한 태도는 그만큼 중국 경제의 대미 취약성이 크다는 사실을 보여 준다. 사실, 미국의 보복관세 부과는 중국에 대한 달러 공급을 줄이겠다는 것과 다르지 않다. 달러 공급을 무기로 중국을 압박하는 전략이다. 중국의 급소를 정확히 찌른 것이다.

물론 대미 관계의 안정적 관리가 기술 굴기를 포기한다는 것을 의미하지는 않는다. 혁신 기술 개발을 포기하는 국가는 없다. 미국도, 일본도, 독일도, 한국도 혁신 기술 개발에 전력을 기울이고 있는 상황에서 중국이 기술 개발을 포기할 가능성은 극히 희박하다. 코로나 사태 이후 트럼프의 노골적인 대중국 비난이 계속되자 중국이 보인 반응은 이를 뒷받침한다. 관영 『환구시보』는 중국 스스로 첨단 기술을 개발해 트럼프 정권이 위협하는 미중 경제의 전면적 비동조화 상황에 대비해야 한다는 점을 명확히 강조했다.[19]

중국은 기술 굴기에 성공해 미국을 넘어설 수 있을까? 그 답은 결국 중국이 미국과의 현격한 기술 격차를 어떻게 줄이느냐에 달려 있다. 그러나 상황은 그리 녹록해 보이지 않는다. 단적으로 첨단 제품의 핵심 소재인 반도체 생산만 놓고 봐도 그렇다. 현재 중국은 반도체 대부분을 외국으로부터 수입해야 하는 처지다. 자체 조달은 10%대에 머물고 있으며, 중국 내 반도체 회사의 상당수도 외국자본이 통제하는 상황이다. 세계 반도체의 절대다수를 공급하고 있는 미국, 한국, 유럽에 그만큼 취약한 것이다. 반도체뿐만 아니라 반도체 생산 장비 수급에 있어서도 중국은 절대적으로 미국과 일본에 의존하고 있다. 2018년 반도체 생산 장비 세계시장 점유율 1% 이상 기업은 총 7개로 각각 미국, 일본, 네덜란드 기업들이며 이들이 전체 시장의 80.6%를 장악하고 있다.[20] 중국으로서는 분명 갈 길이 멀다.

기술 격차뿐만 아니라 문화적·정치적 장애 요인도 존재한다. 지적 재산권을 경시하는 사회 풍토는 기업들의 기술 개발 의지를 약화시킬 수 있다. 또한 권위주의적 정치 문화 역시 기술 발전을 저해할 수 있다. 중국공산당 리스크라 할 수도 있다. 일반적으로 혁신 기술은 열린 시스템 속에서 더 빠르게 발전하는 경향이 있다. 자유로운 사회 환경은 창의적인 문제 해결을 유도하기 때문이다. 개발 주체들이 자유롭게 네트워크를 구축해 서로 지식을 주고받는 환경이 수직적이고 통제된 환경보다 혁신 기술 개발에 유리할 것이라는 점은 상식에 가깝다. 특히 정보 통신 영역은 더욱 그렇다. 정보 통신 네트워크는 일국의 국경을 가로질러 국제화됐기 때문에 국가 주도의 통제 및 관리는 오히려 기술 발전을 저해할 가능성이 크다. 과도한 보조금을 제공해 자국 기업을 보호하려는 중국 정부의 행태 역시 기업의 경쟁력을 오히려 훼손할 수 있다.[21]

정보 통신 기술을 통제하려는 중국의 행태는 결국 통치 안정성 문제와 연결된다. 즉 첨단 기술이 초래하는 정치적 파급효과에 대한 우려다. 중국은 이른바 '인터넷 안전법'을 만들어 중국 내 외국 기업의 데이터 해외 이전을 통제하고 있다. 또한 자유로운 정보의 흐름도 공개적으로 차단하고 있다. 정부에 비판적인 기사를 차단하고 사이트 자체를 폐쇄하기도 한다. 매년 6·4 천안문 사건 기념일 즈음에는 외국 사이트들은 으레 차단된다. 홍콩 시위와 같은 반정부 활동에 대한 정보 역시 철저히 통제된다. 당국의 공식적인 입장만이 생산·유통되는 것이다. 중국 정부는 첨단 기술을 이용해 인민을 좀 더 정교하게 통제하려고도 한다. 안면 인식 기술을 통해 대국민 감시 체제를 강화하고 있는 것은 그 전형적 사례다. 중국은 첨단 기술을 활용해 국가 전체를 거대한 판옵티콘(일망 감시 체제)으로 만들어 가는 최전선에 있을지도 모른다.

본질적으로 개방성과 예측 불가능성을 그 특성으로 하는 정보 통신 시대에 이런 사회 통제 의지는 오히려 기술 발전을 가로막을 가능성이 크다. 5G를 넘어 6G 시대에 세상이 어떻게 변할지는 아무도 모른다. 이런 세상에서 사회 전 부문을 통제하려는 행태는 분명 자연스러운 것은 아니다. 사회 통제에 성공한다 하더라도 그런 세상은 유토피아가 아니라 디스토피아가 될 것이다. 기술 지식이 만인의 행복을 위해 사용되는 것이 아니라 리바이어던이라는 국가권력을 위해 사용되는 상황이다. 그럴 경우 중국의 기술 굴기가 성공한다고 해도 그 기술은 중국 내에서만 통용될 가능성도 있다. 중국의 기술 굴기는 갈라파고스 군도 안에서만 독특하게 진화했던 생물들의 모습이 될 수 있다.[22] 중국 '만'의 기술 굴기인 것이다.

우리 중국에는 모든 게 다 있어 당신들과 교역할 필요가 없소이다. 우리가 생산하는 차, 도자기, 비단은 당신들에게는 필수품일 테니 광동에 와 구매할 수 있는 은혜를 베풀겠소.[23]

청의 황제 건륭제의 말이다. 17세기 말 영국 왕 조지 3세가 특사를 보내 교역을 요구하자 그는 이렇게 퉁명스럽게 말했다. 사실 건륭제로서는 새삼스러운 말도 아니었을 것이다. 중화 제국은 그렇게 2000년을 지내 왔기 때문이다. 그러나 무엇을 상상하든 그 이상을 뛰어넘을 첨단 기술 시대에 이런 식의 고립형 기술 굴기가 가능할까? 미래는 열려 있으므로 누구도 알 수 없다. 하지만 내기라도 해야 한다면 그 가능성이 크지 않다는 쪽에 걸어야 하지 않을까?

15

미국과
중국의
군사력 경쟁

────

신용 게임

레닌은 100여 년 전, 자본주의 최고 단계인 제국주의는 결국 전쟁으로 끝난다고 주장했다. 세계대전은 그의 주장이 크게 틀리지 않았음을 보여 준다. 그러나 만약 레닌이 핵무기 시대에 살았더라도 똑같은 말을 했을까? 오히려 그가 신랄하게 비판했던 카를 카우츠키의 말이 더 정확했던 것이 아닐까? 카우츠키는 이른바 '초제국주의'ultra-Imperialism를 주장하며, 자본주의국가 간 담합 가능성을 예견했다.[1]

2020년 1월 미국은 이란 군 사령관 거셈 솔레이마니를 공중폭격으로 암살했다. 사건 직전 이란 군은 오만 만에서 중국 및 러시아 해군과 합동훈련을 하고 있었다. 이란 군 장성은 미군이 더는 이 지역에서 활보할 수 없을 것이라며 의기양양했다. 물론 그 자신만의 기대였다. 솔레이마니 암살로 미-이란 간 전쟁 위기가 고조되자 중러 양국은 극도로 신중한 태도를 보였다. 중러 양국은 표면적으로는 미국의 공습을 비난했지만 미-이란 분쟁에 끼어들 의사가 '전혀' 없었다. 일각에서는 중러의 행동을 빗대 "세상에서 이란이 전략적으로 가장 외로운 국가"라고 표현했을 정도다.[2] 강대국 정치의 단상을 보여 준다.

앞서 말했듯이 핵무기의 등장은 역설적으로 군사력의 효용성을 감소시켰다. 무기의 파괴력이 임계점을 넘어가면 국가들은 공멸에 대한 두려움으로 전쟁을 회피하기 때문이다. 핵무기는 드디어 핵보유 국가 간 영구 평화를 가능하게 한 것일까? 군사 충돌 가능성은 분명 희박해졌지만, 전쟁 자체가 사라진 것은 아니다. 전쟁은 그 방식을 바꾸어 계속된다. 국가들은 이제 군사적 무기가 아니라 경제적 무기를 가지고 전쟁을 벌인다. 경제 전쟁이다. 전쟁의 목표는 경제 이익의 확보이고, 그 수단도 군사력이 아닌 외교와 경제력이 된다. '전쟁은 정치의 연속'이라는 200년 전 클라우제비츠의 경구가 이제 '정치와 경제는 전쟁의 연속'으로 전도된 것이다. 경제 전쟁은 제로섬 게임이 아니다. 설령 패자라도 모든 걸 잃어버리지는 않는다. 무역 전쟁에서 패배한다고 제2차 세계대전 당시 독일이나 일본처럼 무조건 항복을 해야 하는 것은 아니다. 조금 덜 받을 뿐이다.[3]

그렇다면 첨예했던 냉전이 끝났음에도 강대국들이 막대한 군사비를 쏟아붓고 있는 이유는 무엇일까? 게다가 핵무기로 전쟁 가능성이 희박해진 상황임에도 재래식 군사력을 증강하는 이유는 무엇일까? 신용 확보라는 맥락에서 해석해 볼 수 있다. 내 근육을 과시해 신용을 확보하려는 전략이다. 우리는 보통 정신적이든 육체적이든 '건강'한 사람에게 호감을 가진다. 국가 간 관계에서도 크게 다르지 않을 것이다. 미중 양국이 군사력에 막대한 투자를 하는 것은 서로 전쟁을 하기 위해서가 아니라, 다른 국가들로부터 신용을 획득하기 위한 것이라 볼 수 있다. 정치 영역에서 신용은 보통 '지도력'leadership이라는 이름으로 포장된다.

2020년 미국의 국방예산은 7500억 달러에 달한다. 2위인 중국(2370억 달러)부터 13위 국가까지의 국방예산을 모두 합친 것보다 많다. 미중 양국의 국방예산을 합치면, 전 세계 모든 국가의 국방예산을 더한 것과 맞먹는다.[4] 미국은 2020년 현재 총 11기의 핵 추진 항공모함을 운영 중이며, 추가로 3기의 차세대 항공모함 건조를 계획하고 있다. 2017년 취역한 차세대 항공모함 제럴드 포드 함의 건조 비용은 무려 131억 달러에 달한다.[5] 항공모함 한 척의 가격이 한국 국방예산의 3분의 1에 해당하며, 북한 국방예산보다 무려 8배가 많다. 항모 전단 한 개의 전력은 웬만한 국가의 군사력에 버금간다.

질적인 측면에서도 미국의 군사력은 압도적이다. 미군의 무기는 외계인과 싸울 때나 사용할 수 있다는 우스갯소리도 있다. 실제로 할리우드 영화 속 외계인과 맞서 싸우는 건 여지없이 미군이다. 무엇보다 미국은 첨단 기술을 접목한 무기 체계를 운용한다. 이른바 '군사 혁신'의 결과물이다.

대통령 각하, 저들이 죽기까지는 대략 1분 남았습니다. …… 10, 9, 8 …….

2020년 1월 3일 솔레이마니 암살 작전을 지휘하던 미군 장교는 트럼프에게 이렇게 말했다. 그 시간 솔레이마니는 바그다드 공항에서 이라크 무장 단체 지도자와 만나고 있었다. 트럼프는 이 광경을 수 마일 상공에 떠 있던 카메라를 통해 상세히 지켜보고 있었다.[6] 이렇게 첨단 기술은 미군과 적군 사이의 전력 격차를 더욱 심화시키고 있다. 스텔스 무기들로 무장한 미군은 적군을 주시하지만 적들은 미군을 보지 못한다. 적들은 어떻게 죽는지도 모른 채 죽어 간다. 2019년 10월 26일 이슬람국가IS 수뇌 아부 바크르 알바그다디 사살 작전도 동일했다. 미군 지휘관들은 전체 작전 과정을 지켜보며 지휘했다. 작전 후에는 촬영된 전 과정을 언론에 브리핑하기도 했다.

미국만 군사력 증강에 매진하는 건 아니다. 세계 2위의 국방비를 쓰고 있는 중국 역시 양적·질적으로 군사력을 강화하고 있다. 중국은 2012년과 2019년 각각 항공모함인 랴오닝 함과 산둥 함을 취역시켰다. 2020년대 중반까지 2대를 더 건조할 예정이다. 그 계획이 실현된다면, 중국은 미국에 이어 두 번째 규모의 항모 전단을 갖추게 된다. 항모의 활동 반경을 고려하면, 중국의 항모 전력 강화는 원양까지 힘을 투사하겠다는 의지로 볼 수 있다. 중국의 항모 전력은 미 항모와 비교에 성능이나 작전 반경에서 뒤떨어지는 게 사실이나, 추가 건조될 항모들은 기술적으로 진화할 것이 분명하다.[7]

미국은 공격, 중국은 수비

미중 양국이 군사력을 강화하는 가장 표면적인 이유는 국가 안보를 지키기 위해서일 것이다. 미중 관계로 국한해 말하면, 미국은 부상하는 중국을 견제하기 위해, 반대로 중국은 그런 미국으로부터 자신을 방어하기 위해 국방력을 강화한다.

실제로 트럼프 정권이 2017년 내놓은 "국가 안보 전략"National Security Strategy of the United States of America 보고서는 이를 명시했다.

보고서는 심지어 중국을 이란 및 북한과 같은 '불량 국가'나, 지하드 같은 테러리스트 조직과 동일 선상에 놓았다. 미국의 가치와 이익에 반하는 '도전자'라는 것이다. 즉, 중국이 인도-태평양 지역에서 미국을 몰아내려 하고 있으며, 역내 질서를 자국에 유리하게 바꾸려 한다는 것이었다. 보고서는 미국의 대응 전략을 다음과 같이 정리한다.

이 경쟁자들이 우리에 대한 공격을 멈출지는 우리의 힘과 동맹의 활력성에 대해 그들이 어떻게 인식하고 있느냐에 달려 있다. 미국은 경쟁자들을 힘의 관점에서 다룰 것이다. 무엇보다 우리의 군사력이 세계 최강이며, 동맹 및 힘의 모든 수단과 완전히 연결돼 있다는 것을 분명히 하면서 그렇게 할 것이다.[8]

트럼프 정권의 다른 안보 보고서들도 동일한 주장을 반복한다. 중국과 건설적인 관계를 유지하려고 노력할 것이나, 그런 협력은 미국의 군사적 우위라는 전제에서 출발한다는 것이다. 미국이 도전 세력들에 대처하고 영향력을 유지하기 위해서는 "더욱 치명적이고, 회복력이 있으며, 민첩하고 혁신적인 합동군"을 갖춰야 한다고 강조한다. 동맹과의 긴밀한 협력 역시 필수적이라고 주장한다.[9]

중국은 이런 미국의 공세에 반발하면서도 동시에 방어적 입장을 취하고 있다. 중국은 미국의 전략 보고서들이 "냉전적 색채가 농후한 문건"이라고 규정하면서, "강대국 간 경쟁과 중국 위협론을 과장하고 제로섬적 대결 논리가 팽배해 있다."라고 비판한다. 또한 남중국해에서 자국의 군사 활동은 주권 범위 내의 행동이며, 오히려 미국이 '항행의 자유'를 명분으로 군사 긴장을 조성한다고 비난한다. 중국은 결코 패권을 추구하지 않을 것이라는 점 역시 반복해 강조한다.[10]

2019년 7월 발간된 『신시대국방백서』新時代國防白皮書는 이런 주장의 요약판이다. 백서는 미국이 동맹 강화와 사드THAAD 배치 등으로 역내 불안정을 심화시키며, 중국 영해와 인근에서 정찰 활동을 강화함으로써 중국의 안보 이익을 침해한다며 비판한다. 그러면서도 백서는 중국의 군사 활동은 단지 경제 발전을 위한 평화적 환경과 지역 안정을 증진하기 위한 것이라고 강조하며, 타이완 문제를 제외하고는 공식적인 미중 대결 구도를 회피하려 한다. 이런 전제하에서 백서는 점증하는 안보 위협에 대응하기 위해 국방력 강화가 필수적이라고 주장한다.[11]

중국의 대미 방어 전략은 이른바 '반접근anti-access / 지역 거부area denial' 전략으로 정리할 수 있다. 반접근 / 지역 거부 전략은 글자 그대로 중국 근해 지역에 대한 미군의 접근과 기동을 차단하겠다는 것이다. 이를 위해 중국은 항공모함 킬러로 불리는 '둥펑-21' 등의 중거리 미사일을 배치하고, '잉지-12'YJ-12 등 극초음속 대함 미사일을 개발하고 있다. 유사시 중국으로 접근하는 미 항모 전단을 타격하고 오키나와와 괌 등 미군의 동아시아 전진기지를 타격하겠다는 의지다.[12]

사실, 반접근 / 지역 거부 전략은 중국 스스로 규정한 것이 아니라 미국에서 나온 군사 개념이다. 이와 유사한 중국의 개념은 1980년대 해군 사령관 류화칭이 정립한 '근해 방어 전략'이다. 류화칭에 따르면, 근해 방어 전략은 단순히 기존의 해안선(연안) 방어에 머무르는 것이 아니라 황해, 동해, 오키나와 해역, 타이완, 남중국해, 그리고 태평양 북부 해역 등에서 적의 위협을 격퇴하는 것이다. 특히 '적극적 방어' 개념은 근해 방어 전략의 핵심 부분이다. 적이 먼저 공격을 해오면 방어에만 머무르는 것이 아니라 그것을 넘어 적을 완전히 제압后發制人한다는 전략이다. 류화칭은 이를 위해 대규모 함단의 건설이 필요하다는 점을 주장했다.[13] 현재 중국의 적극적인 항모 건조는 이런 류화칭의 제안과 맞닿아 있다. 항모 전단은 유사시 타이완에 대한 미국의 군사 전개를 차단한다거나, 더 나아가 인도양 등 원양까지 작전 반경을 넓히는 데 필수 전력이 된다.[14] 그만큼 중국 본토를 둘러싼 '보호 지대'를 두텁게 한다.

미국은 중국의 반접근 전략을 심각한 위협으로 간주한다. 미국의 패권적 이익을 지키는 데 필수적인 힘의 투사 전략이 차단되기 때문이다. 따라서 미국은 미사일 방어 체제를 강화해 중국의 미사일 전력을 무력화시키려 한다. 미국은 사드와 패트리어트 요격 미사일을 괌·일본·한국에 설치하고 이지스 함의 SM-3 요격 미사일 전력을 강화하고 있다. 전자기 레일건 등과 같은 첨단 무기 개발 역시 중국의 미사일 전력을 견제하려는 시도라 할 수 있다.[15] 2019년 8월 미국이 러시아와의 중거리 핵전력INF 조약을 파기한 것도 중국의 반접근 전략에 대한 대응으로 볼 수 있다. 중국은 이 조약의 당사국이 아니기 때문에 제약 없이 중거리 미사일을 개발해 왔다. 조약 파기는 이를 견제하겠다는 미국의 의도를 드러낸다. 중국이 한국 등 미국의 중거리 미사일 배치 후보 국가들에 '배치 불가'를 강력히 경고한 것은 그만큼 미국의 움직임을

민감하게 인식하고 있음을 시사한다.[16]

경제 이익은 군사력의 존재 이유

군사력을 강화하는 좀 더 심층적인 이유는 경제 이익의 확보 때문이라할 수 있다. 사실 미중 양국 모두 이를 명시적으로 드러내고 있지는 않다. 그럼에도 미국은 중국에 비해 좀 더 '솔직한' 측면이 있다.

> 인도-태평양 지역은 제2차 세계대전 이후 70년 동안 미국의 동맹체제와 전진 배치된 전력을 바탕으로 대체로 평화로웠다. 우리는 미국과 이 지역의 경제 번영에 필요한 안정을 이루는 데 일조했다.[17]

트럼프 정권의 "인도-태평양 전략 보고서"에 나오는 한 구절로, 보고서는 미국의 군사적 주둔이 이 지역의 경제 번영을 위한 '자유롭고개방된 질서'free and open order를 수호했다고 강조한다. 과거 문호개방정책도 거론한다. 1784년 중국황후호가 최초로 중국을 항해한 이후미국은 공정하고 상호적이며 자유로운 통상, 그리고 자유항행에 기반해 역내 국가들의 번영을 위해 노력해 왔다는 것이다. 특히 미국의 존재가 국제 통상과 번영에 필수적인 역내 해상로 확보에 중요하다는 점을 명확히 한다.[18] 이런 논리는 오바마 정권도 다르지 않았다.

지난 수십 년 동안 아시아의 괄목할 만한 경제성장과 향후 성장 잠재력은 안보와 안정에 기반하고 있다. 그런 안보는 일본과 한국에서 복무 중인 5만여 명의 미군에 의해 보장돼 왔다.[19]

국무장관 힐러리 클린턴의 발언이었다. 2011년 그는 "미국의 태평양 시대"America's Pacific Century라는 제목의 언론 기고문을 통해 역내 경제 번영은 미국의 군사 안보적 지원에 의해 뒷받침되고 있다는 점을 분명히 했다.

중국의 경우를 보자. 시진핑은 2014년 11월 공산당 외사공작外事工作 회의에서, "우리 국가의 해외 이익을 수호하기 위해서는 보장 능력과 수준을 부단히 강화해야 한다."라고 말했다.[20] 2019년 『신시대국방백서』도 '해외 이익 수호'를 국방의 핵심 목표 중 하나로 규정했다. 해외 이익이 경제 이익이고, 그 보장 능력이 군사력임을 쉽게 짐작할 수 있다. 중국 학계는 중국의 경제 이익과 군사력이 연결돼 있음을 좀 더 명시적으로 드러낸다. 중국은 단순히 유엔 평화유지군에 참여하는 데 머무를 것이 아니라 적극적으로 해외에 군사기지를 만들고, 신속 파견 부대를 창설해 해외에서 중국의 경제 이익을 지켜야 한다는 것이다.[21]

실제로 중국은 일대일로 중 일로(해양 실크로드)를 따라 군사 활동을 강화하고 군사기지를 세우고 있다. 인민해방군 잠수함은 2014년 스리랑카 콜롬보 항에, 그리고 2015년에는 파키스탄 카라치 항에 최초로 정박했다. 특히 중국은 2017년 8월 아덴 만에 위치한 지부티에 중화인민공화국 역사상 최초로 해외 군사기지를 세웠다. 전 세계 무역 물동량의 20%와 중국 원유 수입량 중 절반이 오가는 홍해 입구의 지부티가 갖는 전략적 가치에 주목한 것이다. 중국은 애초부터 지부티에 대규모 투자와 인프라 건설에 주력해 왔다. 지부티가 중국에 진 채무가 지부티 GDP의 무려 71%에 달할 정도다.[22] 그동안 중국이 미군의 해외 주둔을 '냉전의 산물'로 비판해 왔다는 사실에 비추어 보면 놀랄 만한 상황 변화라 할 수 있다.

또한 2019년 11월 사우디아라비아 제다 항에서 사우디 군과 합동 군사훈련을 벌인 것이라든지, 12월 이란 및 러시아 군과 오만 만에서 해군 합동훈련을 벌인 것 역시 일대일로 사업의 안전을 확보하려는 의도라 할 수 있다. 이란은 미국에 대항한 합동훈련이라는 점을 과시했지만 중국의 입장은 달랐다. 중국은 합동훈련이 해적 퇴치 등 통상적인 훈련이었다고 강조했다. 중국이 11월에 이란의 적성국인 사우디아라비아와도 군사훈련을 했다는 사실은 중국의 주장을 뒷받침한다. 중국은 일대일로 경로상의 모든 국가와 군사 협력을 강화하고 있는 것이다.[23]

남중국해로부터 인도양을 거쳐 아프리카에 이르기까지 군사 거점을 확보하려는 중국의 전략은 이른바 '진주 목걸이' 전략으로 표현된다(〈그림 7〉). 중국은 말레이시아·캄보디아·미얀마·방글라데시·스리랑카·파키스탄·지부티 등 마치 진주 목걸이 모양의 경로에서 항구 사용권을 확보하고 군사 활동을 강화하고 있다.[24]

미국을 포함한 주변국들은 이런 중국의 전략에 대해 경계심을 드러내고 있다. 특히 인도는 강하게 반발하고 있다. 중국의 진주 목걸이 전략에 의해 완전히 포위당하는 처지이기 때문이다. 따라서 인도는 이른

그림 7_중국의 진주 목걸이 전략 경로

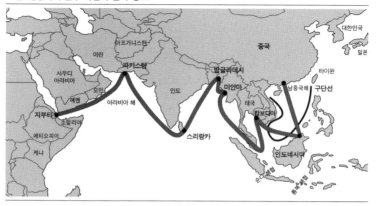

바 '동방정책'을 통해 스리랑카·미얀마·방글라데시와의 관계를 강화하고 있다. 또한 지부티의 프랑스 기지, 오만 및 이란, 싱가포르의 항구 사용권을 확보했으며, 말라카 해협 입구에 위치한 자국령 안다만 니코바르 제도의 군사기지를 강화하고 있다. 서쪽으로는 이란과의 관계를 강화함으로써 중국-파키스탄 관계를 견제하고 있다. 범위를 넓혀 인도는 미국·한국·타이완·일본·필리핀·호주 등과의 관계도 강화하고 있다.[25] 특히 2016년 미국과 '주요 방위 동반자' 관계를 맺었고, 2018년부터는 2+2 회담(외무 및 국방 장관)을 진행하고 있다. 트럼프 정권의 인도-태평양 전략이 규정하는 대로, 인도와 미국은 중국에 맞서 '자유롭고 개방된' 역내 질서를 유지하는 데 협력하고 있는 것이다.[26]

신용을 확보하기 위한 과시

지경학적 맥락에서 남중국해는 미중 양국 모두에게 매우 중요한 지역이다. 전 세계 무역량의 3분의 1이 지나는 물자 수송의 '대동맥'이기 때문이다. 중국에게는 특히 그렇다. 2016년 통계 기준으로 총 대외무역의 40%, 해상 수송 무역량의 64%가 남중국해를 지난다. 게다가 중국의 원유 수입량 중 80%가 말라카 해협을 지난다. 따라서 유사시 말라카 해협이 봉쇄된다면 중국의 경제적 피해는 막대할 수밖에 없다. 수송선들은 순다Sunda 해협이나 롬복Lombok 해협으로 우회하거나, 그것마저 막히면 호주 대륙을 돌아 인도양으로 나가야 한다. 그만큼 수송 시간과 비용이 증가하는 것이다.[27] 무엇보다 남중국해는 일대일로가 시작되는 출발점이라는 점에서 중요하다. 중국이 이 지역에 대한 통제권을 상실한다면 일대일로는 초입부터 좌절될 수 있다.

문제는 미국이 남중국해를 통제하고 있다는 사실이다. 미국은 필리핀 및 태국과 동맹 관계를 이루고 있으며, 인도네시아·말레이시아·싱가포르·베트남 등 대부분의 아세안 국가들과 군사적으로 협력하고 있다. 따라서 중국은 미국의 포위 전략을 견제해야 할 필요가 있다. 중국은 실제로 이른바 '구단선'九段線(〈그림 7〉 참조)을 그어 남중국해 대부분을 자국의 영토라고 주장하거나, 여러 무인 도서에 인공 시설물을 설치해 군사화하려 하고 있다. 2016년 7월 국제 상설중재재판소PCA가 중국의 구단선이 법적으로 근거가 없다는 판결을 내리자 중국이 강력히 반발한 것도 이와 맞닿아 있다. 중국 국방부는 "국가주권과 안보,

해양 이익과 권리를 수호하고 모든 위협과 도전에 대응할 것"이라며 강력히 반발했다.[28] 중국이 미국의 포위 전략을 그만큼 민감하게 인식하고 있음을 알 수 있다.

미국 역시 남중국해를 포기할 수 없다. 자유로운 통상과 기회균등이라는 전통적인 문호개방정책의 측면에서도 그렇다. 만약 중국이 남중국해의 제해권을 장악하게 되면 미국의 통상 활동이 제약받을 가능성이 다분하다. 미국의 대외무역 경로에서 남중국해가 차지하는 비중은 5.7%로 중국의 40%에 비해서는 작다. 문제는 미국의 핵심 안보 파트너인 한국과 일본, 인도 등에게는 그렇지 않다는 것이다. 이들 국가의 대외무역에서 남중국해의 '자유 통행'은 거의 사활적이다. 각각의 대외무역량 중 한국은 47%, 일본은 19%, 인도는 31%가 남중국해를 통과한다.[29] 남중국해에 접해 있는 아세안 국가들은 거론할 필요도 없을 것이다. 따라서 미국은 이들 국가로부터 신용을 획득하기 위해서라도 남중국해의 자유 통행을 보호해 줘야 할 필요가 있다. 중국이 남중국해를 장악하는 것을 미국이 좌시한다면, 미국의 대외 신용은 그만큼 훼손될 가능성이 큰 것이다.

실제로 아세안 국가들의 대미 신뢰도는 약해지고 있다. 언론 보도에 따르면, 아세안 주민의 3분의 2가 평화 유지자로서 미국의 역할이 약화되고 있다고 응답했으며, 3분의 1은 아예 미국을 믿을 수 없다고 답하고 있다. 2012년 중국군이 필리핀과 영유권 분쟁 중인 스카보로 암초를 점령했을 당시 필리핀 대통령 로드리고 두테르테는 미국의 미온적 태도를 강하게 비판하기도 했다. 동맹 미국이 중국에 단호함을 보

여 주지 못하는 이상 필리핀은 중국의 요구를 수용할 수밖에 없다고도 했다.[30]

남중국해에서 미중 양국의 군사력이 각각 경제 이익을 수호하는 데 '봉사'한다면, 결국 그런 경제 이익이 심각하게 침해될 경우 양국은 군사 충돌도 마다하지 않을까? 남중국해 무인 도서에 대한 중국의 군사화와 이에 대항한 미국의 자유항행 작전이 전쟁으로 이어질까? 역사상 수많은 전쟁이 경제 이익 때문에 비롯됐다. 중상주의 시대에 유럽 각국은 자국의 경제 이익을 사수하기 위해 전쟁을 불사했다. 제1차 세계대전이 강대국들의 해외시장 확보 경쟁으로부터 비롯됐다면, 제2차 세계대전은 대공황 타개를 위한 독일과 일본의 군사 팽창으로부터 촉발됐다.

미중 군사 충돌 역시 그 가능성을 완전히 부인할 수는 없다. 그러나 국지 충돌이라도 자칫 파국으로 이어질 수 있다는 사실에 비추어 보면 그 가능성이 크다고 할 수는 없다. 그렇다면 미중 양국에게 군사력 증강은 전쟁용이 아닌 '과시용'이라고 하는 게 맞을지 모른다. 나의 힘을 과시해 타국의 신뢰를 확보하는 전략이다. 19세기 제국주의가 함포 외교를 통해 통상을 강제했다면, 21세기 함포 외교는 나의 튼튼함을 믿게 만들어 내 자산에 투자하게 하는 것이다.

8장에서 설명했듯이, 19세기 자본주의가 '생산'을 강조했다면, '신용'은 후기 자본주의의 핵심 토대가 된다. 신용경제에서는 생산 없이도 자본을 축적할 수 있다. 신용이 있으면 자본을 얼마든지 빌릴 수 있기 때문이다. 국제 관계에서도 이 논리를 적용할 수 있다. 2020년 미국의 대외 부채는 17조9100억 달러에 달해 2위인 영국의 8조1260억 달러와 비교해도 2배 이상 많다.[31] 그것은 미국 경제의 취약함을 반증하는 것이 아니라 미국의 신용이 그만큼 크다는 것을 보여 준다. 미국 국채가 그만큼 안전 자산으로 인정받고 있다는 증거다.

미국의 압도적인 군사력은 이런 신용의 핵심 토대가 된다. 1971년 닉슨 정권이 금-달러 태환을 중지시켰음에도 달러 패권이 유지되는 배경에는 미국의 군사력이 있다. 따라서 미국은 대외 신용을 위해서라도 군사력을 지속적으로 강화해야 할 필요가 있다. 자유항행 작전을 강화하고 중국의 세력 확대에 단호히 대응해'만' 하는 이유라 할 수 있다. '미국 우선주의'America First를 내세우며 미군의 해외 개입을 축소하려는 트럼프 정권조차 남중국해에서 오히려 자유항행 작전을 강화했다. 2019년 미 해군은 자유항행 작전을 아홉 차례나 수행해 한 해 최다 횟수를 기록했다.[32]

중국도 마찬가지다. 중국은 미국을 넘어서기 위해서라도 대외 신용을 확보해야 한다. 중국의 신용이 미국을 넘어설 때야 비로소 위안화 국제화는 완성될 것이다. 이를 위해 중국은 군사력 강화에 투자해야 한다. 자신의 튼튼함을 끊임없이 증명해야 하기 때문이다.

"헤이, 이번 주 토요일에 뭐할 거야? 우리는 피자와 닭 날개를 먹고 있어."

"이제 너희들과 같이 갈 수 없을 것 같아. 즐거운 항해가 되기를 바라. 또 보자."[33]

친구끼리의 대화가 아니다. 2015년 10월 남중국해에서 미군 군함과 중국 군함 사이에 오간 실제 교신 내용이다. 미국 구축함 라센 호가 중국의 인공 도서 옆을 지나쳐 자유항행 작전을 수행하고 있을 때 중국 군함이 나타났다. 당시 언론은 이를 두고 '대치 상황'에 초점을 맞췄지만, 후일 라센 호의 함장이 밝힌 실상은 그렇지 않았다. 일상적인 대화가 오갔고 적대적이지 않았다. 그 이후에도 남중국해에서 미중 군함 간 대치 상황은 반복됐고, 그것은 대개 첨예한 미중 경쟁의 사례로 인용됐다. 그런 대치는 정말 사생 결단식 군사 충돌을 예고하는 것일까? 미중 양국은 차라리 피트니스 대회 결승전에 오른 두 명의 선수와 같을지 모른다. 그들의 목표는 몸싸움으로 승부를 내려는 것이 아니라 각자의 근육을 뽐내 명성을 얻는 것이다. 전쟁을 할 수 없는 세상에서 군사력을 증강하는 이유가 그 외에 무엇이 있을까?

16

중국은 미국을
넘어설 수
있을까?

**종합 국력 더하기
문제 해결 능력**

논리적으로 예측이란 설명의 시점을 미래로 옮겨 놓는 것이다. 사과가 떨어지는 이유를 중력 때문이라고 설명했다면, 우리는 아직 떨어지지 않은 사과도 중력 때문에 곧 떨어질 것이라고 예측한다.[1] 물론 예측이 성립하려면 현재와 미래의 조건이 동일하다는 전제가 필수적이다. 미중 관계에 대한 예측도 다르지 않다. 만약 미래에 불시의 천재지변으로 양국 중 어느 한 국가가 완전히 파괴되는 일이 발생한다면, 현재 시점에서 예측이란 큰 의미가 없을 것이다. 이런 상황을 제외하고 현재의 추세가 이어진다면 미중 간 패권 전이는 가능할까?

이에 답하기에 앞서 명확히 해야 할 부분은 미중 간 패권 전이가 정말 일어난다면, 그것은 자본주의 국제 질서의 전복이 아니라 그 질서 안에서 발생할 가능성이 크다는 점이다. 도전국 중국은 현 자본주의 국제 질서를 유지하는 데 강력한 의지를 갖고 있기 때문이다. 존 아이켄베리도 유사한 예측을 한다. 미국의 패권 쇠퇴는 자유주의 국제 질서의 쇠퇴가 아니라, 그 주도국'만'의 교체를 의미한다는 것이다.[2]

아울러 패권 전이는 '평화적'으로 이루어질 수밖에 없다. 미중 전쟁은 패권 전이가 아니라 공멸을 의미하기 때문이다. 당위적으로도 미중 간 패권 전이는 평화적이어야만 할 것이다. 특히 한반도처럼 미중 전쟁에 연루될 가능성이 큰 지역의 입장에서는 그렇다. 일반적으로 세력 전이 이론가들은 중국이 미국적 국제 질서에 만족하지 못하기 때문에 충돌이 일어날 가능성이 크다고 예측한다.[3] 그러나 그런 불만족이 군사 충돌의 충분조건이 되는 것은 아니다. 전쟁은 비군사적 수단으로도 수행될 수 있기 때문이다.

필요조건: 주먹 더하기 매력

미중 간 패권 전이가 평화적 방식으로만 가능하다면, 그 구체적 방식은 15장에서 설명했듯이, 신용 얻기 싸움이 될 가능성이 크다. 전 세계 국가들을 상대로 미중 양국이 벌이는 일종의 '인정 투쟁'이다. 한 국가의 신용이 종합 국력에 기반한다면, 결국 문제는 중국의 종합 국력이 미국을 넘어설 수 있는가일 것이다. 중국은 대미 취약성을 극복하고 압도적인 종합 국력을 가질 수 있을까?

중국은 핵 억지력을 보유하고 있기 때문에 군사 영역에서 대미 취약성이 크다고 할 수는 없다. 물론 그렇다고 재래식 군사력이 미국보다 열등해도 된다는 것은 아니다. 근육을 과시해 신용을 얻기 위해서라도 재래식 군사력 역시 미국을 넘어서야 한다. 따라서 중국은 미국과의 현격한 군사력 격차를 줄이기 위해 막대한 투자와 노력을 할 필요가 있다. 그러나 분명 긴 시간이 소요될 것이다. 더군다나 미국의 군사력 역시 계속 강화되고 있다는 사실까지 고려하면, 중국이 갈 길은 멀다.

대미 취약성이 현저한 경제 영역은 더더욱 그렇다. 중국이 스스로

'달러 중독'을 극복하지 못하면 패권 전이는커녕 계속해서 미국 경기를 부양하는 조력자의 신세를 면하지 못할 것이다. 따라서 중국은 내수 시장을 키우고 수출 시장을 다변화해야 하며, 자신만의 혁신 기술을 독점해야 한다. 동시에 미국의 견제도 돌파해야 한다. 이를 토대로 궁극적으로 위안화 국제화에도 성공해야 한다. 경직된 정치체제나 지적재산권에 대한 경시 문화, 금융시장의 인위적 통제 등은 이런 목표들을 달성하기 위해 해결해야 할 난제이기도 하다. 어느 하나 쉽지 않은 과제라 할 수 있다.

중국은 소프트 파워에서도 미국을 넘어서야 한다. 정치학자 조지프 나이에 따르면, 소프트 파워는 비폭력적인 방식으로 '내가 원하는 것을 남도 원하게 만드는 능력'이다. 즉 나의 '매력'을 발산해 자발적으로 나를 따르게 만드는 힘이다.[4] 어떤 권력관계도 물리적 힘만을 가지고 유지될 수는 없다. 폭력 통치는 그만큼 아래로부터의 저항을 초래해 권력 유지 비용을 증폭시키기 때문이다. 피통치자들의 자발성은, 그들에게 통치자의 가치를 받아들이게 하고 내면화시킬 때 생긴다. 안토니오 그람시가 제시한 '헤게모니' 개념이나 푸코의 '자아 기술'technology of self 개념은 모두 이와 닿아 있다.[5]

국제정치에서도 패권국은 자신의 제도와 가치, 문화를 타국의 '롤 모델'로 만들어야 한다. 그렇게 될 때 하위 국가들은 패권국의 행동을 국제사회의 '일반 이익'을 위한 행동으로 간주한다. 따라서 패권국이 하위 국가를 물리적 힘으로만 지배하려 한다면 그것은 강함을 증명하는 것이 아니라 패권의 쇠퇴를 암시한다. 정치경제학자 조반니 아리기

의 표현대로, '헤게모니 없는 지배' 상황이다. 패권국의 신용과 지도력이 위기에 빠지는 것이다.[6]

중국은 2000년대 들어 소프트 파워 전략을 적극적으로 강화하고 있다. 2007년 17차 당 대회에서 총서기 후진타오는 공식적으로 소프트 파워의 중요성을 강조했다. 문화는 점점 더 종합 국력 경쟁의 중요한 요인이 되고 있으므로 소프트 파워를 강화해야 한다는 논리였다.[7] 특히 중국 학계는 전통적인 유교 규범을 통해 소프트 파워의 중요성을 뒷받침하고 있다. 유교가 말하는 '왕도'王道 정치가 폭력 통치인 '패도' 霸道 정치보다 훨씬 세련된 통치라는 논리다.[8]

공자학원은 소프트 파워 전략의 대표적 사례다. 2004년부터 중국은 교육부 직속 조직인 한반漢辦을 통해 세계 각국에 공자학원을 설립하기 시작했다. 공자학원은 영국문화원이나 앙리앙스 프랑세즈와 같이 자국의 언어와 문화를 확산시킨다는 점에서는 다르지 않다. 그러나 독자적으로 운영되는 그들과 달리 공자학원은 해당 국가의 대학 등과 합작 형태로 운영됨으로써 빠르게 성장해 왔다. 2020년 현재 162개국에서 545개의 공자학원과, 초중고생을 대상으로 하는 1170개의 공자 서당이 운영 중이다. 또한 150만 명에 달하는 수강생은 영국문화원(37만 명)이나 앙리앙스 프랑세즈(50만 명)를 압도하고 있다.[9] 일대일로 역시 소프트 파워 전략이라 할 수 있다. 중국은 일대일로가 국제사회의 '공동 번영'과 '운명 공동체' 수립을 위한 평화적이고 포괄적인 사업이라고 주장한다. 일대일로를 통해 중국이 빈곤 해결과 경제개발의 주도자임을 과시하고 있는 것이다.

중국의 소프트 파워 전략은 의도대로 성공하고 있을까? 꼭 그렇게 볼 수만은 없다. 중국에 대한 호감도가 크지 않다는 사실이 이를 뒷받침한다. 2019년 34개국 국민을 대상으로 한 조사에서 중국에 대한 호감도와 비호감도는 각각 40%와 41%로 비슷하다. 특히 국제사회의 여론 형성층이라 할 수 있는 미국과 캐나다, 서유럽 국가들의 경우 비호감도는 무려 61%로 호감도(30%)의 두 배가 넘는다. 더군다나 중국 주변 국가들의 경우도 상황은 크게 다르지 않다. 중국에 대한 비호감도와 호감도는 각각 한국(63%, 34%), 일본(85%, 14%), 인도(46%, 23%), 호주(57%, 36%), 필리핀(54%, 42%)인 실정이다. 중국이 이른바 주변국 외교를 통해 공을 들이고 있는 국가들임에도 불구하고 부정적 여론이 크다는 것은 중국으로서는 당황스러운 상황일 수밖에 없다.[10]

사실, 매력이라는 것은 인위적으로 만들어질 수 있는 것은 아니다. 우리는 작위적 행위에 대해 직관적으로 거부감을 느끼기 마련이다. 조지프 나이의 설명대로 소프트 파워와 프로파간다는 분명히 다르다. 그러나 중국은 그 양자를 혼동하는 행태를 보인다.[11] 특히 돈으로 확보한 매력은 진정한 소프트 파워라 할 수 없다. 그것은 대상국의 합리적 계산에 따른 결과이지 '감동' 때문이 아니다. 러시아·남미·동유럽·아프리카 국가들의 대중국 호감도(56%)가 비호감도(27%)보다 월등히 높은 것은 무엇을 의미할까? 이들 국가에 대한 중국의 투자 및 경제협력이 활발하다는 사실을 고려하면, 주로 경제적 이익에 따른 '호감'임을 짐작할 수 있다. 그런 요인이 사라진다면 호감도 역시 소멸될 수 있다.

실제로 일대일로의 일부 참여국들은 사업 부채 문제 등으로 중국과 갈등하고 있다. 일대일로는 중국이 놓은 '빚의 함정'debt trap이라는 우려도 있다. 중국이 대출 차관을 무기로 빈국들을 압박한다는 것이다. 탄자니아 사례가 대표적이다. 2013년 탄자니아는 바가모요 항구 개발을 중국과 합의했으나, 2019년 사업을 중단할 수 있다고 경고했다. 중국이 요구하는 99년간 임대나, 중국 기업에 대한 비과세 및 자유로운 사업 활동 등이 탄자니아의 국가이익에 도움이 되지 않는다고 판단한 것이다.12 정부 간 갈등뿐만 아니라, 해당 국가의 일반 주민들의 반중 정서도 심화되고 있다. 정부 및 엘리트 계층과 달리 일대일로 사업으로부터 소외된 일반 주민들은 오히려 밀려드는 중국 자본에 대해 적대감을 드러내기도 한다.13

중국의 정치적 가치나 문화 역시 소프트 파워가 되기에는 한계가 있다. 한국과 같이 권위주의 체제에서 민주주의 체제로 이행을 경험한 국가들은 그만큼 중국의 권위주의 체제를 옹호할 가능성이 희박하다. 또한 만연한 환경문제라든가, 점증하는 국수주의적 사고, 그리고 남중국해를 둘러싼 강경한 태도 등도 중국의 소프트 파워에 부정적 영향을 준다.14 코로나 사태 역시 중국의 대외 이미지 제고에 긍정적이라 할 수 없다. 중국의 투명하지 못한 초기 대응은 많은 국가로부터 비판을 받았기 때문이다. 더군다나 방역 지원마저 노골적으로 자국의 위상을 강화하는 데 이용하려는 중국의 행태는 오히려 국제적 반감을 초래했다.15

일반적으로 어떤 가치나 문화가 매력적이려면 자유로움과 다양성은 필수적이다. 그만큼 다양한 사람들의 감정에 호소할 수 있기 때문이다. 따라서 국가 검열과 같은 조치는 소프트 파워를 오히려 약화시킨다. 프로파간다가 결코 소프트 파워가 될 수 없는 것은 이 때문이다. 중국 지아장커 감독의 영화 〈천주정〉天注定은 칸 영화제와 해외 유수 영화제들에서 수상했다. 그러나 정작 중국 내에서는 상영될 수 없었다. 사회 부조리를 비판적 시선으로 다뤘기 때문이다. 이런 상황이라면, 중국의 대외적 매력은 결코 강해질 수 없을 것이다. 한국 영화의 괄목할 만한 성장이 검열과 국산 영화 쿼터제의 폐지로부터 시작됐다는 사실은 많은 것을 함의한다.[16]

'중국 모델'은 실현될 수 있는가?

중국 소프트 파워 전략의 최종판은 이른바 '중국 모델'이라 할 수 있다. 이는 중국의 괄목할 만한 경제성장과 '화이부동'和而不同이라는 전통 관념이 결합해 국제사회의 빈곤 극복과 평화 증진의 롤 모델이 될 수 있다는 논리다.[17] 20세기 초 '전반서화'全般西化론의 정반대 담론으로 이제 중국이 세계 보편이 될 수 있다는 것이다. 중국 모델을 주장하는 대표적인 관변 연구자인 판웨이는 중국 모델을 '21세기 중화 체제'라고 표현할 정도다.[18]

중국 모델의 구체적 특징은 무엇인가? 정치학자 장웨이웨이에 따르면, 중국 모델은 ① 강력한 정부와 정치 안정, ② 수출 지향형 정책, ③ 높은 저축률과 투자율, ④ 교육 및 인적 자원 개발, ⑤ 농업 경제에서 공업 경제로의 전환 등을 특징으로 한다. 따라서 중국 모델은 한국·

타이완·싱가포르 등의 동아시아 모델과 유사한 측면이 있다. 그러나 중국 모델은 중국의 독특한 '국가 특성'을 반영한다는 점에서 동아시아 모델과 다르다. 즉, ① 광대한 영토와 인구를 대상으로 하고, ② 근대화와 시장경제로의 전환을 동시에 수행하며, ③ 대약진 및 문화대혁명과 같은 정치적 반면교사를 갖고 있다는 것이다.[19]

판웨이에 따르면, 중국 모델은 시장과 계획, 민주와 전제, 사회와 국가 사이의 상호 보완성과 통일성을 갖는데, 이는 각각의 요소들을 대립항으로 보는 서구 모델과 다른 점이다. 즉, 중국 모델은 ① 국가 주도 경제와 민간 경제가 상호보완적이고, ② 공공 이익 증진을 위한 유능한 관료 체제를 갖추고 있으며, ③ 가정을 기초 단위로 하여 사회와 국가가 유기체적 통일체를 이룬다는 것이다.[20]

동일한 맥락에서 정융녠은 중국 모델을 완전한 국유화 체제도, 완전한 사유화 체제도 아닌 그 둘의 혼합경제로 간주한다. 아울러 정치적으로는 공산당 영도라는 대전제 아래 통치 과정이 제도화되고 전문화된 개방적 형태를 가진다고 설명한다. 특히 정융녠은 현 중국의 정치체제와 전통 시기 정치체제의 유사성을 강조한다. 황제가 권력의 정점에 있었지만 그 통치권이 고도로 제도화(관료화)되었던 중화 제국의 정치체제 논리가 현재도 지속되고 있다는 것이다.[21] 한편, 자오팅양 등은 중국의 '천하주의'天下主義가 서구 주권 체제의 대안이 될 수 있다고 주장한다. 그에 따르면, 개별 국가가 최고의 정치 단위라고 가정하는 주권 체제에서는 국가 간 갈등을 극복할 수 없다. 반면 천하주의는 천하를 국가의 상위 존재로 가정하기 때문에 국가 간 갈등을 제어할 수 있

다는 것이다.[22]

중국 모델은 세계 경제 위기를 계기로 주목받기 시작했다. 사실, 중국 내에서는 1997년 동아시아 금융 위기 전까지 동아시아 모델을 '암묵적으로 추종'하려는 의지가 있었다. 그러나 동아시아 위기를 바라보면서 신자유주의 발전 전략에 대한 위험성을 인지하고 국가 역할의 중요성을 재인식하기 시작했다.[23] 특히 2008년 국제 금융 위기는 그 결정적 계기가 됐다. 미국발 금융 위기가 민영화, 시장 및 금융 자유화 등 신자유주의 발전 방식의 '파산선고'로 인식되자 그와 차별되는 중국 모델을 부각시키기 시작한 것이다. 더욱이 중국이 국가 주도의 대규모 투자, 내수 확대 및 무역 진작을 통해 금융 위기를 단기간 내에 극복했다는 사실은 중국 모델에 대한 국제적 관심을 증폭시켰다.[24]

대표적으로 미국 언론인 조슈아 쿠퍼 라모는 중국의 독특한 발전 전략을 이른바 '베이징 컨센서스'로 개념화했다. 미국이 주도하는 신자유주의 발전 방식인 '워싱턴 컨센서스'와 대비시킨 것이다. 라모는 신자유주의에 기반한 세계화가 국가 간 빈부 격차를 심화시키고 환경오염, 테러나 마약 밀매 등의 문제를 격화시켰다고 진단하면서 중국 모델을 그 대안으로 거론한다. "지금 중국은 자신의 책을 쓰고 있고, 세계는 이제 그 책을 공부하기 시작했다."라는 것이다.[25] 마틴 자크 역시 중국이 미국을 대체해 새로운 패권 국가로 부상할 것이라고 전망하면서 중국의 독특한 경제 발전 전략을 그 근거로 든다. 마틴 자크에 따르면, 중국은 세계경제 위기 상황에서 다른 국가들처럼 민영화 전략을 구사한 것이 아니라, 오히려 국유 기업의 경쟁력을 강화해 신속하게 경제

위기를 극복했다. 따라서 이런 중국의 경험은 다른 국가들에게 좋은 본보기가 될 수 있다는 것이다.[26]

　조반니 아리기는 좀 더 이론적인 맥락에서 중국의 '비자본주의적 시장경제'가 서구 자본주의의 대안이 될 수 있다고 주장한다. 서구 자본주의 발전이 대외 전쟁 및 팽창, 그리고 '강탈에 의한 축적' 양상을 보여 왔다면, 중국의 발전 경로는 그렇지 않다는 것이다. 아리기에 따르면, 중국은 전통 시기부터 대외 팽창이 아닌 국내 발전에 자원 투자를 집중함으로써 국부를 증대하려 했다. 국가 간 경쟁이 첨예했던 서구와 달리 동아시아의 조공 체제 아래에서는 무리한 대외 팽창이 오히려 손해였기 때문이다. 개혁 개방기 중국의 발전 전략 역시 신자유주의 발전 방식과는 다르다. 개혁 개방기 중국의 발전은 마오쩌둥 시기에 이루어진 국가 주도의 토지개혁, 교육 및 사회간접자본 투자가 있었기에 비로소 가능했다. 민영화나 탈규제 역시 국유 기업 강화와 동시에 수행됐으며, 노동문제에 대한 접근도 무차별적 노동 유연성 강화가 아니라 노동자 보호에 그 초점이 맞춰져 있다는 것이다.[27]

　물론 중국 모델을 높게 평가하는 이런 분석들이 과연 실제와 부합하는지는 면밀히 따져 봐야 할 문제다. 많은 연구자가 지적하듯이, 중국의 '놀라운' 경제 발전은 신자유주의 발전 방식과 달랐기 때문이 아니라 오히려 신자유주의 논리를 더 철저하게 따랐기 때문일 수도 있다. 예를 들어, 경제학자 마틴 하트 렌즈버그와 폴 버킷은 중국의 발전을 선진국 자본의 투자와 '극단적인 저임금'의 결과라고 평가한다. 중국은 자본주의를 사회주의 건설의 방법론으로 이용하는 것이 아니라 오히려 시장 사회주의로 자본주의를 추구한다는 것이다. 나아가 이들은 "중국의 급속한 수출 주도 성장에 넋이 나간 많은 진보 학자와 활동가들이 중국의 경제적 성공을 단언한다."라고 힐난한다.[28]

경제학자 리민치도 중국의 성장은 이윤율 하락에 직면한 선진국 자본이 저임금 지역을 찾아 자본을 재배치한 결과일 뿐이라고 강조한다. 중국은 선진국 자본이 축적을 위해 마지막으로 남겨 둔 '전략적 보루'라는 것이다.[29] 덩샤오핑의 개혁 개방을 중국식 신자유주의 발전 전략으로 표현했던 데이비드 하비 역시 중국의 놀라운 경제성장은 마르크스가 비판했던, 강탈에 의한 축적에 불과할 뿐이라고 지적한다. 중국의 발전은 노동 착취와 빈부 격차의 확대를 토대로 한다는 것이다.[30]

사실, 중국 모델에 기대를 품고 있는 아리기조차 지금과 같은 에너지 소비형 성장으로는 중국의 미래가 밝지 않다고 말한다. 그런 발전은 결국 발전으로 혜택받는 소수가 다수에게 환경오염 해결 비용을 전가하는 방식이라는 것이다. 실제로 중국의 환경오염은 심각한 수준이다. '세계의 공장' 중국은 그만큼 생산과정에서 다량의 오염 물질을 배출하기 때문이다. 2019년 전 세계 대기오염 도시 100개 중 무려 48개가 중국에 있다. 아리기는 중국이 환경문제를 해소하지 못하면, 자칫 세계적 혼돈의 '진앙지'가 될 수 있음을 예견했다.[31] 2020년 코로나 사태는 그의 예견이 틀리지 않았음을 보여 준다.

마지막 테스트: 문제 해결 능력

중국의 종합 국력이 미국의 종합 국력을 넘어섰다고 해도 자동적으로 패권이 전이되는 것은 아니다. 종합 국력은 패권 전이의 필요조건이지 충분조건이 아니기 때문이다. 그 힘을 보여 줄 결정적 계기가 있어야 한다. 그런 상황에서 미국보다 우월한 문제 해결 능력을 중국이 적극적으로 보여 주어야 한다. 문제 해결 능력은 아리기가 말하는 이른바 '시스템 조직 능력'systemic organizing capability과도 유사하다.32 결국 리더십이다. 미국이 해결하지 못하는 글로벌 이슈를 중국이 주도적으로 해결한다면 중국의 위상은 강화될 것이다.

이런 맥락에서 20세기 전반 영미 간 패권 전이 상황은 유의미한 비교 사례가 된다. 영미 간 패권 전이는 어떻게 평화적으로 가능했을까? 왜 영국은 미국의 부상을 '용인'했을까? 미국의 산업 생산량은 이미 19세기 말에 영국을 뛰어넘었다. 1885년 미국은 세계 최대 제조업 생산 국가가 되었고, 곧이어 강철 생산량도, 에너지 소비량도 세계 최대였다.33 군사력도 남북전쟁 당시 이미 영국을 위협하고 있었다. 비록 전함의 규모(총 톤 수)는 영국에 못 미쳤지만 성능만큼은 세계 최강을 자랑했다.

명백한 사실은 세계 여러 나라 중 미국만이 철갑선이라 불릴 만한 전함을 가지고 있다는 것이다.34

1866년 7월 16일자 영국 신문 『더타임스』 사설의 한 구절이다. 당시 영국 언론들은 영국을 방문한 미 군함의 위용을 보고 경탄했다. 미국이 세상에서 가장 우수한 전함과 함포를 가지고 있으며, 동시에 영국이 해군력 경쟁에서 뒤처지고 있다고 우려했다. 미국은 이런 군사력을 바탕으로 남북전쟁 당시 침몰한 상선들의 배상 비용을 영국으로부터 받아 내기도 했다. 남부군이 영국이 제작한 군함으로 상선들을 격침시켰다는 이유에서였다.[35]

일단의 연구자들은 영국이 미국의 성장을 용인한 이유를 문화적 이유에서 찾는다. 양국이 인종적·문화적·언어적 동질성을 가지고 있어 충돌을 피할 수 있었다는 것이다. 세력 전이 이론을 주창한 A. F. K. 오간스키 역시 미국이 영국 주도의 기존 질서에 도전하지 않았던 이유는 문화적 동질성 때문이라고 설명했다.[36] 그러나 이런 문화 요인은 영미 관계가 실제로는 갈등적이었다는 사실을 설명하지 못한다. 미국의 패권적 지위가 분명해지는 20세기 전반까지 100여 년 동안 양국 관계는 우호적이지 않았다. 적대 관계에서 점차 우호적 관계로 변해 갔다는 것이 사실에 가깝다.[37] 양국의 유대감은 평화적 패권 전이의 원인이라기보다는 결과라 할 수 있다.

영미 양국은 독립 전쟁이 끝난 지 30여 년만인 1812년 다시 전쟁을 벌였다. 나폴레옹 전쟁 당시 영국은 미국과 프랑스의 연합을 우려해 미 해역을 봉쇄했고, 이에 맞서 미국은 영국령 캐나다를 공격했다. 전쟁 중 영국군은 워싱턴을 점령해 백악관을 불태우기까지 했다.[38] 영미 간 적대감은 남북전쟁 시기에도 그대로였다. 영국 총리 파머스턴은 "양키들은 정말 불쾌하기 짝이 없는 인간들이다. 그들은 어떻게든 자신들이 원하는 바를 얻기 위해 양심을 완전히 저버린 정직하지 못한 족속들이다. 우리와 같은 종족이라고 양키들을 도와서는 절대 안 된다."라고 했다.[39]

영국은 남북전쟁 기간에 미국을 분단시켜 서로 경쟁하도록 만들려는 계획을 세우기도 했다.[40] 남북전쟁 이후 영국은 점차 아메리카 대륙에서 미국의 주도권을 인정했지만, 그렇다고 양국 간 긴장 관계가 완전히 종식된 것은 아니었다. 1895년 베네수엘라 위기는 이를 보여 준다. 영국과 국경분쟁 중이던 베네수엘라가 미국의 개입을 요청하자, 미국은 영국에게 중재위원회 결정을 따르라고 압박하면서 전쟁 위기가 고조됐다. 당시 보어전쟁 중이던 영국이 미국의 요구를 수용함으로써 실제 충돌로 이어지지 않았을 뿐이다.[41]

영미 간 평화적 패권 전이는 현실주의적 맥락에서 좀 더 간결하게 설명될 수 있다. 예를 들어, 미어샤이머의 설명대로 대서양이라는 지리적 장애물은 영국이 미국과 전쟁을 벌이기 어렵게 만들었다. 영국이 아무리 미국을 힘으로 굴복시키고자 했더라도 그럴 환경이 충족되지 못했다는 것이다.[42] 또한 조지프 나이의 설명대로 영국은 미국보다 지리적으로 인접한 독일을 더 큰 위협으로 간주했을 수도 있다.[43] 미국을 자신의 편으로 끌어들여 독일에 맞서는 것이 더 현실적이었다는 것이다.

영미 양국은 경제적으로도 중요한 무역 상대국이었다. 남북전쟁 직전(1854~56년) 영국의 총 대외 면직물 수출 가운데 미국 시장이 차지하는 비중은 35%나 됐다. 또한 영국은 면직물 생산을 위해서라도 면화를 미국으로부터 대량 수입해야 했다. 1870년대 영국이 수입한 면화 가운데 미국산이 약 70%나 차지했다. 미국도 마찬가지였다. 1846~50년 미국의 총수출과 수입에서 영국이 차지하는 비중은 각각 51%와 41%였다.[44] 따라서 미국은 영국이 주도하는 자본주의 국제 질서에 도전할 이유가 없었다. 미국은 결국 "영국에 도전하지도, 영국을 패배시키지도 않았다. 단지 능가했을 뿐"인 것이다.[45]

그러나 이런 요인들이 영미 간 평화적 패권 전이를 자동적으로 일어나게 한 것은 아니다. 대영제국의 패권은 20세기 초까지는 확고해 보였기 때문이다. 결정적 계기는 세계대전이었다. 미국이 영국을 대신해 뛰어난 문제 풀이 능력을 과시한 것이다. 미국은 독일과 일본의 위협을 격퇴하고 국제 질서를 안정화시켰다. 만약 세계대전이 없었다면 영국의 패권적 지위와 미국과의 긴장 관계도 상당 기간 계속됐을 것이다.

세계대전을 통해 금융 패권이 미국으로 넘어간 것은 영미 간 패권 전이의 완성을 의미했다. 영국의 대미 무역 적자는 19세기 말부터 증가하기 시작했지만 세계 금융에 대한 영국의 장악력은 오히려 강화됐다. 해외 투자 등으로 벌어들인 자본 흑자는 무역 적자를 압도했기 때문이다. 런던은 여전히 국제금융의 명실상부한 중심지였다.[46] 그러나 제1차 세계대전은 영국의 금융 패권을 약화시켰다. 영국은 전쟁 기간 연 18억 달러의 전비를 충당하느라 채무국으로 전락했다. 반면 미국은 전쟁 차관 및 물자 공급을 통해 전쟁 전 세계 최대 채무국에서 일거에 최대 채권국으로 변모했다. 이에 따라 뉴욕 월가는 자연스럽게 런던을 제치고 국제금융의 새로운 중심지가 됐다. 뉴욕에 '돈이 있었기 때문'이다.[47] 제2차 세계대전의 종결은 달러 패권의 공식화였다. 1944년 브레턴우즈 회의에서 영국 대표 존 메이너드 케인스는 달러의 기축 통화화에 반대했으나, 미국 대표 해리 덱스터 화이트에게 보기 좋게 패배했다. 달러의 기축통화 지위가 명문화된 것이다.[48]

미국의 패권은 난공불락인가?

영미 간 패권 전이 논리를 미중 관계에 대입하면, 중국 역시 종합 국력에 더해 미국이 갖지 못하는 문제 해결 능력을 보여 줘야 비로소 패권 전이가 가능할 것이다. 미국과 중국 일각에서 자국민의 이익뿐만 아니라 타국의 이익에 얼마나 '공헌'할 수 있는가가 향후 미중 경쟁에서 중요한 척도일 수밖에 없다는 주장들이 나오는 것도 이 때문이다.[49] 구체적으로 어떤 상황에서 양국의 리더십이 드러날까?

2019년 중국에서 개봉한 SF 영화 〈유랑지구〉流浪地球는 7억 달러에 달하는 흥행 수입을 거둬들였다. 영화 내용은 중국이 충돌을 앞둔 지구의 궤도를 옮겨 인류를 구원한다는 것이었다. 다소 황당무계한 내용이지만 그 논리만큼은 중요한 함의를 가진다. 즉, 미국이 해결하지 못하는 국제적 이슈를 중국이 주도적으로 해결해 준다면 미중 간 패권 전이의 가능성은 그만큼 커질 수 있는 것이다. 우월한 종합 국력이 패권 전이의 필요조건이라면, 우월한 문제 해결 능력은 그 충분조건이 된다. 영화의 흥행은 어쩌면 그런 상황을 바라는 중국인들의 희망과 맞닿아 있어서일지도 모른다. 미국이 세계대전 당시 세상을 '구원'했던 일과 다르지 않다. 만약 중국이 미국을 대신해 공황에 빠진 세계경제를 부양한다거나, 전 지구적 환경문제와 빈부 격차 문제에 효과적인 해결책을 제시한다면 중국의 위상은 급속히 강화될 것이다. 테러리즘 차단이나 핵 확산, 전염병 문제 등도 마찬가지다.

코로나 사태가 그런 계기가 될 수 있지 않을까? 만약 코로나 바이러스가 중국이 아닌 다른 지역에서 발생해 미국을 비롯한 전 세계를 파국으로 몰아가는 상황에서 중국이 주도적으로 문제를 해결했다면, 중국의 위상은 그만큼 강화됐을 것이다. 그러나 현실은 그렇지 못했다. 전염병 확산 초기의 투명하지 못한 중국의 대응은 전 세계 팬데믹을 초래하는 일정한 요인이 됐다. 더욱이 이에 대한 국제사회의 비판에 대해 피해국임을 강조하면서 강하게 반발하는 중국의 모습은 오히려 무책임하다는 재비판까지 받았다. 중국에 비해 민주적 방식으로 코로나 방역에 성과를 보인 한국과 타이완 등의 사례에 국제사회가 주목한 것도 중국에 대한 비판 의식을 반영했다.

만약 중국은 그대로 있는데 미국 스스로 리더십을 포기한다면 어떻게 될까? 트럼프 집권 이후 미국의 모습을 생각해 보자. 트럼프 정권은 '미국 우선'을 주장하면서 각종 조약에서 일방적으로 탈퇴하고, 보호무역주의를 노골화했다. 방위비 인상을 요구하면서 한국과 같은 동맹국들조차 소외시켰다. 코로나 사태 상황에서도 WHO가 중국 편향적이라는 이유로 지원금을 동결하고 탈퇴하기까지 했다. 트럼프 정권은 전후 미국이 주도했던 자유주의(자본주의) 국제 질서를 스스로 훼손했던 것이다.

트럼프 정권은 대내 정치에서도 타국의 신뢰를 얻지 못했다. 이민자의 나라인 미국 스스로 배제와 혐오의 정치를 구사했다. 멕시코와의 접경지대에 설치한 거대한 장벽은 이를 상징한다. 또한 코로나 사태로 무수한 사망자가 나왔지만 트럼프 정권은 그에 대한 책임을 회피하면서 배제의 정치를 구사했다. 심지어 트럼프는 각 주의 지역 봉쇄에 저항하는 시위대에게 지역을 '해방'시키라며 선동했다. 시위대는 총기를 휴대하고 남북전쟁 당시 남부연합 깃발을 흔들며 주 청사로 몰려들었다. 트럼프 스스로 내전 상황을 조장한 것이다.[50] 또한 트럼프는 '중국 때리기'로 코로나 대응 실패 책임을 회피하려 했으나, 중국의 초기 대응 실패가 미국의 상황 악화를 직접적으로 초래했다고 볼 수는 없다. 중국으로부터 바이러스가 전파됐다 하더라도 이후 트럼프 정권이 기민하게 대응했다면 폭발적인 확산 상황을 차단할 수 있었기 때문이다.

이런 맥락에서 코로나 사태를 둘러싸고 미국이 '실패 국가'처럼 행동했다는 비판도 있다. 거짓말과 배제, 혐오 전략으로 지지층을 선동하는 트럼프 정권뿐만 아니라, 미국의 부패한 정치, 경직된 관료 체계, 그리고 사회 분열이 코로나에 대한 총체적 대응 실패를 초래했다는 것이다.[51] 만약 미국이 향후 이런 행태를 계속 보인다면, 국제사회의 신뢰를 점점 더 상실할 것이다. 그야말로 '헤게모니(동의) 없는 지배국'에 가까워지는 것이다.

미중 간 패권 전이는 가능할까? 역사학자 페르낭 브로델에 따르면, 금융자본의 팽창은 패권국의 '가을'을 상징한다. 이제 곧 패권의 쇠퇴를 알리는 징후라는 것이다. 팽창된 금융이 도전국으로 흘러 들어가 오히려 도전국의 세력을 강화한다. 국내적으로는 투기와 빈부 격차를 심화시켜 패권국의 약화를 초래한다. 18세기 네덜란드와 19세기 후반 영국의 상황도 유사했다. 그렇다면 1970년대 이후 금융자본 강화에 전력하고 있는 미국의 모습도 패권 쇠퇴를 시사하는 것은 아닐까?[52]

그러나 금융자본의 팽창은 패권 쇠퇴의 징후일 뿐이지 직접적 결과라고 볼 수는 없다. 특히 영국의 경우는 금융자본의 팽창기에도 산업 생산력이 여전히 건재했기 때문에 최소한 세계대전까지는 패권을 유지할 수 있었다. 현재 미국 역시 금융뿐만 아니라 첨단 제조업 또한 장악하고 있다는 측면에서 네덜란드의 전철을 밟을 가능성은 크지 않다. 따라서 미국의 패권 몰락과 중국의 부상은 세계대전과 같은 결정적 계기가 일어나지 않는 한 쉽지 않을 것이다. 나이의 지적대로 코로나 사태는 결정적 사건이라 볼 수는 없다. 5억 명이 감염돼 2000여만 명이 사망한 1918년 스페인 독감은 이후 국제정치를 '결정'한 요인이 아니었다. 제1차 세계대전과 경제 대공황이 스페인 독감 이후의 국제정치를 결정한 핵심 변인이었다.[53] 핵무기 시대 강대국 간 전쟁이 무의미하다면, 이제 남는 것은 자본의 논리밖에 없지 않을까?

정리하자면, 향후 미중 패권 전이의 향배는 다음 문제에 달려 있을 것이다. ① 중국의 종합 국력이 미국의 종합 국력을 넘을 수 있는가? ② 그런 조건 아래서 중국이 미국보다 국제 질서 안정을 위해 더 효과적인 해결책을 제시할 수 있는가? 중국은 과연 이 두 가지 조건을 충족할 수 있을까? 분명 갈 길이 멀어 보인다.

17

친미와 친중
사이

———————

**한반도는
무엇을 할 것인가?**

한국은 한미 동맹 강화를 선택해야 하는가? 아니면 한미 동맹이 약화되더라도 대중국 관계를 강화해야 하는가? 한국 내에서 미중 관계를 논할 때 흔히 제기되는 질문이다. 그 대답은 보통 정치적 진영에 따라 갈리곤 한다.

한미 동맹 강화론의 논리는 간단하다. 미중 간 세력 격차는 여전하며, 미국은 한국과 자유민주주의 체제를 공유하는 굳건한 동반자이다. 따라서 한국은 미국 주도의 동북아 동맹 체제의 '중심축'이 돼야 한다는 것이다.[1] 극단적으로는, 한국전쟁 때 미국이 나라를 다시 세워 준 은혜를 베풀었기 때문에 한국은 미국의 품 안에서 떠나면 안 된다는 주장도 있다.

이명박 정권의 외교 전략은 한미 동맹 강화론에 초점이 맞춰져 있었다. 2008년 4월 한미 양국은 한미 관계를 '21세기 전략 동맹'으로 규정했다. 이에 따르면, 한미 동맹은 단순히 군사동맹만을 의미하는 것이 아니다. 자유민주주의와 시장의 가치를 공유하는 정치·경제·사회 등 모든 영역에서 긴밀한 협력을 추구한다. 특히 한미 동맹은 상호 방위조약을 넘어 지역적 차원으로 확장된다. 표면적으로는 동아시아 지역 질서의 안정을 목표로 하지만, 그 이면에는 중국을 견제하려는 의도가 투영된 것이다.[2]

공동 기자회견에서 미 대통령 조지 W. 부시는 21세기 전략 동맹 개념이 중국 문제와 연결돼 있음을 솔직히 드러냈다. 대중국 관계는 건설적인 방향과 파괴적인 방향으로 전개될 수 있는데, 21세기 전략 동맹을 통해 한미 양국이 건설적인 방향으로 대중국 포용 정책을 추구할 수 있게 됐다는 논리였다.[3] 일면 유화적인 발언으로 볼 수 있지만, 한미 동맹이 중국 견제의 수단이 될 수 있음을 암시한 것이다. 중국은 불편한 속내를 숨기지 않았다. 곧 예정된 한중 정상회담을 앞두고 중국 외교부 대변인은 "한미 동맹은 역사가 남긴 산물"이라고 규정했다. 시대가 변하고 상황도 변했기 때문에 냉전 시기의 군사동맹 시각으로 지역 문제를 바라봐선 안 된다고 강조한 것이다.[4]

한미 동맹 강화론의 반대편에는 한중 관계 강화론이 있다. 한중 관계 강화론은 한미 동맹 강화론만큼 노골적이지는 않다. 70년 한미 동맹이 내리누르는 압력이 훨씬 크기 때문이다. 따라서 일반적으로 한중 관계 강화론은 한미 동맹에 매몰돼 한중 관계를 악화시키면 안 된다고 본다. 경제적으로 한국의 대중국 의존이 막대한 이상 한미 관계와 한중 관계를 균형적으로 발전시켜야 한다는 것이다. 예를 들어, 한중 관계 강화론자들은 사드 배치를 둘러싸고 중국의 반발에 강경하게 맞대응하는 것은 합리적이지 않다고 주장한다. 현실을 무시한 "필부의 만용에 불과"하다는 것이다.[5]

2005년 노무현 정권이 제시한 '동북아 균형자론'은 한미 관계와 한중 관계의 균형 발전 의지를 표명한 것이었다. 미중 양국 어느 한편에 서서 반대편을 소외시키는 행동을 하지 않겠다는 것이며, 자주국방을 통해 한반도의 평화 증진에 주도적 역할을 하겠다는 논리다.[6] 노무현 정권은 또한 북한 급변 사태 시 미군의 북한 진주 계획인 '작계 5029'에 반대하고, 타이완 분쟁 시 한국의 연루 가능성을 차단했으며, 동북아 평화 공동체 수립을 주장했다.

> 동북아 구상이 마치 한미 동맹 혹은 한미 관계를 해치고 중국으로 기우는 것 아니냐 하는 학계의 비판이나 국민들의 우려에 대해 말씀 드리겠습니다. 동북아 구상에는 미국이 역내 중요한 행위자로 포함되어 있습니다. 이 구상은 한미 동맹과 절대 배치되는 것이 아닙니다. 동북아 평화 번영 구상은 한미 동맹과 양립 가능합니다. 국민들께서 우려할 일이 전혀 없습니다.[7]

노무현 정권 당시 동북아시대위원회 위원장 이수훈의 발언이다. 한중 관계 강화론이 한미 동맹 약화로 간주되는 것을 경계하고 있다. 그러나 미국은 노무현 정권의 한미·미중 균형 발전론에 대해 강한 우려를 드러냈다. 미국 내 보수 세력은 한미 동맹의 폐기를 주장하기도 했다. 부시 정권 안에서도 '한국은 더 이상 믿을 만한 동맹이 아니'라는 인식이 팽배했다. 미국의 반발에 노무현 정권은 결국 '동북아의 균형자는 미국'이라며 한발 물러서야 했다.[8] 그러나 중국은 한미 간 이견을 내심 반겼다. 한·미·일 삼각동맹을 통해 중국을 견제하려는 미국의 전략에 차질이 생긴다는 것을 의미했기 때문이다. 또한 한국의 입장은 역내 공동 안보 체제 수립이라는 중국의 오래된 입장과도 부합했다.[9] 공동 안보 체제 수립은 미국의 역내 동맹 체제가 해체된다는 것을 의미하기 때문이다.

미중 관계가 카르텔이라면

현실과 동떨어진 극단적 친미 혹은 친중이 아니라면, 앞에서 말한 주장들은 각각 그 나름대로 일정한 설득력을 가진다. 특히 한미·한중 관계 균형 발전론은 한국에게는 합리적인 선택일 것이다. 안보와 경제 이익 확보라는 측면에서 두 국가 모두 중요하기 때문이다. 미국의 대중 견제 전략에 편승해 최대 무역 상대국 중국을 소외시키는 것은 합리적이지 못하며, 그렇다고 한미 동맹을 약화시키는 것도 대안이 될 수 없다. 한국의 자주국방 능력이 완비되지 않았다는 점에서 그렇다. 또한 한미 동맹 약화는 오히려 대중 관계 설정에 있어 한국의 '몸값'을 낮출 수도 있다. 중국은 미국과 멀어진 한국을 그만큼 함부로 다룰 가능성이 있기 때문이다.

그렇다면 한국은 한미 동맹을 유지하되 한국이 미국의 대중 견제 전략의 선봉대가 되지 않을 것이라는 의사를 중국에 명확히 전달해야 할 것이다. 동시에 국방력을 강화해 자위력을 확보해야 한다. 한미·한중 관계 균형 발전론이 자주 소환하는 광해군의 외교 전략이 이와 같았다. 광해군이 명-후금 사이에서 기계적인 '중립 외교'를 취했던 것은 아니다. 그 역시 전통적인 화이관華夷觀에 따라 명나라를 아버지의 나라로 간주하고 후금을 오랑캐로 경멸했다. 광해군 전략의 핵심은 '현실을 똑바로 직시하라'는 것이었다. 즉, "우리에게 털끝만큼도 믿을 게 없는데 한갓 고상한 말로 짐승과 같은 오랑캐를 꺾고자 한다면 멸망은 필연적"이라는 것이었다.[10]

광해군은 누루하치가 사람을 보내 친교를 요구할 때마다 잘 대접하면서 조선의 상황을 이해시키려 했다. 명나라를 상국으로 모신 지 200년이 됐는데 어떻게 자식이 아비를 배반할 수 있느냐며 항변했다. 그러면서도 "귀국에 털끝만큼도 혐오나 원망이 있지 않다."라고 했다.[11] 동시에 그는 명에게 조선의 대후금 유화정책이 결코 명과의 관계를 끊으려는 것이 아니라고 안심시켰다.

또한 광해군은 명-후금 분쟁에 조선이 최대한 연루되지 않으려는 전략을 구사했다. 조선-명-후금 접경지대에서 후금군을 괴롭히던 명 장수 모문룡 군대를 철산 앞바다 가도로 들어가도록 유도해 분쟁 격화를 차단했다. 대내적으로는 군사력을 정비했다. 변경 지역 방어를 강화했고, 유사시 피난처인 강화도의 방어 시설도 정비했다. 광해군은 1619년 심하 전투 상황에서도 대명·대후금 관계를 관리하려 했다. 명의 요구에 따라 조선군을 파병하면서도, 전투 중 후금군에 집단 투항하는 전략을 취했다.[12] 전략은 효과적이었다. 명의 랴오둥 감찰어사 웅정필은 "조선이 상국의 어려움을 염려해 주는 것이 중국이 스스로를 염려하는 것보다 더하다."라고 했을 정도다. 명을 의식한 후금 역시 조선과 화친을 희망했다.[13]

동일한 맥락에서, 현재의 한국도 미중 사이에서 어떻게 움직이느냐에 따라 '약자의 힘'을 확보할 수 있다. 경쟁하는 두 강대국 사이의 약소국은 상황을 어떻게 이용하느냐에 따라 자신의 이익을 확보할 수 있다.[14] 마치 거대 정당들 사이에서 캐스팅 보트를 쥐고 있는 군소 정당의 상황과도 비슷하다. 물론 한국처럼 미국의 하위 동맹국인 입장에서는 상당한 제약이 있다. 상호 경쟁이 심화될수록 강대국들은 자기 진영의 약소국을 엄격히 통제할 가능성이 크기 때문이다. 1960년대 미국의 '존슨 독트린'이나 소련의 '브레즈네프 독트린'이 그 전형적인 사례였다. 전자는 아메리카 대륙에서 공산주의 정권의 수립을 허용하지 않겠다는 미국의 전략이었고, 후자는 세계 공산주의 진영의 안정을 위해 공산주의 일국의 주권은 제한될 수 있다는 소련의 전략이었다.[15]

현재 한미 관계에서도 그 징후들이 나타나고 있다. 미국이 사드 배치를 강행하고 지소미아GSOMIA(한일군사정보보호협정) 종료에 강력히 반발한 것은 그 사례라 할 수 있다. 미 국무부는 지소미아 문제에 공개적으로 한국에 '강한 우려와 실망'을 표시했으며, 미 국방장관 애스퍼는 한국에 와 종료 철회를 압박하기도 했다. 결국 한국은 2019년 11월 지소미아 종료를 철회해야 했다.[16] 사실, 한국은 미국의 요구에 순응하는 것 이외에 마땅한 카드가 없었다. 약소국-강대국 간 동맹 관계에서 약소국은 동맹 파기로 초래될 비용(안보 위험)이, 순응할 때 초래되는 비용(자율성 훼손)을 압도하기 때문이다. 동맹 약소국의 비타협적인 태도가 대부분 '허세'로 끝나는 것도 이런 측면에서 이해할 수 있다.[17]

그렇다면 한국은 언제나 미국에 끌려 다닐 수밖에 없는 운명인가? 한미 관계와 한중 관계의 동시 발전은 불가능한가? 미중 관계를 어떻게 독해하느냐에 따라 그 답은 달라진다. 미중 관계가 정말 패권 경쟁 상황이라면 한국은 한미 동맹 강화에 전력하든지, 아니면 한미 동맹을 약화하거나 심지어 해체함으로써 대중국 관계 개선에 나서야 할 것이다. 승리할 편에 줄을 서야 하기 때문이다. 물론 잘못된 선택을 한다면 그 후과는 온전히 한국의 몫이 될 것이다. 한미 동맹에 모든 것을 걸었는데 중국으로 패권이 전이된다거나, 반대로 미국을 소외시키고 대중 관계를 강화했는데 패권 전이가 일어나지 않는다면 한국의 입지는 급속히 축소될 것이다.

그러나 미중 관계가 패권 경쟁 상황이 아닌 카르텔 관계라면, 이런 전략들은 어떤 경우든 한국의 이익을 훼손할 것이다. 현실과 동떨어져 한국 스스로 미중 패권 경쟁을 기정사실화하고, 그런 '허구' 속에서 자기 예언적 전략을 운용하는 것이기 때문이다. 미중 양국에게 이런 한국의 행태는 일종의 '소극'笑劇처럼 보일 것이다. 사드 배치를 둘러싼 한국의 행태가 그랬다.

사드 배치와 한국의 고립

2016년 들어 북한이 4차 핵실험을 감행하고 장거리 미사일을 발사하자 한미 양국은 사드 배치에 대한 협의를 시작했다. 중국은 강력히 반발했다. 외교부장 왕이는 『사기』에 나오는 홍문연鴻門宴 고사를 인용하면서 미국이 북한의 위협을 빌미로 중국의 안보를 침해한다고 비판했다. 항장이 칼춤을 춘 이유가 유방을 죽이기 위해서였던 것처럼 사드가 겨눈 실제 대상은 중국이라는 것이었다.[18] 관영 『환구시보』의 논조는 거의 선전포고에 가까웠다. 사드를 배치할 경우 인민해방군은 동북 지방에서 군사 대응을 할 것이고, 한국은 중미 간 군사 경쟁에서 한낱 바둑돌이 될 것이라며 섬뜩한 경고를 했다. 또한 한국의 독립적인 지위가 훼손될 것이며, 전쟁이 일어나면 중국은 그 어떤 나라보다 용감하게 싸울 것이라고도 했다.[19] 중국은 7월 한미 양국이 결국 사드 배치를 결정하자 공식 성명을 발표할 정도로 반발의 강도를 높였다.[20]

동시에 중국은 한국에 물리적 제재를 가했다. 이른바 '한한령'限韓令이었다. 한국 드라마와 영화의 중국 내 상영과 한국 연예인들의 방송 출연을 금지했다. 중국인들의 한국 단체 관광도 중지시켰다. 한국 기업에 대해서도 관세 부과나 수입 허가 지연 및 취소 등을 남발했다. 특히 사드 부지를 제공한 롯데는 중국 내 모든 사업을 접어야 할 상황까지 내몰렸다. 중국의 보복으로 인한 한국의 피해는 최대 15조 원에 달할 것으로 추산됐다.[21]

한국의 '동맹국' 미국은 어떻게 대응했을까? 2017년 2월 미 국무부 대변인은 "중국이 한국에게 국방을 포기하라고 압력을 가하는 것은 이성적이지 못하고 부적절하다."라고 말했다. 롯데에 대한 중국의 제재를 미국이 문제 삼은 것이다.[22] 사드는 북한의 군사위협에 대응하기 위한 방어 수단이므로 한국에 대한 중국의 비판이 잘못됐다는 것이다. 분명 동맹국 한국을 두둔하는 것처럼 들린다. 트럼프는 4월 8일 열린 미중 정상회담 직후에도 한국 정부에 전화를 걸어 와 시진핑에게 사드 배치에 관한 입장을 전달했다고 밝혔다. 또한 북한의 위협에 대한 한국의 대응에 전폭적 지지를 보내고 한미 간 긴밀한 공조를 재확인했다. 한국 언론은 일제히 트럼프가 시진핑에게 사드 보복에 대한 우려를 표명했다고 보도했다. 이번 통화로 이른바 '코리아 패싱'이 불식됐다고 평가하기도 했다.[23] 그러나 그것은 한국의 자기 희망에 불과했다.

우리는 중미 관계를 좋게 유지해야 할 천 가지 이유가 있고 반대로 중미 관계를 나쁘게 해야 할 한 가지 이유도 없다. 협력은 중미 양국의 유일하고 정확한 선택이다. 양국은 매우 좋은 협력 동반자가 될 수 있다.[24]

2017년 4월 미중 정상회담에서 나온 시진핑의 공식 발언이다. 미중 협력에 대한 중국의 강력한 의지를 드러낸다. 트럼프도 정상회담에 만족했다. 회담에서 '엄청난 진전'tremendous progress이 있었다고 말하면서 양국 관계를 '훌륭하다'outstanding라고 표현했다. 통상과 북한 문제 등에 관한 논의가 만족스러웠음을 드러낸 것이다.[25]

한국의 바람과는 달리 미국이 사드 문제에 관해 한국 편을 들었는지도 불명확했다. 4월 26일 사드 배치 완료 직후 중국 관영『환구시보』는 사설을 통해 북핵 문제에 대한 중미 간 공조가 진행 중인 상황에서 한미 양국이 "중국의 등에 칼을 꽂았다."라고 비난했다. 그러면서도 비난의 초점은 한국에 맞추었다. 한국의 보수파들이 오히려 미국보다도 더 적극적으로 사드 배치에 나섰다고 주장한 것이다. 한국이 사드라는 미국의 위세에 기대어 중국에 주먹을 휘두르고 있는데, 필시 그 대가를 치러야 할 것이라고 경고했다. 한국은 강대국 사이에 끼어 운 좋게 발전한 나라라며 조롱하기도 했다.[26] 중국이 이렇게 한국을 비난하는 와중에 트럼프의 행태 또한 한국을 당황스럽게 했다.

> 우리가 왜 10억 달러나 내야 합니까? 우리는 그들을 보호하고 있다고요.[27]

트럼프는 4월 27일 〈로이터〉와의 인터뷰에서 애초 한미 간 합의와 달리 이렇게 말했다. 미국이 한국을 지켜 주고 있으니 사드 비용은 마땅히 한국이 내야 한다는 것이었다. 동시에 트럼프는 한국과 맺은 FTA를 '끔찍하다'면서 재협상을 하든 폐기하든 할 것이라 말했다. 또한 시진핑과는 매우 좋은 관계를 유지하고 있다며, 시진핑이 북한 문제 등에서 미국을 도울 것이라 말했다. 따라서 그를 곤란하게 만들고 싶지 않다고도 했다.[28] 결국 트럼프는 FTA 재협상이나 한미 방위비 협상에서 사드를 협상 카드로 활용하겠다는 뜻을 내비친 것이다. 실제로 트럼프 정권은 2021년 국방 예산안에 사드 기지 건설 비용 중 한국 측 부담으로 4900만 달러를 일방적으로 책정했다.[29]

사드 배치를 둘러싸고 한국 내에서 첨예한 찬반 갈등이 불거지는 상황에서 미중 양국이 상호 소통을 강화하는 동시에 각각 한국을 압박하는 상황은 분명 상식적이라 할 수 없다. 강대국 사이에 끼인 약소국의 숙명이라 치부할 수도 있으나, 그 책임을 온전히 미중 양국에만 돌릴 수는 없을 것이다. 한국 스스로 그런 상황을 자초한 측면이 있기 때문이다. 박근혜 정권의 이른바 '널뛰기' 외교였다. 2015년 9월 중국 전승절 행사에서 미국의 동맹국 수반으로는 유일하게 참석했던 박근혜 대통령은 10월 한미 정상회담에서는 한미 동맹이 "미국의 재균형 전략의 핵심 축"이라고 말했다. 재균형 전략의 핵심 표적이 중국이라는 점을 모를 리 없는 중국은 한국의 행태를 이해하기 어려웠을 것이다.[30] 전승절 행사에 참석함으로써 미국을 소외시킨 박근혜 정권은 불과 한 달 후에는 중국을 소외시킨 것이다. 2016년 2월 사드 배치 협의 시작 선언은 그 연장선에 불과했다.

홍미로운 점은 북한 역시 미중 양국과 장단을 맞췄다는 것이다. 그 의도가 무엇이든 북한의 핵실험과 미사일 실험이 사드 배치를 '촉진'했다는 것이다. 2016년 2월 7일 북한이 광명성 4호를 시험 발사하자 한미 양국은 전격적으로 사드 배치에 관한 협의를 시작했다. 또한 2017년 7월 29일 북한이 화성 14호 장거리 미사일을 발사하자 막 임기를 시작한 문재인 정권은 추가 반입된 사드 배치를 기정사실화했다. 문재인 정권은 애초 사드 배치에 미온적인 태도를 보였다. 이미 배치된 사드 2기 이외에 4기가 추가로 반입된 것이 보고되지 않았다며 진상조사에 나서기도 했다. 또한 환경 평가가 미비하다는 이유로 사드 배치를 미루고 있었다. 북한의 장거리 미사일 실험은 그런 정책 방향을 일거에 반전시켰다.[31]

결과적으로 보면, 사드 배치가 북한에게 반드시 손해라고 할 수는 없다. 사드 배치로 말미암아 미중 관계 및 한중 관계가 경색될수록 그만큼 북중 관계는 강화될 여지가 있기 때문이다.

> 사드 배치가 국제사회의 대북 제재에 엄중한 혼란을 초래하고 있지
> 만, 그렇다고 그것이 북한이 희망하는 신호를 주어서는 안 된다.**32**

중국 관영 언론 『환구시보』의 주장이다. 중국은 사드 배치가 북한의
이익에 부합될 수 있음을 간파하고 있는 것이다.

종합하면, 미국은 사드 배치를 통해 한국을 동맹 관계에 더욱 결착
시키며, 북한은 중국을 동맹 관계에 결착시킨다. 중국은 미국과 북한
사이에서 다소간의 딜레마에 빠지지만, 한반도 안정에 대해서는 미국
과 확고한 공감대를 가지면서 한국을 압박한다. 단지 한국만이 내부적
으로 배치 찬성파와 반대파로 갈려 격렬한 다툼을 벌인다. 결국 사드
배치 '게임'에서 한국은 프로 선수 사이에서 우왕좌왕하는 아마추어의
처지일지도 모른다.

기민하게 움직이기

> "코리아 패싱이라고 아십니까?"
> "미국이 그렇게 무시할 수 있는 나라를 누가 만들었습니까?"**33**

2017년 4월 25일 한국 대선 후보 토론에서 '코리아 패싱'이라는 단

어가 화제가 됐다. 단숨에 포털 실시간 검색어 1위에 올랐다. 코리아 패싱을 영어 문법에 맞게 고쳐 쓴다면 '한국 우회하기'bypassing Korea 정도가 적당할 것이다. 그러나 코리아 패싱이라는 단어가 문법이 틀렸다고 그 내용까지 낯선 것은 아니다. 강대국들이 한반도를 소외시켜 온 것은 하루 이틀 된 얘기가 아니기 때문이다.

1593년 1월 이여송이 이끄는 명군은 벽제 전투에서 왜군에 패배한 후 평양으로 퇴각했다. 선조 정권은 계속 만류했지만 이여송은 듣지 않았다. 심지어 명군은 왜군과 강화 회담을 벌여 4월 서울에서 왜군이 철수한다는 것에 합의했다. 선조가 강하게 반발하자 명은 오히려 조선을 질책했다. 퇴각하는 왜군을 조선군이 공격하면 참형에 처한다는 경고까지 했다. 실제로 명군은 퇴각 중인 왜군에게 통행증을 발급하고 조선군의 추격으로부터 보호해 주었다.[34] 그로부터 289년 후인 1882년 조선에서 임오군란이 발발하자, 청은 즉각 군사개입을 감행해 대원군을 납치했다. 앞에서도 말했듯이, 대원군이 청과 일본 사이를 이간시켜 전쟁을 부추기고 있다는 혐의 때문이었다. 청의 관료는 피신 중인 일본 부사와 만나 사태 해결을 협의했다. 조선은 그렇게 제물포 조약을 강요당했다.

그로부터 63년이 지난 1945년 8월 미국과 소련은 한반도 38도선 분단에 합의했다. 제2차 세계대전 패전국인 일본 대신 한반도를 분단한 것이다. 한반도에 먼저 진주한 소련군은 한반도 전체를 점령할 수도 있었으나 미국과의 약속을 준수했다. 38선을 경계로 한 미군정과 소련 군정은 그렇게 시작됐다. 그 결과 남과 북 모두에서 민족주의 세력이 소거되고 친미·친소 세력이 득세하게 되었다. 한국전쟁은 그 연장선상에서 발생했다. 전쟁 중에도 미소 양국은 상호 군사 충돌을 극도로 회피했다. 유엔 소련 대표는 연합군 파병 결정에 거부권을 행사하지 않았고, 트루먼은 중국에 대한 핵공격을 주장하는 맥아더를 경질했다. 휴전역시 미국과 소련, 중국이 주도했다.

그러나 이런 한반도의 비극적 역사를 강대국들의 책임으로만 돌릴 수는 없다. 그런 상황을 초래하는 데 한반도 자신의 책임도 분명 있기 때문이다. 임진왜란 직전 선조는 동서 붕당의 갈등을 이용해 권력 강화에 집착하면서, 점증하는 일본의 침략 가능성을 무시했다. 병자호란 당시 인조는 반정 세력의 무모한 전쟁 불사론에 끌려 다녔다. 쿠데타로 집권한 자신의 권력 기반이 취약했기 때문이다. 1894년 고종 정권은 스스로 청군을 끌어들여 청일전쟁을 촉발시키기도 했다. 수백만 명이 죽은 1950년 한국전쟁은 두말할 필요도 없을 것이다. 지금은 어떤가? 친미냐 친중이냐를 두고 벌어지는 진영 논쟁이 크게 다르다고 말할 수 있을까? 문제는 노선 간의 경쟁 자체가 아니라 그것이 '자기 파괴적'이 되는 것이다.

한국은 무엇을 해야 할까? 무엇보다 전술적이어야 한다. 한미 동맹 강화든, 한중 관계 강화든 그것은 관념이 아니라 현실에 기반해야 한다. 외교정책이 진영 논리에 빠질수록 자기 파괴적이 될 가능성이 크다. 그럴수록 미중 양국은 손쉽게 한국을 줄 세울 수 있다. 미국은 '공고한 한미 동맹'을 들어, 중국은 (사드 배치 사례에서 그랬듯이) 경제를 무기 삼아 한국을 압박할 것이다. 국내 정치 세력들은 이런 미중의 행태를 상대 진영을 공격하는 데 활용할 것이다.

사드 문제만 해도 그렇다. 사드는 기본적으로 미국과 중국이 풀어야 할 문제였다. 중국이 정말 사드가 위협적이라면, 한국을 압박할 것이 아니라 미국과의 교섭에 나서 배치를 막았어야 했다. 그러나 중국은 미국에는 상투적인 항의를 늘어놓고, 한국에 제재를 가했다. 그렇다면 한국은 사드 문제에 좀 더 의연하게 대응했어야 했다. 배치를 결정한 이상 사드는 북한의 미사일 위협에 대응한 '즉자적' 조치임을 일관되게 강조하고, 그 밖의 정치적 문제에 관해서는 미중 간 직접 대화를 촉구했어야 했다. 또한 향후 한국의 독자적 미사일 요격 체계가 사드를 대체할 것이라고 좀 더 분명히 주장할 수도 있었다. 이 모두는 사드 배치를 한국의 주권 문제로 좁히는 전략이다. 이와 동시에 한국은 '한반도 안정'을 위해 주도적 역할을 하겠다는 의지를 강력하게 드러낼 필요도 있었다. 그것이 미중 양국의 핵심 이익이기 때문이다.

한국은 이런 전제 아래에서 향후 제2의 사드 사태와 같은 상황을 적절히 차단할 필요가 있다. 예를 들어 미국의 중거리 미사일을 한반도에 배치하려는 시도에 대해서는 분명한 선을 그어야 한다. 미국 역시 방어 무기인 사드와는 차원이 다를 중국의 반발을 알고 있기 때문에 실제로 배치할 가능성은 크지 않다. 그럼에도 미국은 방위비 분담금 협상에서 한국을 압박하는 데 유용한 카드로 활용할 수 있다. 실제로 트럼프의 안보 보좌관이었던 존 볼턴의 폭로에 따르면, 트럼프 정권은 주한미군 철수나 북한 미사일 위협을 명분으로 활용해 한국으로부터 더 많은 방위비를 얻어내려고도 했다.[35]

한편 북한은 그동안 한반도 위기를 고조시켜 미중 관계를 악화시킴으로써 중국으로부터 지원을 얻어내려고 해왔다.[36] 따라서 북한 위협에 대한 대응을 한미 동맹에만 의존할수록 결국 북한의 전략에 말려 들어가게 된다는 것을 인지해야 한다. 한국이 미국에 매달리면 매달릴수록 미국은 사드 같은 무기를 어려움 없이 한국에 배치할 것이고, 그럴수록 중국에게 북한의 지정학적 가치는 커질 것이다. 북한이 핵을 포기하지 않는 이상 이런 상황은 반복될 것이다.

따라서 남한은 북한 문제 해결을 미국에 의존하는 것에서 벗어나, 자체적인 대북 억지 능력을 강화할 필요가 있다. '자주국방'은 단순한 정신 승리법이 아닌 현실적으로 유용한 전략이다. 물론 핵을 보유한 북한에 대응해 남한이 독자적 억지력을 확보하는 것에는 한계가 있다. 그러나 기술적인 측면만 놓고 보면, '짐이 곧 국가'인 북한 체제의 특성상 재래식 무기로도 남북 간 군사 균형을 맞출 수 있다. 예를 들어, 북한의 입장에서 보면, F35와 같은 무기는 정권 수뇌부를 은밀하고 정확하게 제거할 수 있다는 측면에서 매우 위협적이다. 북한이 남한의 F35 도입에 "명백히 반공화국 전쟁 준비 책동"[37]이라고 강력히 반발하는 것도 이 때문이다.

남한은 동시에 핵 개발이 오히려 정권 유지에 도움이 되지 않는다는 점을 북에 설득해야 한다. 핵을 고수할수록 대북 제재는 계속돼 결국 경제는 더욱 수렁에 빠진다는 것, 해외 자본 유입 없는 경제 발전은 연금술에 불과하다는 것, 그것은 수천만 명의 사상자를 낸 중국의 대약진과 다르지 않다는 것을 설득시켜야 한다. 물론 북이 쉽게 설득될 가능성은 크지 않다. 미국으로부터의 인정 투쟁에만 초점을 맞추며 남한의 중재자 역할을 폄하하기 바쁜 북한으로서는 더더욱 그렇다. 전통적인 통미봉남 전략이다. 그렇다면 남한은 '전략적 인내' 전략도 고려할 수 있다. 오바마 정권의 전략적 인내 전략이 북한 방치 전략이었다면, 남한의 전략적 인내는 '정중동'의 모습이어야 한다. 표면적으로는 신중한 듯하지만 수면 아래에서는 기민하게 접촉하고 설득하고 주고받아야 한다.

북한을 '근대'로 포용하기

미중 양국이 국가 전략의 초점을 지경학에 맞추고 있다면, 한국에는 그만큼 좋은 기회가 될 것이다. 지정학 맥락과는 달리 지경학은 참여자 간 논제로섬적 특성이 강하기 때문이다. 그만큼 한국은 한미 동맹이라는 '족쇄'로부터 벗어나 자율적인 전략을 수행할 수 있다. 실제로 한국은 미국이 주도했던 환태평양경제동반자협정에 참여하지 않았지만, 중국이 주도한 역내포괄적경제동반자협정RCEP에는 참여하고 있다. 또한 일대일로 사업의 금융 창구 조직이라 할 수 있는 아시아인프라투자은행에도 참여하고 있다. 지정학 논리에서는 어려운 행보라 할 수 있다.

지경학 전략을 한반도로 좁힌다면, 무엇보다 중요한 문제는 북한을 어떻게 경제협력으로 유도해 내는가일 것이다. 앞에서 말한 바와 같이, 북한은 국제 자본주의 체제 안에 격리된 일종의 '게토'이다. 북한 스스로 고립을 자초했는지, 아니면 국제사회가 그렇게 만들었는지는 중요하지 않다. 중요한 것은 그 원인이 무엇이든 한반도 평화와 더 나아가 동북아 평화공동체를 이루기 위해서는 북한의 개방이 필수적이라는 사실이다. 북한이라는 커다란 '격리 구역'이 존재하는 한 동북아 공동체는 결코 완성될 수 없을 것이다.

남북 경제협력과 그것을 기반으로 한 동아시아 경제협력에 이르는 길에는 수많은 난관이 존재할 것이다. 그만큼 참여국들의 인내가 필요하고, 지난한 과정이 될 것이다. 무엇보다 북핵 문제가 해결되지 않으면 경제협력은 아예 불가능할지도 모른다. 그리고 북한은 자발적 혹은 강제적으로 게토로 남게 될 것이다. 그렇다고 군사적 방식으로 한반도 현상의 변경을 시도할 수도 없다. 윤리적 문제를 떠나 관련국 모두 그런 도박을 할 가능성은 희박하다. 그렇다면 북핵 문제가 풀리기 전까지 북한의 개방과 이를 기반으로 한 한반도 평화 공동체 수립은 정말 불가능한 것일까?

정말 불가능하다면 한국이 할 수 있는 것은 아무것도 없다. 결국 한국은 한반도 갈등과 평화를 강대국들의 책임으로 돌리고 자신의 운명에 대한 방관자가 되는 것이다. 북미 관계가 진전돼 북핵 문제가 풀리기만을 기다려야 할 운명이다. 그러나 강대국이라는 구조 요인이 강력하다고 모든 것을 결정하는 것은 아니다. 행위자들이 어떻게 움직이느냐에 따라 강고한 구조를 극복할 수도 있기 때문이다. 다윗은 몸집이 작았지만 그만큼 빨리 움직였기에 골리앗을 거꾸러뜨릴 수 있었다. 아인슈타인의 상대성 이론이 증명하듯이 속도는 중력을 상쇄할 수 있다.[38]

한국은 그만큼 기민하게 움직일 필요가 있다. 강대국들의 의도를 정확히 간파하고 반 발짝이라도 빨리 움직여야 한다. 동시에 한국의 행동이 한반도 안정의 핵심 토대가 된다는 사실을 강대국들에게 강조해야 한다. 한국의 행동이 시스템의 안정을 바라는 그들의 이익에 부합한다는 점을 설명해야 한다. 물론 누군가는 남한이 어떻게 중재자가 되고 평화 촉진자가 되느냐고 물을 수 있다. 실제로 북한은 남한을 가리켜 '상전' 미국의 눈치를 보는 주제에 무슨 중재자니 촉진자니 하냐며 비난하고 있다. 그럴수록 남한의 행동반경은 축소될 것이고, 정책 결정자들은 싸늘한 여론을 신경 써야 할 것이다.[39]

그렇다면 한국은 '쉬운 것'부터 시작할 필요가 있다. 참여자 간 공통분모부터 찾아 협력을 모색해야 한다. 정치 논리에 비해 행위자의 움직임이 자유로운 경제 영역이 대상이 될 수 있다. 문재인 정권이 제안한 '동아시아 철도 공동체'도 그 적절한 사례 중 하나일 수 있다. 동아시아 철도 공동체는 남북한·미국·중국·러시아·일본·몽골이 참여해 철도 연결을 통해 경제 공동체를 만들어 가자는 구상이다. 전후 유럽 국가들이 '유럽석탄철강공동체'를 수립해 유럽 통합의 플랫폼이 됐던 경험을, 철도를 매개로 동아시아에 적용하려는 시도이다. 구체적으로 동아시아 철도 공동체는 한반도 종단 철도KTR와 시베리아 횡단철도TSR, 중국 횡단철도TCR의 연결을 그 핵심 토대로 한다.[40]

무엇보다 철도 공동체는 참여국들의 이익에 부합한다. 특히 철도가 지나는 북한·중국·러시아가 그렇다. 러시아는 가스관 연결뿐만 아니라 시베리아 철도를 한반도로 연결함으로써 자국의 경제 이익을 확보할 수 있다. 러시아가 적극적인 의지를 드러내고 있는 것도 이 때문이다.[41] 중국도 다르지 않다. 중국과 한반도의 철도 연결망이 완비된다면, 현재 추진하고 있는 일대일로 사업의 기술적 토대가 될 수 있다. 실제로 중국 총리 리커창은 이런 이유를 들어 동아시아 철도 공동체에 참여 의사를 밝히기도 했다.[42]

철도 공동체는 북한의 이익에도 부합한다. 북한은 나진항에서 동해안을 따라 남쪽으로 이어지는 시베리아 횡단철도와 한반도 종단 철도를 연결하는 것에 관심을 보이고 있다. 2001년 북한 철도상 김용삼은 "강성 대국 건설은 한반도 종단 철도와 시베리아 횡단철도 연결과 무관하지 않다."라고 말했다. 남북한이 2000년 남북정상회담 합의에 따라 경의선 연결에 합의하고 실무 회담을 진행할 수 있었던 것에는 이런 배경이 있다.[43] 2018년 6월 북한은 남한의 국제철도협력기구OSJD 정회원 가입에 찬성표를 던졌다. 2018년 남북 관계가 급진전되자 정회원 북한이 기존의 반대 입장을 바꿔 남한의 가입을 지지한 것이다.[44]

기차는 근대성을 상징한다. 열차는 자기 앞을 가로막는 존재들을 소멸시킨다. 철길은 전통이 상징하는 굴곡을 없애고 공간을 직선화한다. 또한 기차는 그 속도로 사람들이 갈 수 있는 거리를 확장시킨다. 그만큼 기차는 시공간을 축소한다.[45]

동아시아 철도 공동체 수립은 이미 후기 산업사회에 진입한 주변국들이 철도라는 근대의 도구를 통해, 여전히 근대의 문턱에서 방황하는 북한을 포용하는 작업이라 할 수 있다. 물론 그것은 19세기 제국주의 세력들이 동아시아 철도 부설 다툼을 벌였던 것과는 전혀 다른 맥락에서 수행돼야 할 것이다. 남북의 철도와 대륙의 철도를 잇는 작업은 참여자 모두가 그로부터 평등하게 이익을 향유할 때 비로소 가능할 것이다.[46]

정치라는 구조의 제약이 강고하다고 절망만 해서는 아무것도 달라지지 않는다. 그럴수록 북한은 장벽을 쌓고 고립을 선택할 것이다. 미중 양국은 차라리 그런 상황을 방치할 가능성도 있다. 한반도 분단 구조를 활용해 각각의 정치·경제적 이득을 극대화할 수 있기 때문이다. 또한 남한 내에서는 친미와 친중으로 나뉘어 끊임없는 '내전'을 벌일 것이다. 이런 상황을 바꾸려면 무엇을 해야 하는가? 움직여야 한다. 물론 기민하게 움직여야 한다. 1950년 전쟁은 일제의 한반도 식민 지배처럼 일방적 폭력이 아니었다. 이 땅의 사람들끼리 서로 죽이고 죽였던 '상잔'이었다. 그만큼 서로 화해할 여지가 크다. 미래는 늘 열려 있기에 어떻게 변할지 아무도 모른다. 지금 우리의 선택에 따라 예상하지 못한 미래가 올 수도 있다. 이제 우리는 무엇을 할 것인가?

미주

1 투키디데스 함정이라는 유령

1 Graham Allison, "The Thucydides Trap: Are the U.S. and China Headed for War?" *The Atlantic,* 2015.9.24; Graham Allison, *Destined for War: Can America and China Escape Thucydides's Trap?* (New York: Houghton Mifflin Harcourt, 2017)[그레이엄 앨리슨 지음, 정혜윤 옮김, 『예정된 전쟁 : 미국과 중국의 패권 경쟁, 그리고 한반도의 운명』(서울 : 세종서적, 2018)]; Graham Allison, "Can North Korea Drag the U.S. and China Into War?" *The Atlantic,* 2017.9.11.

2 Karl R. Popper, *Objective Knowledge: An Evolutionary Approach* (New York: Oxford University Press, 1979), pp. 1-31[칼 포퍼 지음, 이한구·정연교·이창환 옮김, 『객관적 지식 : 진화론적 접근』(서울: 철학과 현실사, 2013)].

3 Graham Allison, *Destined for War,* p. 218.

4 Graham Allison, *Destined for War,* p. XV.

5 Graham Allison, *Destined for War,* p. 197, 206-211.

6 Graham Allison, *Destined for War,* p. 68, 162.

7 Karl R. Popper, *Conjectures and Refutations* (London: Routledge and Keagan Paul, 1972), pp. 33-39[칼 포퍼 지음, 이한구 옮김, 『추측과 논박 : 과학적 지식의 성장 1-2』(민음사 2001)].

8 Kenneth N. Waltz, *Man, the State, and War: A Theoretical Analysis* (New York: Columbia University Press, 2001), p. 232[케네스 월츠 지음, 정성훈 옮김, 『인간, 국가, 전쟁 : 전쟁의 원인에 대한 이론적 고찰』(아카넷, 2007)].

9 카알 폰 클라우제비츠 지음, 김만수 옮김, 『전쟁론』 1권 (서울: 갈무리, 2009), 77쪽.

10 질 들뢰즈·펠릭스 가타리 지음, 김재인 옮김, 『천개의 고원』(서울: 새물결, 2003), 671-812쪽.

11 Kenneth Waltz, "The Spread of Nuclear Weapons: More May Better," *Adelphi Papers,* Number 171 (London: International Institute for Strategic Studies, 1981); George Orwell, "You and the Atom Bomb," The Orwell Foundation https://www.orwellfoundation.com/the-orwell-foundation/orwell/essays-and-other-works/you-and-the-atom-bomb.

12 데이비드 핼버스탬 지음, 정윤미·이은진 옮김, 『콜디스트 윈터: 한국전쟁의 감추어진 역사』(서울: 살림, 2009), 912-936쪽.

13 Edward Crankshaw, *Khrushchev Remembers* (Boston: Little, Brown and Company, 1970), p. 370.

14 "The Cuban Missile Crisis, October 1962," Office of Historian, https://history.state.gov/miles

tones/1961-1968/cuban-missile-crisis.

15 Joseph S. Nye Jr and David A. Welch, *Understanding Global Conflict and Cooperation* (Boston: Pearson, 2017), pp. 186-188.

16 Lawrence M. Krauss, "Deafness at Doomsday," *The New York Times,* 2013.1.15.

17 『人民网』, "习近平：太平洋有足够空间容纳中美两个大国," 2015.5.18.http://cq.people.com.cn/n/2015/0518/c365403-24897399.html.

18 John J. Mearsheimer, *The tragedy of great power politics* (New York: WW Norton & Company, 2001), pp. 234-238, 271-272[존 미어셰이머 지음, 이춘근 옮김, 『강대국 국제정치의 비극』(나남출판 2004)].

19 김한규, 『천하국가』(서울: 소나무, 2005), 103-110쪽.

20 Paul Kennedy, *The Rise and Fall of the Great Powers* (New York: Random House, 1987), p. 7[폴 케네디 지음, 이일수·김남석·황건 옮김, 『강대국의 흥망』(한국경제신문사, 1989)].

21 中共中央文献研究室编, "习近平: 中国梦是和平, 发展, 合作, 公赢的梦,"『习近平关于实现中华民族伟大复兴的中国梦论摘片编』(七), http://theory.people.com.cn/n/2014/0902/c40531-25587270.html.

22 Robert Gilpin, *War and Change in World Politics* (Cambridge: Cambridge University Press, 1981), pp. 191-193[로버트 길핀 지음, 임상순 옮김, 『국제정치에서 전쟁과 변화』(선인, 2015)].

23 Niall Ferguson, "Team 'Chimerica'," *The Washington Post,* 2008.11.17.

24 United Census Bureau, "Trade in Goods with China," https://www.census.gov/foreign-trade/balance/c5700.html; Daniel Workman, "America's Top Trading Partners," 2020.2.27. http://www.worldstopexports.com/americas-top-import-partners.

25 Barry Buzan, "Economic Structure and International Security: The Limits of the Liberal Case," *International Organization,* Vol. 38, No. 4 (1984), pp. 597-624.

26 CGTN, "China's foreign trade hit $4.6 trillion in 2019," 2020.1.14.

27 Evelyn Cheng and Everett Rosenfeld, "China's Xi again talks up commitment to 'free trade'," CNBC, 2018. 11. 4.

28 James Politi, "Fears rise that US-China economic 'decoupling' is irreversible," *Financial Times,* 2020.1.22.

29 Yan Liang, "The US, China, and the Perils of Post-COVID Decoupling," *The Diplomat,* 2020.5.8.

30 장 보드리야르 씀, 하태환 옮김, 『시뮬라시옹』(서울: 민음사, 2011), 40-41쪽.

31 Robert Gilpin, *War and Change in World Politics,* p. 92.

32 Immanuel Wallerstein, "The world system after 1945," *Eurozine,* April 29, 2011, http://www.eurozine.com/the-world-system-after-1945.; 이매뉴얼 월러스틴 지음, 한기욱·정범진 옮김, 『미국패권의 몰락』(서울: 창비, 2003), 24-41쪽.

2 미국과 중국의 첫 대면 : 원교근공과 문호개방의 만남

1 Michael Schaller, *The United States and China: Into the Twenty-First Century* (New York: Oxford University Press, 2016), p. 4.

2 자오팅양 지음, 노승현 옮김, 『천하체계』(서울: 길, 2010), 74-75쪽.

3 안드레 군더 프랑크 지음, 이희재 옮김, 『리오리엔트』(서울: 이산, 2004), 289쪽.

4 "Qian Long: Letter to George III, 1793," Fordham University Modern History Sourcebook, https://sourcebooks.fordham.edu/mod/1793qianlong.asp,

5 John A. Hobson, *Imperialism: A Study* (New York: Mercantile Library, 1902), chapter 6, http://files.libertyfund.org/files/127/0052_Bk.pdf.

6 Michael Schaller, *The United States and China: Into the Twenty-First Century*, p. 11.

7 百度百科, "望厦条约"/ "天津條約"

8 "魏源与海国图志: 看见'弥利坚'," 道客巴巴, http://www.doc88.com/p-9826969507508.html.

9 日米和親条約(条約本文), http://sybrma.sakura.ne.jp/173nichibeiwashinjouyaku.html; 日米和親条約(漢文・漢文和解・翻訳蘭文和解). http://sybrma.sakura.ne.jp/174nichibeiwashinjouyaku2.html; 法令全書. 慶応3年. http://dl.ndl.go.jp/info:ndljp/pid/787948/274.

10 蒋中正, "抵御外侮与复兴民族1934年"道客巴巴. http://www.doc88.com/p-1864679758645.html.

11 刘勇, "海国图志对美国的介绍," 『兰台世界』 2016年 10期, p. 148.

12 황준헌 지음, 김승일 옮김, 『조선책략』(파주: 범우사, 2016), 73, 81쪽 ; 『朝鮮策略廣東黃遵憲私擬』, 국사편찬위원회 한국사 데이터베이스.

13 Thomas J. Christensen and Jack Snyder, "Chain gangs and passed bucks: predicting alliance patterns in multipolarity," *International Organization*, Vol. 44, Issue 2 (1990), p. 141.

14 Stephen M. Walt, *The Origins of Alliances* (Ithaca: Cornell University Press, 1987), pp. 23-24.

15 刘勇, "海国图志对美国的介绍," p. 148.

16 이매뉴얼 C. Y. 쉬, 『근·현대 중국사: 제국의 영광과 해체』(서울: 까치, 2013), 239-241쪽.

17 권혁수, 『19세기말 한중관계사 연구』(서울: 백산자료원, 2000), 84쪽.

18 권혁수, 『19세기말 한중관계사 연구』, 85-91쪽.

19 김원모, "알렌의 한국독립보전정책 (1903)," 201-204; H. N. 알렌 지음, 김원모 역, 『알렌의 일기』 (용인: 단국대학교출판부, 2017), 131-155쪽.

20 "Secretary of State John Hay and the Open Door in China, 1899-1900," The Office of Historian, https://history.state.gov/milestones/1899-1913/hay-and-china.

21 徐国琦, "均势与美国门户开放政策," 『历史教学』, 1990年 第2期, pp. 9-10.

22 金卫星, "美国文户开放政策目标定位辨析,"『江苏大学学报(社会科学版)』, 2003年7月, 第5卷 第3期, pp. 47-48; 제임스 블래들리 지음, 송정애 옮김, 『임페리얼 크루즈』(서울: 프리뷰, 2010), 293쪽.

23 "State of the Union Address: William McKinley (December 5, 1898)," Inforplease https://www.infoplease.com/homework-help/us-documents/state-union-address-william-mckinley-december-5-1898.

24 하워드 진 지음, 유강은 옮김, 『미국민중사』1 (서울: 시울, 2006), 511, 514-515, 533쪽에서 재인용.

25 徐国琦, "均势与美国门户开放政策," p. 9; Raymond A. Esthus, "The Changing Concept of the Open Door, 1899-1910," *The Mississippi Valley Historical Review,* Vol. 46, No. 3 (December 1959), pp. 436-437.

26 徐国琦, "均势与美国门户开放政策," pp. 10-11.

27 하워드 진, 『미국민중사』 1, 514쪽.

28 자크 파월 지음, 윤태준 옮김, 『좋은 전쟁이라는 신화』(서울: 오월의 봄, 2017), 108쪽.

29 John King Fairbank, *The United States and China.* Fourth Edition (Cambridge: Harvard University Press, 1983), pp. 312-316.

30 제임스 블래들리, 『임페리얼 크루즈』, 289쪽.

31 제임스 블래들리, 『임페리얼 크루즈』, 294쪽.

32 제임스 블래들리, 『임페리얼 크루즈』, 234쪽.

33 제임스 블래들리, 『임페리얼 크루즈』, 216쪽.

34 周小毛, "百年中美关系: 回眸与启示,"『吉首大学学报(社会科学版)』, 第39卷 第4期, 2018年7月, p. 86.

35 John King Fairbank, *The United States and China,* p. 318.

3 국민당의 부상과 미국의 접근 : 중국 통일과 일본의 도전

1 김경창, 『동양외교사』(서울: 박문사, 1995), 722-723쪽.

2 罗志田, "北伐前期美国政府对中国革命的认知与对策,"『中国社会科学』1997年 第6期, pp. 174-181; 王立新, "华盛顿体制与中国国民革命: 二十年代中美关系新探,"『历史研究』2001年 第2期, pp. 65-67.

3 조너선 D. 스펜스 지음, 김희교 옮김, 『현대중국을 찾아서 1』(서울: 이산, 2001), 333-334쪽.

4 조너선 D. 스펜스, 『현대중국을 찾아서 1』, 333쪽.

5 헤럴드 로버트 아이작 지음, 정원섭·김명환 옮김, 『중국 혁명의 비극』(서울: 숨쉬는 책공장, 2016), 77쪽.

6 小岛晋治·丸山松幸 저, 박원호 역, 『중국근현대사』(서울: 지식산업사, 1988), 92쪽; 김경창, 『동양

외교사』, 723-724쪽.

7 헤럴드 로버트 아이작, 『중국 혁명의 비극』, 130쪽.

8 이삼성, 『동아시아의 전쟁과 평화 2』(서울: 한길사, 2009), 478쪽.

9 김경창, 『동양외교사』, 705-708쪽.

10 헤럴드 로버트 아이작, 『중국 혁명의 비극』, 124쪽.

11 성황용, 『동양근대외교사』(서울: 명지사, 1992), 379-384쪽.

12 黄万求, 「论共产国际促进首次国共合作的实力思想和苏联利益中心思想」, 『中共南宁市委党校党报』, 2002年 第2期, p. 50; 姚洪亮, 「共产国际的东方战略与第一次国共合作」, 『首都师范大学学报』, 1994年 第三期, p. 71.

13 헤럴드 로버트 아이작, 『중국 혁명의 비극』, 131-132쪽; 肖甡, 「论共产国际对第一次国共合作建立的贡献」, 『党史研究教学』, 2005年 第1期, pp. 12-14; 서진영, 『중국혁명사』(서울: 한울, 2002), 116-117쪽.

14 서진영, 『중국혁명사』, 132-134쪽.

15 罗志田, "北伐前期美国政府对中国革命的认知与对策," p. 181.

16 서진영, 『중국혁명사』, 124쪽.

17 曾宪林, "国民党二届三中全会期间共产党人和国民党左派的合作," 『湖北大学学报(哲学社会科学版)』, 1987年 6期, pp. 110-112.

18 서진영, 『중국혁명사』, 130-131쪽.

19 조너선 D. 스펜스, 『현대중국을 찾아서 1』, 409쪽; 헤럴드 로버트 아이작, 『중국 혁명의 비극』, 242, 272-273쪽.

20 Harold R. Isaacs, *The Tragedy of the Chinese Revolution* (Stanford : Stanford University Press, 1961), p. 150.

21 헤럴드 로버트 아이작, 『중국 혁명의 비극』, 236쪽.

22 조너선 D. 스펜스, 『현대중국을 찾아서 1』, 442쪽.

23 Michael Schaller, *The United States and China: Into the Twenty-First Century*, pp. 38-39.

24 성황용, 『동양근대외교사』, 483쪽; 이삼성, 『동아시아의 전쟁과 평화 2』, 498-503쪽; 徐康明·徐岗, "中日战争初期美国举棋不定的'中立'政策," 『曲靖师范学院学报』. 第24卷 第4期, 2005年7月, pp. 48-50.

25 顾莹蕙, "抗日战争时期美苏对华政策与国共关系," 『东南文化』 1995年 第4期, pp. 45-46.

26 Youli Sun, *China and the Origins of the Pacific War*, 1931-1941 (New York: St. Martin's Press, 1993), pp. 8-10/ 70-74/ 109-111.

27 Youli Sun, *China and the Origins of the Pacific War*, 1931-1941, pp. 79-83.

28 서진영,『중국혁명사』, 207-216쪽; 胡华,『中国革命史讲义』上册 (北京: 人民大学出版社, 1980), pp. 395-407.

29 顾莹蕙, "抗日战争时期美苏对华政策与国共关系," p. 47-49; 성황용,『근대동양외교사』, 485쪽.

30 郑德荣/邢华, "共产国际在两次国共合作中的作用评析,"『东北师大学报』1997年 第1期, p. 17; Youli Sun, *China and the Origins of the Pacific War, 1931-1941*, pp. 122-130.

31 자크 파월,『좋은 전쟁이라는 신화』, 112쪽에서 재인용.

32 자크 파월,『좋은 전쟁이라는 신화』, 109-113쪽.

4 미국, 장제스, 마오쩌둥의 삼중주 : 국공 내전과 미국의 전략

1 리처드 번스타인 지음, 이재황 옮김,『1945 중국, 미국의 치명적 선택』(서울: 책과 함께, 2016), 132-147쪽.

2 Lin Wusun, "Dixie Mission Remembered in Beijing," August 25, 2004, http://www.china.org.cn/english/2004/Aug/105006.htm ; John Kifner, "John Service, a Purged 'China Hand,' Dies at 89," *The New York Times*, February 4, 1999; John Roderick, "Mao and Comrades Met U.S. at Dixie Mission," *Los Angeles Times*, August 29, 2004.

3 Jane Perlez, "China Maintains Respect, and a Museum, for a U.S. General," *The New York Times*, February 23, 2016.

4 Lin Wusun, "Dixie Mission Remembered in Beijing," August 25, 2004

5 Dean Acheson, "Speech on the Far East," January 12, 1950, https://www.cia.gov/library/reading room/docs/1950-01-12.pdf.

6 Thomas Christensen, *Useful Adversaries: Grand Strategy, Domestic Mobilization, and Sino-American Conflict, 1947-1958* (Princeton: Princeton University Press, 1996), p. 121.

7 Thomas Christensen, *Useful Adversaries: Grand Strategy*, p. 121.

8 김경창,『동양외교사』, 859-866쪽.

9 리처드 번스타인,『1945 중국, 미국의 치명적 선택』, 312-313쪽.

10 Sergei N. Goncharov, John W. Lewis, and Xue Litai, *Uncertain Partners: Stalin, Mao, and the Korean War* (Stanford: Stanford University Press, 1993), p. 105[세르게이 곤차로프, 존 루이스, 쉐리 타이 지음, 성균관대학교 한국현대사 연구반 옮김,『흔들리는 동맹 : 스탈린과 마오쩌둥 그리고 한국전쟁』(일조각, 2011)].

11 "The Ambassador in the Soviet Union (Harriman) to President Roosevelt," Office of Historian, https://history.state.gov/historicaldocuments/frus1944v06/d90.

12 Charles B. McLane, *Soviet Policy and the Chinese Communists 1931-1946* (New York: Columbia

University Press, 1958), https://www.questia.com/library/7313246/soviet-policy-and-the-chin ese-communists-1931-1946.

13 리처드 번스타인, 『1945 중국, 미국의 치명적 선택』, 316-317쪽.

14 Sergei N. Goncharov 외, *Uncertain Partners*, pp. 42-44.

15 등용 지음, 『대륙의 지도자 등소평』(서울: 삼문, 20010), 365-371쪽.

16 王志力, "遵义会议开启了马克思主义中国化的伟大征程," 『理论与当代』, 编辑部邮箱, 2018 年 9期, p. 33.

17 Nancy Bernkopt Tucker ed., *China Confidential: American diplomats and Sino-American relations, 1945-1996* (New York: Columbia University Press, 2001), pp. 65-66.

18 王树林, "中共'七大'前后毛泽东美国观的变化," 『党史研究与教学』, 2004年 5期, p. 51.

19 Michael M. Sheng, "America's Lost Chance in China? A Reappraisal of Chinese Communist Policy Toward the United States Before 1945," *The Australian Journal of Chinese Affairs*, No. 29 (January 1993), p. 138.

20 Michael M. Sheng, "America's Lost Chance in China? A Reappraisal of Chinese Communist Policy Toward the United States Before 1945," pp. 148-149.

21 Barbara W. Tuchman, "If Mao had come to Washington," *Foreign Affairs*, October 1972, pp. 50-51, 58; 王树林, "中共'七大'前后毛泽东美国观的变化," p. 52.

22 Barbara W. Tuchman, "If Mao had come to Washington," pp. 44-45, 58.

23 리처드 번스타인, 『1945 중국, 미국의 치명적 선택』, 553쪽.

24 서진영, 『중국혁명사』, 307-308쪽.

25 리처드 번스타인, 『1945 중국, 미국의 치명적 선택』, 488-505쪽.

26 리처드 번스타인, 『1945 중국, 미국의 치명적 선택』, 586-588쪽.

27 Thomas Christensen, *Useful Adversaries*, 85-86, 91-92, 100쪽.

28 Sergei N. Goncharov 외, *Uncertian Partners*, 54-55쪽.

29 로이드 E. 이스트만 지음, 민두기 옮김, 『장개석은 왜 패하였는가 : 현대중국의 전쟁과 혁명: 1937-1949』(서울: 지식산업사, 2002).

30 US Department of State, *United States Relations With China: With Special Reference to the Period 1944-1949* (Washington: U.S. Government, 1949), p. XIV.

31 Thomas Christensen, *Useful Adversaries*, p. 114.

32 자크 파월, 『좋은 전쟁이라는 신화』, 55-69쪽.

33 Thomas Christensen, *Useful Adversaries*, p. 89, 110.

34 Thomas Christensen, *Useful Adversaries*, pp. 130-131.

5 한국전쟁이라는 파국 : 스탈린의 미중 갈라놓기

1 Yan Jie, "180,000 Chinese soldiers killed in Korean War," *China Daily*, June 28, 2010; Kathleen T. Rhem, "Korean War Death Stats Highlight Modern DoD Safety Record," American Forces Press Service, June 8, 2000.

2 Michel Oksenberg, "The Strategies of Peking," *Foreign Affairs*, Vol. 50, Issue 1 (October 1971), p. 18.

3 정병준, 『한국전쟁: 38선 충돌과 전쟁의 형성』(파주: 돌베개, 2011), 34-68쪽; 이삼성, "한국전쟁과 내전: 세 가지 내전 개념의 구분," 『한국정치학회보』, 47집 5호 (2013), 297-319쪽.

4 『서울신문』, "김일성의 남침 책략(모스크바 새 증언:1)," 1995. 5. 15.

5 Woodrow Wilson International Center, *Cold War International History Project Bulletin*, Issue 5 (Spring 1995), pp. 7-8.

6 Woodrow Wilson International Center, *Cold War International History Project Bulletin*, *Issue 5*, p. 9.

7 『서울신문』, "김일성·스탈린 모스크바 비밀회담 (모스크바 새 증언:5)," 1995. 5. 24.

8 『서울신문』, "모-김 북경 비밀회담(모스크바 새 증언:7)," 1995. 5. 29.

9 Sergei N. Goncharov et al., *Uncertain Partners: Stalin, Mao, and the Korean War*, pp. 85-93; Henry Kissinger, *On China* (New York: The Penguin Press, 2011), pp. 115-117[헨리 키신저 지음, 권기대 옮김, 『(헨리 키신저의) 중국 이야기』(민음사, 2012)].

10 Thomas Christensen, *Useful Adversaries*, pp. 103-113; Henry Kissinger, *On China*, pp. 118-122.

11 Sergei N. Goncharov 외, *Uncertain Partners*, pp. 52-53, 91, 102.

12 『腾讯网』, "毛泽东驳苏联吞中国东北谣言," 2015. 4. 15. <https://cul.qq.com/a/20150415/044633.htm>; Sergei N. Goncharov 외, *Uncertain Partners*, pp. 102-103.

13 Sergei N. Goncharov et al., *Uncertain Partners*, pp. 98-101.

14 박명림, 『한국전쟁의 발발과 기원1』(서울: 나남, 1996), 234쪽.

15 Sergei N. Goncharov et al., *Uncertain Partners*, p. 189.

16 Sergei N. Goncharov et al., *Uncertain Partners*, p. 191.

17 Sergei N. Goncharov et al., *Uncertain Partners*, p. 145; Richard C. Thornton, *Odd Man Out: Truman, Stalin, Mao, and the Origins of the Korean War* (Dulles: Brassey's, 2000), p. 82.

18 Resolution 498 (V), Adopted by the United Nations General Assembly, February 1, 1951, Office of Historian, https://history.state.gov/historicaldocuments/frus1951v07p1/d120.

19 박명림, 『한국전쟁의 발발과 기원 1』, 222-235쪽.

20 毛泽东在八届十中全会上的讲话, 一九六二年九月二十四日上午怀仁堂, http://www.wyzxwk.com/Article/shushe/2009/09/87250.html.

21 박명림, 『한국전쟁의 발발과 기원 1』, 251쪽.

22 『서울신문』, "중국의 남침지원(모스크바 새 증언:6)," 1995. 5. 28.

23 주지안롱 지음, 서각수 옮김, 『모택동은 왜 한국전쟁에 개입했을까』(서울: 역사넷, 2005), 65쪽.

24 『서울신문』, "모-김 북경 비밀회담(모스크바 새 증언:7)," 1995. 5. 29.

25 Chen Jian, *China's Road to the Korean War: The Making of the Sino-America Confrontation* (New York: Columbia University Press, 1994), pp. 87-90.

26 『서울신문』, "모-김 북경 비밀회담(모스크바 새 증언:7)," 1995. 5. 29.

27 『서울신문』, "중국의 남침지원(모스크바 새 증언:6)," 1995. 5. 28.

28 『人民日報』, "社论 : 斥帝国主义强盗杜鲁门的非法声明," 1950年 6月 29日.

29 Richard C. Thornton, *Odd Man Out*, pp. 127-132, 207-208.

30 Thomas Christensen, *Useful Adversaries*, pp. 169-170, 185; "NSC-68, 1950," Office of Historian, https://history.state.gov/milestones/1945-1952/NSC68.

31 Allen S. Whiting, *China cross the Yalu: The Decision to Enter the Korean War* (Stanford: Stanford University Press. 1960), pp. 96-98.

32 Chen Jian, *China's Road to the Korean War,* pp. 141-149.

33 周恩來. "抗美援朝保衛和平." 『周恩來選集』 〈http://www.people.com.cn/GB/shizheng/252/7619/7646/2540425.html〉; 中國社會科學出版社, 『中國對朝鮮和韓國政策文件彙編 1』(北京: 中國社會科學出版社, 1994), pp. 43-44.

34 Sergei N. Goncharov 외, *Uncertain Partners*, pp. 176-79.

35 Henry Kissinger, *On China*, pp. 121-122.

6 미군은 왜 베트남 17도선을 넘지 않았을까? : 중소 분쟁과 미중 공감대의 형성

1 『解放日報』, "中华人民共和国发表声明: 美国侵越南民主共和国就是侵犯中国," 1964年 8月6日.

2 李丹慧, "三八线与十七虚线: 朝战和越战期间中美信息沟通比较研究," 『中共党史研究』, 2001年 第3期, pp. 35.

3 Nicholas Khoo, *Collateral Damage: Sino-Soviet Rivalry and the Termination of the Sino-Vietnames Alliance* (New York: Columbia University Press, 2011), p. 29.

4 US War Dog Association, Vietnam Statistics, http://www.uswardogs.org/vietnam-statistics.

5 이덕빈(李德彬) 지음, 양필승·윤정분 옮김, 『중화인민공화국경제사』(II) (서울: 교보문고, 1989), 168-260쪽.

6 Melvin Gurtov and Byong-Moo Hwang, *China under Threat: The Politics of Strategy and Diplomacy* (Baltimore: The Johns Hopkins University Press, 1980), pp. 92/130-32; 정세현, 『모택동의 국제정치사상』(서울: 형성사, 1984), 170-173쪽.

7 赵付科,李安增, "大跃进"运动成因的苏联因素探析," 『理论学刊』, 2006年 第4期, pp. 111-114.

8 李德彬 지음, 양필승/윤정분 옮김, 『중화인민공화국경제사』(I)(서울: 교보문고, 1989), 304-306쪽.

9 李德彬, 『중화인민공화국경제사』(II), 31-49쪽.

10 정세현, 『모택동의 국제정치사상』, 176-180쪽.

11 Tillman Durdin, "Cultural Revolution Led To Diplomatic Isolation," *The New York Times*, October 14, 1970.

12 Peter Gourevitch, "The Second Image Reversed: The International Sources of Domestic Politics," *International Organization*, Vol. 32, No. 4 (Autumn, 1978), pp. 899-900.

13 Lowell Dittmer, "The Strategic Triangle: An Elementary Game Theoretical Analysis," *World Politics*, Vol. 33, No. 4 (July 1981), pp. 485-516.

14 정세현, 『모택동의 국제정치사상』, 174쪽.

15 Thomas Christensen, *Useful Adversaries*, pp. 201-203.

16 Henry Kissinger, *On China*, pp. 178-179.

17 廖心文, "1958年毛泽东决策炮击金门的历史考察," p. 35.

18 廖心文, "1958年毛泽东决策炮击金门的历史考察," p. 36.

19 廖心文, "1958年毛泽东决策炮击金门的历史考察," 『党的文献』, 1994年 第 1期, pp. 33-34.

20 리즈수이 지음, 손풍삼 옮김, 『모택동의 사생활 2』(서울: 고려원, 1995), 107쪽.

21 Henry Kissinger, *On China*, pp. 174-175.

22 Philip Taubman, "Gromyko Says Mao Wanted Soviet A-Bomb Used on G.I.'s," *The New York Times*, February 22, 1988.; 리즈수이 지음, 손풍삼 옮김, 『모택동의 사생활 2』(서울: 고려원, 1995), 94-95쪽.

23 Lorenz M. Luthi, *The Sino-Soviet Split* (Princeton: Princeton University Press, 2008), p. 48.

24 Lorenz M. Luthi, *The Sino-Soviet Split*, pp. 92-94; Thomas Christensen, *Useful Adversaries*, pp. 206-210.

25 Henry Kissinger, *On China*, p. 173.

26 刘颖玮, "中印边境战争起因剖析," 『军事历史』, 1998年 第5期, pp. 38-41.

27 Inder Malhotra, "Ghosts of black November," *The Indian Express*, December 5, 2008. http://www.indianexpress.com/news/ghosts-of-black-november/394274/0.

28 李丹慧, "走向分裂: 从暗中斗争到公开论战: 1960年代中苏关系研究之二," 『史学集刊』, 2006年 第6期, p. 60.

29 『人民日报』 "全世界无产者联合起来 反对我们的共同敌人," 1962年 12月15日.

30 『人民日报』, "关于赫鲁晓夫的假共产主义及其在世界历史上的教训: 九评苏共中央的公开信(之一)," 1964年 7月14日.

31 牛军, "毛泽东与中苏同盟破裂的缘起(1957-1959)," 『国际政治研究』, 2001年 第2期, pp. 60-61; 李丹慧, "走向分裂: 从暗中斗争到公开论战: 1960年代中苏关系研究之二," p. 51.

32 Allen S. Whiting, *The Chinese Calculus of Deterrence: India and Indochina* (Ann Arbor: The Univserity of Michigan Press, 1972), p. 174; Lorenz M. Luthi, *The Sino-Soviet Split,* pp. 306-307.

33 李丹慧, "中苏在援越抗美问题上的冲突与矛盾(1965-1972)(上)," 『当代中国史研究』, 2000年 第7卷 第4期, pp. 55-56; Lorenz M. Luthi, *The Sino-Soviet Split,* pp. 318-319.

34 Nicholas Khoo, *Collateral Damage,* pp. 22-23; 『人民日報』, "驳苏共新领导的所谓'联合行动'," 1965年 11月11日.

35 정세현, 『모택동의 국제정치사상』, 186쪽.

36 李丹慧, "三八线与十七虚线: 朝战和越战期间中美信息沟通比较研究," p. 35.

37 Frank E. Rogers, "Sino-American Relations and the Vietnam War, 1964-66," *The China Quarterly,* No. 66 (Junuary 1976), pp. 303-305; 산케이 신문 특별취재반 지음, 임홍빈 옮김, 『모택동 비록(상)』(서울: 문학과 지성사, 2001), 342-344쪽.

38 Frank E. Rogers, "Sino-American Relations and the Vietnam War, 1964-66," pp. 298.

39 李丹慧, "三八线与十七虚线: 朝战和越战期间中美信息沟通比较研究," p. 36.

40 Frank E. Rogers, "Sino-American Relations and the Vietnam War, 1964-66," pp. 308-309.

41 정세현, 『모택동의 국제정치사상』, 191-192쪽.

7 미중 화해와 의도하지 않은 결과 : 중월전쟁과 한미 관계의 악화

1 산케이 신문 특별취재반 지음, 임홍빈 옮김, 『모택동 비록』 하 (서울: 문학사상사, 2001), 117-118쪽.

2 David Shribman, "Richard Nixon's inaugural address, annotated : Nixon asked Americans to join in a 'high adventure'," *The Los Angeles Times,* January 20, 2019.

3 Michael Schaller, *The United States and China: Into the Twenty-First Century,* p. 152.

4 Richard M. Nixon, "Asia after Vietnam," *Foreign Affairs,* Vol. 46, No. 1 (October 1967), pp. 121-123.

5 Foreign Relations of the United States, 1969-1976, Volume I, Foundations of Foreign Policy, 1969-1972, Editorial Noted 29, https://history.state.gov/historicaldocuments/frus1969-76v01/d29.

6 Henry Kissinger, *On China,* p. 218.

7 Robert Gilpin, *War and Change in World Politics,* pp. 156-185.

8 Robert Gilpin, *War and Change in World Politics,* pp. 191-193.

9 Henry Kissinger, *On China,* pp. 213-214.

10 조너선 닐 지음, 정병선 옮김, 『미국은 어떻게 베트남에서 패배했는가』(서울: 책갈피, 2008), 257쪽.

11 리즈수이 지음, 손풍삼 옮김, 『모택동의 사생활 3』(서울: 고려원, 1995), 145-146쪽.

12 Navrátil, Jaromír ed. *The Prague Spring 1968: A National Security Archive Documents Reader* (Central European University Press, 1988), pp. 502-503.

13 『人民日報』, "苏联现代修正主义的总破产," 1968年 8月23日.

14 키신저 지음, 문화방송·경향신문 옮김, 『키신저 회고록: 백악관 시절』(서울: 문화방송·경향신문, 1979), 46-47쪽.

15 张润, 『毛泽东联美抗苏战略研究』, 华东师范大学 博士学位论文 (2011), pp. 37-42; Henry Kissinger, *On China*, pp. 209-213.

16 Henry Kissinger, *On China*, pp. 289-290.

17 Henry Kissinger, *On China*, pp. 258, 265-266.

18 Henry Kissinger, *On China*, p. 305.

19 Michael Schaller, *The United States and China: Into the Twenty-Firts* Century (New York: Oxford University Press, 2016), p. 168.

20 Henry Kissinger, *On China*, p. 291-293.

21 Harry Harding, *A Fragile Relationship: The United States and China Since 1972* (Washington, D.C.; The Brookings Institution, 1992), pp. 67-68[해리 하딩 지음, 안인해 옮김, 『중국과 미국 : 패권의 딜레마』(나남출판, 1995)].

22 유인선, 『베트남과 그 이웃 중국』(서울: 창비, 2012), 453-455쪽.

23 Henry Kissinger, *On China*, pp. 360-361.

24 Nicholas Khoo, *Collateral Damage*, pp. 33-34.

25 Nicholas Khoo, *Collateral Damage*, pp. 34-36.

26 유인선, 『베트남과 그 이웃 중국』, 398, 402쪽.

27 Nicholas Khoo, *Collateral Damage*.

28 Foreign Relations of the United States, 1969-1976, Volume XVII, China, 1969-1972, 197. Memorandum of Conversation, Beijing, 1972.2.23. Office of the Historian, https://history.state.gov/historicaldocuments/frus1969-76v17/d197.

29 홍석률, 『분단의 히스테리』(서울: 창비, 2012), 180-199쪽.

30 Michael Handel, *Weak States in the International System* (London: Frank Cass, 1981), pp. 179-180.

31 홍석률, 『분단의 히스테리』, 165쪽.

32 홍석률, 『분단의 히스테리』, 204쪽.

33 홍석률, 『분단의 히스테리』, 159, 177, 185쪽.

34 "East German Documents on Kim Il Sung's April 1975 Trip to Beijing," Introduction by Ria Chae, Woodrow Wilson International Center, May 2011, https://www.wilsoncenter.org/sites/default/files/NKIDP_eDossier_7_Kim_Il_Sung_Beijing_1975.pdf.

35 Nancy Bernkopt ed., *China Confidential: American diplomats and Sino-American relations, 1945-1996*, p. 431.

36 박태균, 『우방과 제국, 한미 관계의 두 신화』(파주: 창비, 2007), 338-339쪽.

37 홍석률, 『분단의 히스테리』, 117-121쪽.

38 *Hankyoreh*, "Former Ambassador Donald Gregg Discusses Park Chung-hee's Legacy," May 13, 2011; Central Intelligence Agency National Foreign Assessment Center, "South Korea Nuclear Developments and Strategic Decision-Making," (June 1978), http://nautilus.org/wp-content/uploads/2011/09/CIA_ROK_Nuclear_DecisionMaking.pdf.

39 김대현, "[최초 공개] 박정희 정권 핵 개발 책임자 오원철 전 수석, 30년 만에 입 열다," 『주간조선』, 2010. 1. 12

40 심융택, 『백곰, 하늘로 솟아오르다』(서울: 기파랑, 2004), 57쪽.

41 심융택, 『백곰, 하늘로 솟아오르다』, 68-69, 72-74쪽; *New York Times*, "Seoul Officials Say Strong U.S. Pressure Forced Cancellation of Plans to Purchase a French Nuclear Plant," February 1, 1976.

42 Central Intelligence Agency National Foreign Assessment Center, "South Korea Nuclear Developments and Strategic Decision-Making," p. 18.

43 Scott Snyder, "South Korean Nuclear Decision Making," William C. Potter with Gaukhar Mukhatzhanova eds., *Forecasting Nuclear Proliferation in the 21st Century: A Comparative Perspective*, Vol. 2, (Stanford: Stanford University Press, 2010), p. 162.

44 심융택, 『백곰, 하늘로 솟아오르다』, 252-254쪽.

45 『동아일보』, "맨스필드 발언의 파문," 1979.10.12.

46 "Victims of Conspiracy," Site Dedicated to Shaheed Zulfikar Ali Bhutto 〈http://www.bhutto.org/article58.php〉

47 William Burr, "Pakistan's Illegal Nuclear Procurement: U.S. Aid to Pakistan Supported the Mujahidin in Afghanistan," *Global Research*, November 23, 2013.

48 김대현, "[최초 공개] 박정희 정권 핵 개발 책임자 오원철 전 수석, 30년 만에 입 열다," 『주간조선』, 2010.1.12; Scott Snyder, "South Korean Nuclear Decision Making," p. 162.

49 『경향신문』, "한미정상회담. 11개항 공동성명 : 주한미군 철수계획 백지화," 1981.2.3.

8 중국의 개혁 개방과 달러 체제로의 편승

1 배리 아이켄그린 지음, 김태훈 옮김, 『달러제국의 몰락』(서울: 북하이브, 2011), 82쪽.

2 배리 아이켄그린, 『달러제국의 몰락』, 54-60쪽; Eswar S. Prasad, *The Dollar Trap* (Princeton: Princeton University Press, 2014), p. 16[에스와르 S. 프라사드 지음, 권성희 옮김, 『달러 트랩 : 달러가 지배하는 세계 경제의 미래』(청림출판, 2015)].

3 배리 아이켄그린, 『달러제국의 몰락』, 228-229쪽; 한영빈, "브레턴우즈(Bretton Woods) Ⅱ의 특징과 메커니즘 : 화폐의 제도·정치적 특성을 중심으로," 『정치정보연구』, 15(1), 2012, 311쪽.

4 Susan Strange, *States and Markets* (London: Bloomsbury, 2015), pp. 27-37.

5 Ho-feng Hung, "China: Saviour or Challenger of the Dollar Hegemony?" *Development and Change,* Vol. 44, No. 6(2013), p. 1345.

6 데이비드 하비 지음, 최병두 옮김, 『신제국주의』(서울: 한울, 2016), 89쪽; 한영빈, "브레턴우즈(Bretton Woods) Ⅱ의 특징과 메커니즘 : 화폐의 제도·정치적 특성을 중심으로," 316쪽.

7 GFP, Defense Spending by Country (2020), https://www.globalfirepower.com/defense-spending-budget.asp.

8 Edward N. Luttwak, "From Geopolitics to Geo-Economics: Logic of Conflict, Grammar of Commerce," *The National Interest,* No. 20 (Summer 1990), pp. 17-23

9 Doug Stokes, "Achilles' deal: Dollar decline and US grand strategy after the crisis," *Review of International Political Economy,* Vol. 21, No. 5 (2014), pp. 1085-1089.

10 Wikipedia, "List of countries by external debt" 〈https://en.wikipedia.org/wiki/List_of_countries_by_external_debt〉

11 Michael Dooley, David Folkersts-Landau, and Peter Garber, "Bretton Woods II Still Defines the International Monetary System," *Pacific Economic Review,* 14, no. 3 (2009)

12 데이비드 하비 지음, 『신자유주의: 간략한 역사』, 43-48쪽.

13 곽노완, "달러지배체제의 위기와 21세기 코뮌주의의 한국경제 비전," 『진보평론』, 제38호 (2008), 100-102쪽.

14 레이쓰하이 지음, 허유영 옮김, 『G2 전쟁』(서울: 부키, 2014), 113-114쪽.

15 데이비드 하비 지음, 최병두 옮김, 『신제국주의』(파주: 한울, 2016), pp. 72-74.

16 크리스티안 마라찌 지음, 심성보 옮김, 『금융자본주의의 폭력』(서울: 갈무리, 2013), 39-41쪽; Sebastian Bukup, "The end of neoliberalism?" *World Economic Forum,* July 17, 2017.

17 조정환, 『인지자본주의』(서울: 갈무리, 2011), 61쪽; OECD, "The Knowledge-Based Economy," 1996, https://www.oecd.org/sti/sci-tech/1913021.pdf.

18 크리스티안 마라찌, 『금융자본주의의 폭력』, 69-76쪽; Armin Beverungen, Steffen Böhm, Chris Land, "Free Labour, Social Media, Management: Challenging Marxist," *Organization Studies,* 36(4),

2015, pp. 473-489; *Fortune*, "Fortune 500," https://fortune.com/fortune500/2019/search/?employees=desc.

19 데이비드 하비, 『신자유주의: 간략한 역사』, 17, 192-194쪽.

20 United States Census Bureau, "Annual Trade Highlights 2019," https://www.census.gov/foreign-trade/statistics/highlights/AnnualPressHighlights.pdf.

21 United States Census Bureau, U.S. "Trade in Services by Selected Countries and Areas," https://www.census.gov/foreign-trade/Press-Release/current_press_release/exh20b.pdf.

22 US Department of the Treasury, "Major Foreign Holders of Treasury Securities," October 16, 2019, https://ticdata.treasury.gov/Publish/mfh.txt.

23 Linyue Li,1 Thomas D.Willett and Nan Zhang1, "The Effects of the Global Financial Crisis on China's Financial Market and Macroeconomy," *Economics Research International*, Volume 2012, pp. 1-7.

24 니얼 퍼거슨, 김선영 옮김, 『금융의 지배』(서울: 민음사, 2010), 282-336쪽.

25 백창재·조형진, "신브레턴우즈 체제와 미중 관계의 경제적 구조," 『한국정치연구』, 21(2), 2012, 312-313쪽.

26 Kam Wing Chan, "The Global Financial Crisis and Migrant Workers in China: 'There is No Future as a Labourer; Returning to the Village has No Meaning'," *International Journal of Urban and Regional Research*, Vol. 34.3 (2010), pp. 666-670.

27 데이비드 하비, 『신제국주의』, 90쪽.

28 Ho-fung Hung, 2013, "China: Saviour or Challenger of the Dollar Hegemony?" *Development and Change*, Vol. 44, No. 6 (2013), pp. 1350-1351.

29 Paul Krugman, "Chinese New Year," *The New York Times*, December 31, 2009; Paul Krugman, "China's Dollar Trap," *The New York Times*, April 2, 2009; Wei Li, "Coping with the Dollar Hegemony: China's New Monetary Strategy and Its Implications for Regional Monetary Governance," Ming jiang Li ed., *China Joins global governance: cooperation and contentions* (Plymouth: Lexington Books, 2012), pp. 116-119; China Power Team. "Is it a risk for America that China holds over $1 trillion in U.S. debt?" *China Power,* February 2, 2016. Updated October 17, 2019, https://chinapower.csis.org/us-debt.

30 John Foley, "America could actually shirk its debts to China," *Reuters,* 2020.5.4.

9 중국 위협론 대 반미 민족주의

1 Harry Harding, *A Fragile Relationship: The United States and China Since 1972*, pp. 242-243.

2 Michel Foucault, "Truth and Power," Paul Rabinow and Nikolas Rose eds., *The Essential Foucault*

(New York, NY: The New Press, 2003), pp. 316-317; Rachel Adams, "Michel Foucault: Discourse," *Critical Legal Thinking*, 17 November 2017.

3 Denny Roy, "Consequences of China's Economic Growth for Asia-Pacific Security," *Security Dialogue*, 1993, Vol. 24(2), p. 182; Richard Bernstein and Ross H. Munro, "The Coming Conflict with America," *Foreign Affairs*, March/April 1997, p. 30.

4 Arthur Waldron, "How Not to Deal With China," *Commentary*, March 1997, pp. 46-47.

5 Li Jijun, "Traditional Military Thinking and the Defensive Strategy of China," An Address at the United States War College, August 29, 1997.

6 Chen Jian, "Will China's Development Threaten Asia-Pacific Security?", *Security Dialogue*, 1993 Vol. 24(2), pp. 193-94; Bruce Cummings, "The World Shakes China," *The National Interest*, Spring, 1996. pp. 28-41.

7 Robert S. Ross, "Beijing as a Conservative Power," *Foreign Affairs*, March/April 1997, p. 33.

8 John J. Mearsheimer, "China's Unpeaceful Rise," *Current History*, April 2006, pp. 160-162; John J. Mearsheimer, "Can China Rise Peacefully?" *The National Interest*, October 25, 2014.

9 Kenneth N. Waltz, *Theory of International Politics* (Reading: Addison-Wesley Publishing Company, 1979), p. 126[케네스 월츠 지음, 박건영 옮김,『국제정치이론』(사회평론, 2000)].

10 Steve Chan, *China, The U.S., and the Power-Transition Theory: A Critique* (New York: Routledge, 2008), pp. 121-122.

11 Michael W. Doyle, "Liberalism and World Politics," *American Political Science Review*, vol. 80, no. 4, 1986, pp. 1151-1169

12 Richard Bernstein and Ross H. Munro, "The Coming Conflict with America," pp. 25-26.

13 Sebastian Rosato, "The Flawed Logic of Democratic Peace Theory," *The American Political Science Review* Vol. 97, No. 4 (November 2003), pp. 596-597, 599-600.

14 Edward D. Mansfield and Jack Snyder, "Democratization and War," *Foreign Affairs*, Vol. 74, No. 3 (May/ June 1995), pp. 79-97; Fei-Ling Wang, "Self Image and Strategic Intentions: National Confidence and Political Insecurity," Yong Dong and Fei-Ling Wang eds., *In the Eyes of Dragon: China Views the World* (New York: Rowman and Littlefield, 1999), p. 35.

15 Samuel P. Huntington, "The Clash of Civilizations?" *Foreign Affairs*, Vol. 72, No. 3 (Summer 1993), pp. 22-49.

16 Mark Magnier, "Slip-up or signal? What US official's 'clash of civilisations' remarks suggest," *South China Morning Post*, 2019.5.25.

17 Peter Harris, "Conflict with China Is Not About a Clash of Civilizations," *The National Interest*, June 3, 2019

18 Imre Lakatos, "Falsification and the Methodology of Scientific Research Programmes," Imre

Lakatos and Alan Musgrave eds., *Criticism and the Growth of Knowledge*(Cambridge: Combridge University Press, 1982), pp. 100, 120[칼 포퍼, 토머스 새뮤얼 쿤, 임레 라카토슈 지음, 조승옥·김동식 옮김, 『현대 과학철학 논쟁 : 쿤의 패러다임 이론에 대한 옹호와 비판』(아르케, 2002)].

19 Steve Chan, *China, The U.S., and the Power-Transition Theory: A Critique*, p. 123.

20 Charlmers Johnson, *Nemesis: The Last Days of the American Republic* (New York: A Holt Paperback, 2007), pp. 271-279.

21 Annie Leonard, "The Story of Bottled Water: Fear, Manufactured Demand and a $10,000 Sandwich," *Huffpost,* May 22, 2010.

22 SIPRI, "Trends in International Arms Transfer 2019," 〈https://reliefweb.int/sites/reliefweb. int/files/resources/fs_2003_at_2019.pdf〉; 찰머스 존슨 지음, 이원태·김상우 옮김, 『블로우백』(서울: 삼인, 2003), 137-143쪽.

23 Charlmers Johnson, *Nemesis,* pp. 138-139; Alice Slate, "The US Has Military Bases in 80 Countries. All of Them Must Close," *The Nation,* 2018.1.24.

24 Chengxin Pan, *Knowledge, Desire and Power in Global Politics,* p. 81.

25 Chengxin Pan, *Knowledge, Desire and Power in Global Politics,* pp. 76-83.

26 Aaron L. Friedberg, *A Contest for Supremacy: China, America, and the Struggle for Mastery in Asia* (New York: W. W. Norton & Company, 2011), pp. 259-260[애런 L. 프리드버그 지음, 안세민 옮김, 『패권경쟁 : 중국과 미국, 누가 아시아를 지배할까』(까치글방, 2012)].

27 Nikki Haley, "How to Confront an Advancing Threat From China Getting Tough on Trade Is Just the First Step," *Foreign Affairs,* July 18, 2019.

28 *NPR,* "Ike's Warning Of Military Expansion, 50 Years Later," January 17, 2011.

29 Claudia Rosett, "Miss Liberty Lights Her Lamp in Beijing," *The Wall Street Journal,* 31 May 1989.

30 Claudia Rosett, "Miss Liberty Lights Her Lamp in Beijing," *The Wall Street Journal,* 31 May 1989.

31 宋强, 张藏藏, 乔边 等著, 『中国可以说不』(北京: 中华工商联合出版社, 1996); 쏭챵·짱창창·챠오벤·꾸칭셩·탕쩡위 지음, 강식진 옮김, 『NO라고 말할 수 있는 중국』(동방미디어, 1999).

32 Joseph Fewsmith, *China Since Tiananmen: The Politics of Transition* (New York: Cambridge University Press, 2001), pp. 154-155.

33 Joseph Fewsmith, *China Since Tiananmen,* pp. 133-141.

34 Joseph Fewsmith, *China Since Tiananmen,* pp. 129, 133; 마크 레너드, 장영희 옮김, 『중국은 무엇을 생각하는가』(서울: 돌베개, 2011), 59-88, 214-215, 220쪽.

35 Joseph Fewsmith, *China Since Tiananmen,* p. 156; Jessica Chen Weiss, "Chinese Nationalism: The CCP's 'Double-Edged Sword'," *The Diplomat,* 2014.11.25; 김재철, 『중국과 세계』(파주: 한울, 2017), 108-113쪽.

36 Jonathan Walton, "Chinese Nationalism and Its Future Prospects: An Interview with Yingjie

Guo," *The National Bureau of National Research*, June 27, 2012; Lucy Hornby, "China battles to control growing online nationalism," *Financial Times*, January 9, 2017.

37 张健, "爱国主义不等于狭隘民族主义," 中国共产党新闻网, 2016年 8月18日

38 이동률, "90년대 중국 애국주의 운동의 정치적 함의," 『중국학연구』, 21권(2001), 335-337쪽.

10 자본주의 국제 질서와 미중 관계의 구조화 : 글로벌 거버넌스와 주권 경쟁의 관성

1 Avery Goldstein, *Rising to the Challenge: China's Grad Strategy and International Security* (Stanford: Stanford University Press, 2005), pp. 143-159; Brendan Taylor, "US-China relations after 11 September: a long engagement or marriage of convenience?" *Australian Journal of International Affairs*, 59:2 (June 2005), pp. 181-185; Evans J.R. Revere, "The Bush Administration's Second-Term Foreign Policy Toward East Asia," Remarks to Center for Strategic International Studies (CSIS) Conference, May 17, 2005; Daniel W. Drexner, "The New New World Order," *Foreign Affairs*, 86:2 (March/April 2007), p. 41.

2 Zheng Bijian, "China's 'Peaceful Rise' to Great-Power Status," *Foreign Affairs*, 84:5 (September/October 2005), pp. 18-24.

3 Robert B. Zoellick, "Whither China: From Membership to Responsibility?" Remarks before National Committee on U.S: China Relations, September 21, 2005.

4 *China Daily*, "A glance at features of Hillary Clinton's Asian tour," 2009. 2. 22.

5 Cheng Li and Lucy Xu, "Chinese Enthusiasm and American Cynicism Over the 'New Type of Great Power Relations'," *Brookings*, December 4, 2014

6 Avery Goldstein, *Rising to the Challenge: China's Grand Strategy and International Security* (Stanford: Stanford University Press, 2005). pp. 102-135; 叶自成, 『中国大战略』(北京 : 中国社会科学出版社, 2004), 第三章.

7 David M. Lampton, *Same Bed Different Dreams: Managing U.S.-China Relations 1999-2000* (Berkeley: University of California Press, 2001), pp. 44-45.

8 William J. Clinton, *Remarks by the President on U.S-China Relations in the 21st Century*, June 11, 1998.

9 Thomas L. Friedman, "Order vs. Disorder," *The New York Times*, July 21, 2006.

10 Michel Foucault, *The Birth of Biopolitics* (New York: Palgrave Macmillan, 2008), pp. 52-60[미셸 푸코 지음, 오트르망 옮김, 『생명관리정치의 탄생 : 콜레주드프랑스 강의 1978~79년』(난장, 2012)].

11 Stewart M. Patrick Monday, "COVID-19 and Climate Change, Will Change the Definition of National Security," *World Politics Review*, 2020.5.18.

12 이신화, "비전통안보와 동북아지역협력," 『정치학회보』, 42-2 (2008), 413-417쪽; Mark Duffield,

"Human security: linking development and security in an age of terror," Stephan Klingebiel ed. *New interfaces between security and development: changing concepts and approaches* (Bonn: Dt. Inst. für Entwicklungspolitik. 2006), p. 28; 헤어프리트 뮌클러 지음, 공진성 옮김, 『새로운 전쟁: 군사적 폭력의 탈국가화』(서울: 책세상, 2012), 265-271쪽.

13 United Nations General Assembly, "Implementing the responsibility to protect," Report of the Secretary-General (12 January 2009), p. 1.

14 미셸 푸코, 『안전, 영토, 인구』, pp. 426-427.

15 『环球时报』, "社评：国家安全就像空气, 拥有时别忽略它," 2014.1.26.

16 질 들뢰즈·펠릭스 가타리 지음, 『천개의 고원』, 817-818쪽.

17 United Nations General Assembly, "Implementing the responsibility to protect," pp. 26-27.

18 Ho-Fung Hung, "The US-China Rivalry Is About Capitalist Competition," *Jacobin*, 2020.7.11.)

19 William J. Clinton, *Remarks by the President on U.S-China Relations in the 21st Century*; Robert B. Zoellick, "Whither China: From Membership to Responsibility?"

20 William J. Clinton, *Remarks by the President on U.S-China Relations in the 21st Century*, June 11, 1998

21 Robert B. Zoellick, "Whither China: From Membership to Responsibility?" Remarks before National Committee on U.S: China Relations, September 21, 2005.

22 Robert B. Zoellick, "The China Challenge," *The National Interest,* 2020.2.14.

23 巨力, "走向人类命运共同体," 『求是』, 2019, 22. 〈http://www.qstheory.cn/dukan/qs/2019-11/16/c_1125235139.htm〉

24 『新华网』, "你中有我我中有你, 习近平这样论述人类命运共同体," 2019. 5. 7. 〈http://www.xinhuanet.com/politics/xxjxs/2019-05/07/c_1124463051.htm〉

25 『中国青年报』, "习近平离京参加G20峰会 一组数字读懂习主席倡导的全球治理观," 2019. 6. 27.

26 Robert B. Zoellick, "The U.S. Doesn't Need a New Cold War," *Wall Street Journal,* 2020.5.18.

27 Alastair Iain Johnston, "China in a World of Orders: Rethinking Compliance and Challenge in Beijing's International Relations," *International Security,* Vol. 44, No. 2 (Fall 2019), pp. 17-22.

28 이동률, "중국의 '글로벌 거버넌스 체제개혁' 추진의 의미와 영향," 『중소연구』, 제42권 제1호(2018 봄), 11-12쪽.

29 Alastair Iain Johnston, "Is China a Status Quo Power?" *International Security,* Vol. 27, No. 4 (Spring, 2003), pp. 5-56.

30 John McArthur and Krista Rasmussen, "Who actually funds the UN and other multilaterals?" *Brookings, January* 9, 2018

31 Lai-Ha Chan, Pak K. Lee, and Gerald Chan, "China's Vision of Global Governance: A Resurrection of the 'Central Kingdom'?" Mingjiang Li ed., *China Joins Global Governace: Cooperation and Contentions* (New York: Lexington Books, 2012), p. 25.

32 Alastair Iain Johnston, "China in a World of Orders," p. 20.

33『新华社』, "中华人民共和国外交部关于应菲律宾共和国请求建立的南海仲裁案仲裁庭所作裁决的声明," 2016.7.12.

34 Helen Davidson, "'Chewing gum stuck on the sole of our shoes': the China-Australia war of words : timeline," *The Guardian*, 2020.4.29.

35 Rosie Perper, "China is injecting millions into WHO as the US cuts funds. Experts say Beijing is trying to boost its influence over the agency and its 'deeply compromised' chief." Business Insider, 2020.4.24.

36 국제앰네스티, "트럼프의 파리 기후 협약 탈퇴, '임기 중 가장 파괴적 조치'," 2019.11.26. https://amnesty.or.kr/31100.

37 BBC News, "Jim Yong Kim steps down as President of World Bank," 7 January 2019; Tiffany Hsu, "David Malpass, Trump's Pick to Lead World Bank, Is Approved," *The New York Times*, April 5, 2019.

38 Alastair Iain Johnston, "China in a World of Orders," p. 21.

39 Rosemary Foot, "U.S.-China Interactions in Global Governance and International Organizations," David Shambaugh ed., *Tangled Titans: The United States and China* (Rowan & Littlefield Publishers, Inc, New York, 2013), p. 353.

40 이동률, "중국의 '글로벌 거버넌스 체제개혁' 추진의 의미와 영향," 28-29쪽.

41 Rosemary Foot, "U.S.-China Interactions in Global Governance and International Organizations," pp. 358-360.

42 中国新闻网, "习近平谈全球治理, 这一类人未来会吃香," 2016. 9. 29; *China Daily*, "Xi calls for reforms on global governance," 2016. 9. 29.

43 季思, "全球治理体系和治理能力也要实现现代化,"『人民网』, 2019. 11. 25.

44『环球网』, "习近平 : '一带一路'建设不是另起炉灶 推倒重来," 2017. 5. 14.

45『新华网』, "大棋局: 系列高端访谈第五期—全球治理 : 中国方案 中国担当," 2017. 9. 21; Yafei He, Bin Yang, Paul Haenle, Benedict Bingham, Nicholas Rosellini, Zha Daojiong, "China and Shifting Norms of Global Governance," *The Carnegie-Tsinghua Center for Global Policy*, April 25, 2018.

46 季思, "全球治理体系和治理能力也要实现现代化,"『人民网』, 2019. 11. 25.

47 〈연합뉴스〉, "한중, 서울서 외교장관회담, 왕이 '일방주의, 세계안정 위협'," 2019. 12. 4.

48 G. John Ikenberry, "American hegemony and East Asian order," *Australian Journal of International Affairs*, Vol. 58, No. 3 (2004), p, 362; G. John Ikenberry, "The Plot Against American Foreign Policy," *Foreign Affairs*, May/June 2017, pp. 2-9.

49 Wang Jisi, "Did America Get China Wrong? : The Engagement Debate," *Foreign Affairs*, July/

Agust 2018, p. 184.

11 타이완 딜레마 : 포기할 수도 싸울 수도 없는 미국과 중국

1 Thomas J. Christensen and Jack Snyder, "Chain Gangs and Passed Bucks: Predicting Alliance Patterns in Multipolarity," *International Organization,* Vol. 44, No. 2 (Spring, 1990), pp. 140-141.

2 Thomas J. Christensen, "Posing Problems without Catching Up: China's Rise and Challenges for U.S. Security Policy," *International Security,* 25:4 (Spring 2001), pp. 13-14.

3 Kent Wang, "A Taiwanese perspective on the Trump doctrine," *Asia Times,* 2019.9.6.

4 『新华网』, "习近平 : 在《告台湾同胞书》发表40周年纪念会上的讲话," 2019.1.2.

5 『观察者』, "《告台湾同胞书》全文," 2019.1.2; 『中国台湾网』, "纪念《告台湾同胞书》发表40周年 : 一篇载入对台工作史册的重要文稿," 2018.12.13

6 『鳳凰網』, "中国国防部长魏凤和香格里拉对话会演讲(全文)," 2019.6.2.

7 『环球时报』, "中国发表第十部国防白皮书 警告'台独'是'死路一条'," 2019.7.25.

8 Kristin Huang, "China's aircraft carrier the Shandong sails through Taiwan Strait after entering service," *South China Morning Post,* 2019.12.26.

9 维基百科, "台獨黨綱," https://zh.wikipedia.org/wiki/%E5%8F%B0%E7%8D%A8%E9%BB%A8%E7%B6%B1.

10 『大紀元』, "陳水扁 : 聯合國排除台灣 猶如政治種族隔離," 2007.7.21.

11 『中國時報』, "蔡英文回应习近平全文 : 臺湾绝不会接受「一国两制」," 2019.1.2.; 『中國時報』, "蔡英文呼吁各政党 拒绝一国两制," 2019.1.5.

12 신상진, "시진핑 신시대 중국의 대만 정책과 양안 관계의 변화: '평화발전'에서 '평화통일'로의 이행," 『중소연구』, 43권 3호(2019), 66쪽.

13 Lawrence Chung, "Taiwan's anti-infiltration bill: McCarthyism or a 'safety net' to counter election meddling?" *South China Morning Post,* 2019.12.31.; 『中國時報』, "反滲透法民進黨鴨霸三讀！綠色恐怖人人自危," 2020.1.1

14 中華民國總統府, "總統針對香港議題發表談話及感謝桃園人質挾持事件警察同仁英勇表現崔慈悌," 2019.6.13. https://www.president.gov.tw/NEWS/24467; 蘋果新聞網, "全文: 蔡英文新年談話 台灣不會接受," 2020.1.1. https://tw.appledaily.com/new/realtime/20200101/1684907.

15 Ralph Jennings, "Trump, Hong Kong Protests, Boost Taiwan President's Approval Rating," *VOA,* 2019.12.16.; Lily Kuo, Taiwan election: Tsai Ing-Wen wins landslide in rebuke to China, *The Gurdian,* 2020.1.11.

16 『中国台湾网』, "反分裂国家法(全文)," 2005.3.15. http://www.taiwan.cn/zt/szzt/fanfenlieguo

jiafa/ywdd/200801/t20080102_522783.htm.

17 张伟栋, "'两国论'是'明独'和'暗独'的合流,"『统一论坛』1999年 5期, pp. 16-17.

18 American Institute in Taiwan, "Taiwan Relations Act" https://www.ait.org.tw/our-relationship/policy-history/key-u-s-foreign-policy-documents-region/taiwan-relations-act/; Michael Cole, "The Third Taiwan Strait Crisis: The Forgotten Showdown Between China and America," *The National Interests*, 2017.3.10.; Sarah Zheng, "US warship sails through Taiwan Strait in 'routine' operation," *South China Morning Post*, 2019.11.13.

19 周志怀, "'九合一'选举后的两岸关系走向,『环球网』, 2018.11.29.

20 代睿, "习近平马英九会面, 这些细节你都看懂了吗?"『人民网』, 2015.11.7.; J.R. Wu and Rujun Shen, "Oppose Taiwan independence, China's Xi says at historic meeting," *Reuters*, 2015.11.7.

21 정다은, "중국-대만 정상회담 평가와 전망,"『코트라 해외시장뉴스』, 2015.11.16

22 신상진, "시진핑 신시대 중국의 대만정책과 양안 관계의 변화," 60-62쪽.

23 中華民國大陸委員會, 「民眾對當前兩岸關係之看法」民意調查 (2020-03-19~2020-03-23) https://www.mac.gov.tw/cp.aspx?n=718F4E6181BB749C&s=F7DACBA591C18C2D.

24 Jane Perlez and Austin Ramzy, "China, Taiwan and a Meeting After 66 Years," *The New York Times*, 2015.11.3.; J.R. Wu and Rujun Shen, "Oppose Taiwan independence, China's Xi says at historic meeting," *Reuters*, 2015.11.7.

25 David Brunnstrom, "Taiwan poll looms as unwanted headache for Obama in final year," *Reuters*, 2016.1.14

26 Shih Chih-yu, "Why the US is supporting Xi-Ma meeting," *China Daily*, 2015.11.5.

27 Thomas J. Christensen, "New Challenges and Opportunities in the Taiwan Strait: Defining America's Role," National Committee on US-China Relations Conference, 2003.

28 Kyle Mizokami, "China's Greatest Nightmare: Taiwan Armed with Nuclear Weapons," *The National Interest*, 2019.9.12.

29 Ministry of Foreign Affairs of Japan, Joint Statement U.S.-Japan Security Consultative Committee, 2005.2.19. https://www.mofa.go.jp/region/n-america/us/security/scc/joint0502.html.

30 Robin "Sak" SAKODA, "The 2015 U.S.-Japan Defense Guidelines: End of a New Beginning," Asia Maritime Transparency Initiative, 2015.4.30.; Ian E. Rinehart, "New U.S.-Japan Defense Guidelines Deepen Alliance Cooperation," *CRS Insights*, 2015.4.28. https://fas.org/sgp/crs/row/ IN10265.pdf.

31 Kerry K. Gershaneck, "Taiwan's Future Depends on the Japan-America Security Alliance," *The National Interest*, 2018.6.7.

32 Chris Horton, "Taiwan's Status Is a Geopolitical Absurdity," *The Atlantic*, 2019.7.8.

33 Rick Gladstone, "Taiwan President Risks Infuriating China With U.S. Visit," *The New York Times*,

2019.7.11.

34 The Department of Defense, "Indo-Pacific Strategy Report: Preparedness, Partnerships, and Promoting a Networked Region," 2019.6.1.

35 Chris Horton, "Taiwan Set to Receive $2 Billion in U.S. Arms, Drawing Ire From China," *The New York Times*, 2019.7.9.; Edward Wong, "Trump Administration Approves F-16 Fighter Jet Sales to Taiwan," *The New York Times*, 2019.8.16.

36 임진희, "중국의 역린 건드린 미국, 무역갈등의 연장선상인가?" 대외경제정책연구원 중국전문가포럼, 2019.9.10.

37 Al Jazeera, "Donald Trump questions 'one China' policy," 2016.12.12

38 『中国军网』, "习近平同特朗普通电话 特朗普强调美国政府坚持一个中国政策," 2017.2.10.; 『新华网』, 习近平同美国总统特朗普举行会晤, 2019.6.29

39 Richard C. Bush, "The Trump administration's policies toward Taiwan," *Brookings*, 2019.6.5.

40 Jacobin, "Viewing Taiwan From the Left : an Interview with Brian Hioe," 2020.1.10.

12 북한이라는 '게토' : 한반도 안정을 위한 미중의 전략

1 조준형·이상현, "수면위 올라온 미중 '北급변' 논의, '깊은 수준 대화하는 듯'," 〈연합뉴스〉, 2017.12.14.

2 Yeo Jun-suk, "[News Focus] US-China contingency plans on NK: what do they mean for South Korea?" *The Korea Herald*, 2017.12.21.

3 Henry A. Kissinger, "How to Resolve the North Korea Crisis," *Wall Street Journal*, 2017.8.11.

4 "U.S. says China sees North Korean shelling as 'undesirable'," *Reuters*, 2010.11.23.; "杨洁篪阐述中方在当前朝鲜半岛局势问题上的立场," 『人民日报』, 2010.11.27.

5 "Full Text of the U.S.-China Joint Statement," *Foreign Policy*, 2011.1.19. https://foreignpolicy.com/2011/01/19/full-text-of-the-u-s-china-joint-statement.

6 "朝鲜领导人金正日会见戴秉国," 『人民日报』, 2010.12.10.

7 "北 '연평도 사격훈련 강행시 2차, 3차 타격'," 〈연합뉴스〉, 2010.12.17.

8 Chico Harlan, "South Korea gets tough," *The Washington Post*, 2010.12.29.

9 "곤혹스러운 미국," 『경향신문』, 2010.12.20.; "북 '대응할 가치 못 느껴'," 『한겨레』, 2010.12.20.

10 박홍서, "신현실주의 이론을 통한 중국의 대한반도 군사개입 연구," 163-177쪽.

11 "社评 : 朝核, 华盛顿该对北京寄多高期望," 『环球时报』, 2017.4.22.

12 "北 '中, 북중관계 붉은선 넘고 있다' … 관영매체 고강도 직접비난," 〈연합뉴스〉, 2017.5.3.

13 Glenn H. Snyder, "The Security Dilemma in alliance Politics," *World Politics* Vol. 36, No. 4 (July 1984), p. 486.

14 William Francis Mannix, *Memories of Li Hung Chang* (Boston: Houghton Mifflin Company, 1913), pp. 253-254.

15 James D. Morrow, "Alliances and Asymmetry: An Alternative to the Capability Aggregation Model of Alliances," *American Journal of Political Science,* 35-4(1991), pp. 904-933.

16 Hongseo Park and Tae-Hyung Kim, "Great-Power Rivalry and the Nuclear Development of Weak States: The Cases of the Two Koreas," *Journal of Peace and Unification* Vol. 6, No. 2 (Fall 2016), pp. 35-39.

17 Robert Farley, "Imagine This: Japan Builds Nuclear Weapons," *The National Interest,* 2019.5.25.

18 Michael Peck, "Introducing U.S. Operations Plan 5015 (Or the Plan To Crush North Korea In a War)," *The National Interest,* 2019.4.9.

19 대한민국 외교부, [제4차 6자 회담 2단계 회의] 9.19 공동성명, http://www.mofa.go.kr/www/brd/m_4075/view.do?seq=288431.

20 박홍서, "북핵위기시 중국의 대북 동맹안보딜레마 관리 연구: 대미관계 변화를 주요 동인으로," 『국제정치논총』, 46집 1호(2006), 104-117쪽.

21 "外交部: 中方坚决反对任何在朝鲜半岛挑事惹事之举," 〈中国网〉, 2016.3.7.

22 "王毅: 坚持9·19共同声明精神和朝鲜半岛无核化方向," 〈人民网〉, 2015.9.19.

23 中國外交部, "王毅: 实现半岛无核化与半岛停和机制转换并行推进," 2016.2.17.; "왕이 '中국익 위협 사드 반대 … 평화협정 없이 비핵화 달성못해'," 〈연합뉴스〉, 2016년 2월 26일.

24 中國外交部, "王毅谈如何应对半岛危机: '双暂停'和双轨并进思路," 2017.3.8

25 Simon Denyer, "China says it hasn't dropped its plan for Korean de-escalation, despite Trump," *The Washington Post,* 2017.11.16.

26 평화재단, "北 '핵무력 완성' 선언, 대화로 들어가는 기회," 〈프레시안〉, 2017.12.1.

27 성연철, "한·미 정상 '평창올림픽 기간 연합군사훈련 않겠다'," 『한겨레』, 2018.1.5.

28 권경성, "24년 만에… 한미 연합훈련 중단," 『한국일보』, 2018.6.19.; 이주원, "북미 '노딜'에도 한미 연합훈련 종료… 미, 협상 불씨 살리기," 『서울신문』, 2019.3.3.; 박성진, "한·미 새 연합훈련 이름은 '동맹' … 키리졸브 11년·독수리 44년 만에 종료," 『경향신문』, 2019.3.3.; 김귀근, "작년엔 '비질런트 에이스' 유예, 올해도 한미 연합공중훈련 연기," 〈연합뉴스〉, 2019.11.17.

29 Robert E. Kelly, "The Status Quo with North Korea is Better than a Bad Deal," *The National Interest,* 2019.2.13.

30 Eleanor Albert, "The China-North Korea Relationship," Council on Foreign Relations, 2019.6.25.; Evans J.R. Revere, "Lips and teeth: Repairing China-North Korea relations," *Brookings,* November 2019.

31 Josh Rogin, "Welcome to Trump's version of 'strategic patience' with North Korea," *The Washington Post,* 2019.4.26.

32 사카이 다카시 지음, 오하나 옮김, 『통치성과 '자유': 신자유주의 권력의 계보학』(서울: 그린비, 2011), 238-281쪽.

33 가브리엘 포페스쿠 지음, 이영민·이용균 외 옮김, 『국가·경계·질서』(서울: 푸른길, 2018), 53-55, 112, 164쪽.

34 클로드 케텔 지음, 권지현 옮김, 『장벽』(서울: 명랑한 지성, 2013), 98쪽.

13 일대일로와 위안화의 국제화 : 대미 취약성 극복하기

1 Graham Allison, *Destined for War,* pp. 6-20.

2 Kenneth N. Waltz, *Theory of International Politics,* pp. 141-147.

3 KNOEMA, "World GDP Ranking 2019." https://knoema.com/nwnfkne/world-gdp-ranking-2019-gdp-by-country-data-and-charts ; United States Census Bureau, U.S. Trade in Goods and Services by Selected Countries and Areas- BOP Basis. https://www.census.gov/foreign-trade/Press-Release/current_press_release/exh20.pdf.

4 United States Census Bureau, U.S. Trade in Services by Selected Countries and Areas. https://www.census.gov/foreign-trade/Press-Release/current_press_release/exh20b.pdf.

5 Office of the United States Trade Representative, "The People's Republic of China," https://ustr.gov/countries-regions/china-mongolia-taiwan/peoples-republic-china.

6 Triennial Central Bank Survey Foreign exchange turnover in April 2019, https://www.bis.org/statistics/rpfx19_fx.pdf.

7 IMF, Currency Composition of Official Foreign Exchange Reserve, http://data.imf.org/?sk=E6A5F467-C14B-4AA8-9F6D-5A09EC4E62A4.

8 "这是今年最犀利的演讲：国家命运与个人命运," 『鳳凰網』, 2018年7月2日.

9 Hung, Ho-feng, "China: Saviour or Challenger of the Dollar Hegemony?" p. 1359.

10 Worldometer, "China Population." https://www.worldometers.info/world-population/china-population.

11 장윤미, "세계금융위기와 중국의 발전전략," 『중소연구』, 34권 4호 (2011), 80-89쪽; 최태욱, "동북아의 내수중시경제로의 전환," 서울대학교 국제문제연구소 엮음, 『글로벌 금융위기와 동아시아』(서울: 논형, 2011), 159-167쪽.

12 서창배, "중국공산당 제18기 5중전회의 결과와 13.5규획," CSF 중국전문가포럼, 2015.11.10.

13 "国家主席习近平发表二〇二〇年新年贺词," 『人民日报』, 2020.1.1.

14 "2019年居民人均可支配收入首超3万," 『金融界』, 2020.1.17.

15 付宝森, "谈城市化率与经济发展水平的关系," 『中学地理教学参考』, 2014年 12期, p. 37; 레이 쓰하이, 『G2 전쟁』, 283-287쪽.

16 CIA, *The World Fact Book*, https://www.cia.gov/library/publications/the-world-factbook/fiel ds/349.html.

17 정상은, "중국도농격차해법, 도시화에서 모색," *China Journal*, 2010.3, 49-51쪽.

18 "海闻 : 城市化是解决三农问题的根本途径," 『城市化网』, 2013.6.30.

19 "蔡昉 : 中国近年来城市化率增速放缓, 户籍制度改革是关键," 『城市化网』, 2018.12.4.

20 Hung, Ho-feng, "China: Saviour or Challenger of the Dollar Hegemony?" p. 1356.

21 "温铁军: 城市化也许并不是解决'三农'问题的出路!" 『城市化网』, 2016.6.17.

22 이창주, 『일대일로의 모든 것』(파주: 서해문집, 2017), 43-44쪽.

23 "서부대개발 20주년 중간경제지표 및 전망- 일대일로, 장강 경제권 개발 등 중앙정부 주요정책과 지속 추진 예정," *KITA Market Report*, 2019.5.10.

24 "'一带一路'绝非中国版'马歇尔计划'," 『环球网』, 2016.4.22; "王毅 : '一带一路'不是中方'独奏曲'而是各方共同参与的'交响乐'," 『新华网』, 2015.3.8.; "习近平谈一带一路," 『人民网』, 2019. 3.20.

25 Michel Swaine, "Chinese Views and Commentary on the One Belt, One Road Initiative," *China Leadership Monitor*, No. 47 (2015).

26 薛力, "中国需要亚洲版大国外交,"《金融时报》中文网, 2015.2.9.; 郝晓伟·陈侠. "美国经贸战略新变化及中国应对策略," 『商业研究』, 总第458期 (2015); 서정경, "지정학적 관점에서 본 시진핑 시기 중국 외교 : '일대일로(一带一路)' 전략을 중심으로," 『국제정치논총』, 제55집 2호 (2015); 원동욱, "중국의 지정학과 주변외교: '일대일로'를 중심으로," 『현대중국연구』, 제17집 2호 (2015); 김애경, "중국의 '일대일로' 구상 분석: 제기배경, 추진현황, 함의고찰을 중심으로," 『민주사회와 정책연구』, 통권 29호 (2016).

27 U.S. Department of Defense, "Annual Report to Congress: Military and Security Developments Involving the People's Republic of China 2019," p. 11.

28 Liu Zongyi, "The Belt and Road Initiative and the US 'Indo-Pacific' Strategy," *Turkish Policy Quarterly*, 2019.9.8.

29 Zhexin Zhang, "The Belt and Road Initiative: China's New Geopolitical Strategy?" *SWP Working Papers*, 2018.10.2., p. 3.

30 『央广网』, "2019年我国对外贸易总体平稳'稳中提质," 2020.1.14.; 中国国际贸易促进委员会, "2019年中国对美国贸易顺差下降8.5%," 2020.1.16.

31 이왕휘, "글로벌 금융위기 이후 동아시아 금융통화협력," 서울대학교 국제문제연구소 편, 『글로벌 금융위기와 동아시아』(서울: 논형, 2011), 54-57쪽; Wei Li, "Coping with the Dollar Hegemony: China's

New Monetary Strategy and Its Implications for Regional Monetary Governance," Mingjiang Li ed. *China Joins global governance: cooperation and contentions* (Plymouth: Lexington Books, 2012), pp. 126-127.

32 "Asian nations to consider adding yuan, yen to regional swap deal: Nikkei," *Reuters,* 2019.5.3.

33 Kaewkamol Pitakdumrongkit, "The Politics of East Asian Financial Agreement," Tomoo Kikuchi and Masaya Sakuragawa eds., *Financial Cooperation in East Asia, RSIS Monograph* No. 35 (March 2019), pp. 66-68.

34 中国人民大学国际货币研究所,『2019人民币国际化报告』, 2019.7.6., pp. 2-3. http://www.199it.com/archives/910061.html.

35 "IMF Adds Chinese Renminbi to Special Drawing Rights Basket," *IMF News,* 2016.9.30. https://www.imf.org/en/News/Articles/2016/09/29/AM16-NA093016IMF-Adds-Chinese-Renminbi-to-Special-Drawing-Rights-Basket.

36 韩玉军·王丽, "'一带一路'推动人民币国际化进程,"『国际贸易』, 2015年 第6期, pp. 46-47.

37 Cary Huang, "China seeks role for yuan in AIIB to extend currency's global reach," *South China Morning Post,* 2015.4.14.; Xie Jun, "AIIB offers local-currency funding to private sector," *Global Times,* 2019.7.17.

38 Piotr Łasak and René W.H. van der Linden, *The Financial Implications of China's Belt and Road Initiative: A Route to More Sustainable Economic Growth* (Cham: Palgrave Pivot, 2019), pp. 129-130; Kenneth Rogoff, "A Chinese digital currency is the real threat, not Facebook's Libra," *The Guardian,* 2019.11.11.

39 IMF, Currency Composition of Official Foreign Exchange Reserve, http://data.imf.org/?sk=E6A5F467-C14B-4AA8-9F6D-5A09EC4E62A4.

40 Timmy Shen and Peng Qinqin, "Update: China Opens Up About Its Forex Reserves," *Caixin,* 2019.7.29.

41 Ben S. Bernanke, "BERNANKE: The inclusion of China's currency in the SDR doesn't mean much," *Bushiness Insider,* 2015.12.2.

42 潘锡泉·于洋, "人民币国际化的现状考量及改革路径,"『财经科学』, 2019年 第12期, pp. 1-2.

43 후수리·우징롄 외 지음, 이지은 옮김,『뉴노멀 중국』(서울: 유비온, 2016), 227-234쪽; Eswar S. Prasad, *The Dollar Trap,* pp. 236-37, 240-243.

44 "China Scraps Foreign Investment Limit in Stocks and Bonds," *Bloomberg News,* 2019.9.10.; "China to scrap quotas on QFII, RQFII foreign investment schemes," *Reuters,* 2019.9.10.

45 Tom Holland, "China's real reason for getting yuan into IMF's (otherwise pointless) currency basket," *South China Morning Post,* 2016.9.30.

1 Office of the United States Trade Representative, Findings of the Investigation into China's Acts, Policies, and Practices related to Technology Transfer, Intellectual Property, and Innovation under Section 301 of the Trade Act of 1974, March 22, 2018. https://ustr.gov/sites/default/files/Section %20301%20FINAL.PDF.

2 Ana Swanson, "White House Unveils Tariffs on 1,300 Chinese Products," *The New York Times,* April 3, 2018; Office of the United States Trade Representative, "USTR Finalizes Tariffs on $200 Billion of Chinese Imports in Response to China's Unfair Trade Practices," September 18, 2018.

3 David P. Goldman, "US-China decoupling: a reality check," *Asia Times,* 2020.4.14.

4 Dorcas Wong and Alexander Chipman Koty, "The US-China Trade War: A Timeline," China Breifing, 2018. 4. 12. https://www.china-briefing.com/news/the-us-china-trade-war-a-timeline; Hiroyuki Akita, "US-China trade war is battle for tech hegemony in disguise," *Nikkei Aasian Review,* August 19, 2018; Michael Morell and David Kris, "It's not a trade war with China. It's a tech war," *The Washington Post,* December 14, 2018.

5 Ana Swanson, "U.S. Delivers Another Blow to Huawei With New Tech Restrictions," *The New York Times,* 2020.5.15.

6 Mario Daniels and John Krige, "The Fight Over High-Tech Supremacy Isn't New. We Just Haven't Learned Our Lesson," *Fortune,* February 12, 2019.

7 David Dodwell, "The real target of Trump's trade war is 'Made in China 2025'," *South China Morning Post,* June 17, 2018.

8 칼 마르크스 지음, 김수행 옮김, 『자본론 I』(하) (서울: 비봉출판사, 2005), 820쪽.

9 Knoema, "Industrial production in constant prices of 2010," https://knoema.com/atlas/topics/Economy/Short-term-indicators/Industrial-production.

10 Stephen G. Brooks and William C. Wohlforth, "The Rise and Fall of he Great Powers in the Twenty-first Century International Security," *International Security* Vol. 40, No. 3 (Winter 2015/16), p. 24.

11 中央政府门户网站, "李克强：装备制造业要成为我国科技创新的主战场," 2015年6月17日, http://www.gov.cn/xinwen/2015-06/17/content_2880960.htm.

12 『新华网』, "中国制造2025：让中国制造业不再'大而不强'," 2015年04月26日. http://www.xinhuanet.com/politics/2015-04/26/c_127733414.htm.

13 习近平, "在网络安全和信息化工作座谈会上的讲话," 『人民网』, 2016年4月19日.

14 国务院, "国务院关于印发《中国制造2025》的通知," 2015年5月8日.

15 Phil Stewar and Mike Stone, "Pentagon sees China as 'growing risk' to U.S. defense industry," *Reuters,* Octoer 5, 2018.

16 "Transcript: Robert Lighthizer on 'Face the Nation'," *CBS NEWS,* December 15, 2019.

17 박선미, "中, 업무보고서 고의적 '중국제조 2025' 생략…배경은?," 『아시아경제』, 2019. 3. 6; "习近平出席第二届"一带一路"国际合作高峰论坛开幕式并发表主旨演讲," 『新华网』, 2019年 4月 26日.

18 Kinling Lo, "China-US ties: phase one trade deal must be separate from other parts of relationship to succeed, Beijing says," *South China Morning Post,* 2020.8.26.

19 "社评：回击美方不手软, 更要打好持久战," 『环球时报』, 2020.5.15.

20 Puja Tayal, "China Accelerates Its Semiconductor Self-Sufficiency Efforts," *Market Realist,* 2019. 6. 6; Statista, "Global market share held by semiconductor equipment manufacturers from 1Q'17 to 2018," https://www.statista.com/statistics/267392/market-share-of-semiconductor-equipment-manufacturers.

21 James A. Lewis, "Technological Competition and China," Center for Strategic & International Studies (November 2018), pp. 1-8.

22 "China's tech trailblazers; Technology in China," *The Economist,* 6 Aug. 2016, p. 7; Stephen J. Ezell and Robert D. Atkinson, "The Middle Kingdom Galapagos Island Syndrome: The Cul-De-Sac of Chinese Technology Standards," *ITIF,* December 2014, http://www2.itif.org/2014-galapagos-chinese-ict.pdf.

23 Stephen R. Platt, "How Britain's First Mission to China Went Wrong," *China Channel,* 2018.5.18, https://chinachannel.org/2018/05/18/macartney.

15 미국과 중국의 군사력 경쟁 : 신용 게임

1 V. I. 레닌 지음, 남상일 옮김, 『제국주의론』(서울: 백산서당, 1986), 127쪽.

2 Yaroslav Trofimov, "Iran Lacks Allies in Confronting the U.S." *The Wall Street Journal,* 2020.1.5.

3 Edward N. Luttwak, "From Geopolitics to Geo-Economics," pp. 17-23; Kenneth N. Waltz, *Theory of International Politics,* p. 59.

4 GFP, *Defense Spending by Country* (2020), https://www.globalfirepower.com/defense-spending-budget.asp.

5 Congressional Research Service, "Navy Ford (CVN-78) Class Aircraft Carrier Program: Background and Issues for Congress," 2020.1.21., pp. 4-7; Brian Jones, "One Chart Shows The Magnitude Of US Naval Dominance," *Business Insider,* 2013.11.14.

6 Kevin Liptak, "Trump recounts minute-by-minute details of Soleimani strike to donors at Mar-a-Lago," *CNN,* 2020.1.18.

7 Sam Roggeveen, "China's New Aircraft Carrier Is Already Obsolete," *Foreign Policy,* 2018.4.25.; H I Sutton, "Power Projection: China's Fourth Aircraft Carrier," *Forbes,* 2019.12.3.

8 The White House, National Security Strategy of the United States of America, 2017.12., pp. 25-26. https://www.whitehouse.gov/wp-content/uploads/2017/12/NSS-Final-12-18-2017-09 05.pdf

9 Department of Defense, *Military and Security Developments Involving the People's Republic of China 2019*, pp. iii-iv. https://media.defense.gov/2019/May/02/2002127082/-1/-1/1/2019_CHINA_MILITARY_POWER_REPORT.pdf.; Department of Defense, *Summary of the 2018 National Defense Strategy of the United States of America: Sharpening the American Competitive Edge*, p. 1. https://dod.defense.gov/Portals/1/ Documents/pubs/2018-National-Defense-Strategy-Summary.pdf.

10 "国防部发言人任国强就美公布《2018美国国防战略报告》答记者问,"『国防部网』, 2018.1.20. http://www.mod.gov.cn/topnews/2018-01/20/content_4802845.htm.

11 Anthony H. Cordesman, *China's New 2019 Defense White Paper,* CSIS, 2019.7.24.; 中华人民共和国国防部《新时代的中国国防》白皮书全文, 2019.7.24. http://www.mod.gov.cn/regulatory/2019-07/24/content_4846424.htm.

12 Missile Defense Advocacy Alliance, "China's Anti-Access Area Denial," https://missiledefenseadvocacy.org/missile-threat-and-proliferation/todays-missile-threat/china-anti-access-area-denial-coming-soon/#_edn1; Missile Defense Project, "DF-21 (Dong Feng-21 / CSS-5)," Missile Threat, Center for Strategic and International Studies, 2020.1.2. https://missilethreat.csis.org/missile/df-21.

13 田甜, "刘华清海权思想与近海防御战略,"『軍事歷史』, 2017年 第4期, pp. 65-70.

14 Minnie Chan, "China's aircraft carriers tipped to team up to target foreign forces aiding Taiwan," *South China Morning Post,* 2019.12.19.; James Holmes, "Does China Really Need Aircraft Carriers? In home water, no. Far away, for sure," *The National Interest,* 2020.1.1.

15 Missile Defense Advocacy Alliance, "China's Anti-Access Area Denial."

16 Andrey Baklitskiy, "What the End of the INF Treaty Means for China," Carnegie Moscow Center, 2019.12.2.; 손현성, "추궈훙 '미국, 중국 겨냥 중거리미사일 한국 배치 시 후과 초래',"『한국일보』, 2019.11.28.

17 The Department of Defense, "Indo-Pacific Strategic Report," p. 3.

18 The Department of Defense, "Indo-Pacific Strategic Report," pp. 2-3.

19 Hillary Clinton, "America's Pacific Century," *Foreign Policy,* 2011.10.11.

20 "习近平：要切实维护我国海外利益 加强保护力度,"『人民日报海外网』, 2014.11.30.

21 "加大力度 维护中国海外利益,"『中国社会科学网』, 2015.8.7.

22 정의길, "중국 첫 해외기지 지부티 본궤도 올라,"『한겨레』, 2016.8.21.; Max Bearak, "In strategic Djibouti, a microcosm of China's growing foothold in Africa," *The Washington Post,* 2019.12.30.

23 Syed Fazl-e Haider, "The Strategic Implications of Chinese-Iranian-Russian Naval Drills in the Indian Ocean," *China Brief* Vol. 20, Issue 1, 2020.1.17; Zi Yang, "Iran-Russia-China Trilateral Naval Exercise: China's New Mideast Strategy?" *Eurasiareview,* 2020.1.7.

24 김규환, "[김규환 기자의 차이나 스코프] 수조 원씩 팍팍, 전 세계 휘감는 시진핑의 '진주목걸이'," 『서울신문』, 2017.5.6.; U.S. Department of Defense, "Annual Report to Congress: Military and Security Developments Involving the People's Republic of China 2019," p. 11.

25 Rob Edens, "India crafts its own 'string of pearls' to rival China's naval jewels in the Indian Ocean," *South China Morning Post,* 2018.3.23.; Stephen Crowther, "Once Oman a Time: A Tale of India Escaping China's 'String of Pearls'?" Institute for Security & Development Policy, 2018.5.14.; Maninder Dabas, "Here Is All You Should Know About 'String Of Pearls', China's Policy To Encircle India," *India Times,* 2017.6.23.

26 The Department of Defense, "Indo-Pacific Strategic Report," p. 34.

27 CSIS, "How much trade transits the South China Sea?" https://chinapower.csis.org/much-trade -transits-south-china-sea/#easy-footnote-bottom-1-3073.

28 Amanda Macias, "The Hague just threw out Beijing's '9-dash line' in the South China Sea ruling," *Business Insider,* 2016.7.12.

29 CSIS, "How much trade transits the South China Sea?"; 국가통계포털 http://kosis.kr/ind ex/index.do.

30 Zack Cooper and Gregory Poling, "America's Freedom of Navigation Operations Are Lost at Sea," *Foreign Policy,* 2019.1.8.; Reuters, "Southeast Asia wary of China's Belt and Road project, skeptical of U.S.: survey," 2019.1.7.

31 GFP, External Debt by Country (2020), https://www.globalfirepower.com/external-debt-by-country.asp.

32 Jonh Power, "US freedom of navigation patrols in South China Sea hit record high in 2019," *South China Morning Post,* 2020.2.5.

33 Yeganeh Torbati, "'Hope to see you again': China warship to U.S. destroyer after South China Sea patrol," *Reuters,* 2015.11.6.

16 중국은 미국을 넘어설 수 있을까? : 종합 국력 더하기 문제 해결 능력

1 Karl R. Popper, *The Logic of Scientific Discovery* (New York: Science Edition, Inc, 1961), p. 60.

2 G. John Ikenberry, *Liberal Leviathan: The Origins, Crisis, and Transformation of the American World Order* (Princeton: Princeton University Press, 2012)

3 Yves-Heng Lim, "How (Dis)Satisfied is China? A power transition theory perspective," *Journal of Contemporary China* Vol. 24, No. 92 (2015), p. 297.

4 Eleanor Albert, "China's Big Bet on Soft Power," Council on Foreign Relations, 2018.2.9.

5 Quentin Hoare and Geoffrey Nowell Smith eds. and tr., *Selections from the Prison Notebooks of*

Antonio Gramsci (London: ElecBook, 1999), p. 145; Michel Foucault, "Technologies of the Self," Paul Rabinow and Nikolas Rose eds., *The Essential Foucault* (New York: The New Press, 2003), pp. 146-147.

6 Giovanni Arrighi and Beverly J. Silver, *Chaos and Governance in the Modern World System* (Minneapolis: University of Minnesota Press, 1999), pp. 26-28.

7 "代表热议胡锦涛十七大报告十大关键词,"『中国网』, 2007.10.17.

8 陈季, "软实力王道,"『南方都市报』2009.1.21. http://chenjibing.blog.sohu.com/108962467.html; Yan Xuetong, *Ancient Chinese Thought, Modern Chinese Power* (Princeton: Princeton University Press, 2011), pp. 40-41.

9 国家汉办, "关于孔子学院·孔子课堂," http://www.hanban.org/confuciousinstitutes/node_10961.htm; Diego Torres, "China's soft power offensive," *Politico,* 2017.12.26.

10 Laura Silver, Kat Devlin, and Christine Huang, "People around the globe are divided in their opinions of China," Pew Research Center, 2019.12.5. https://www.pewresearch.org/fact-tank/2019/12/05/people-around-the-globe-are-divided-in-their-opinions-of-china; CSIS, "Is China's soft power strategy working?" https://chinapower.csis.org/is-chinas-soft-power-strategy-working.

11 Joseph S. Nye Jr, "No, the Coronavirus Will Not Change the Global Order," *Foreign Policy,* 2020.4.16.

12 John Hursh, "Tanzania Pushes Back on Chinese Port Project," *The Maritime Executive,* 2019.12.2.

13 Daniele Carminati, "China's Belt and Road Initiative: Debt Trap or Soft Power Catalyst?" *E-International Relations,* 2019.9.1. https://www.e-ir.info/2019/09/01/chinas-belt-and-road-initiative-debt-trap-or-soft-power-catalyst.

14 Eleanor Albert, "China's Big Bet on Soft Power."

15 Charle Campbell, "The Coronavirus Outbreak Could Derail Xi Jinping's Dreams of a Chinese Century," *Time,* 2020.2.6.; Steven Erlanger, "Global Backlash Builds Against China Over Corona virus," *The New York Times,* 2020.5.3.

16 Elaine Yau, "After Parasite's Oscars triumph, film fans wait on its China release; some think state censors won't allow it in cinemas," *South China Morning Post,* 2020.2.14.

17 William A. Callahan, *China Dreams: 20 Visions of the Future* (Oxford: Oxford University Press, 2013), p. 67; 張維為,『中國触動 : 百国視野下的観察与思考』(上海: 上海人民出版社, 2016), pp. 88-90.

18 潘維,『中國模式 : 解読人民共和国的60年』(北京: 中央編訳出版社, 2009), p. 5.

19 張維為,『中國触動 : 百国視野下的観察与思考』, pp. 80-81.

20 潘維,『中國模式 : 解読人民共和国的60年』, pp. 6, 10, 26, 62; William. A. Callahan, *China Dreams: 20 Visions of the Future,* pp. 80-83.

21 鄭永年, 『中国模式』(北京: 中信出版社, 2016), pp. XIV-XVI.

22 赵汀阳, 『天下体系: 世界制度哲学导论』(北京: 中国人民大学出版社, 2011), pp. 88-101.

23 전성흥, "중국모델의 등장과 의미," 전성흥 엮음. 『중국모델론』(서울: 부키, 2008), 37쪽.

24 胡钧·韓東, "国際金融危机与備受瞩目的'中国模式,"『経済縦横』2010.3, pp. 3-5.

25 Joshua Cooper Ramo, The Beijing Consensus, The Foreign Policy Center, pp. 3-6. http://www.chinaelections.org/uploadfile/200909/20090918021638239.pdf.

26 마틴 자크 지음, 안세민 옮김, 『중국이 세계를 지배하면』(서울: 부키, 2010), 243-246쪽.

27 Giovanni Arrighi, *Adam Smith in Beijing: Lineages of the Twenty-First Century* (London: Verso, 2007), pp. 314-378.

28 마틴 하트-랜즈버그·폴 버킷 지음, 임영일 옮김, 『중국과 사회주의』(파주: 한울, 2005), 38, 74-75, 97, 133쪽.

29 리민치 지음, 류현 옮김, 『중국의 부상과 자본주의 세계경제의 종말』(파주: 돌베개, 2010), 46, 51쪽.

30 이택광, "중국 경제 발전에 대한 '순진한 해석' ⋯ 체면 구긴 강단좌파," 『교수신문』, 2008.6.9.

31 Giovanni Arrighi, *Adam Smith in Beijing*, p. 389.; IQAir, "World most polluted cities 2019," https://www.iqair.com/world-most-polluted-cities?page=2&perPage=50&cities=〉

32 Giovanni Arrighi and Beverly J. Silver, *Chaos and Governance in the Modern World System*, pp. 33-34.

33 Fareed Zakaria, *From Wealth to Power: The Unusual Origins of America's World Role* (Princeton: Princeton University Press, 1999), pp. 46-48.

34 Peter J. Hugill, "The American Challenge to British Hegemony, 1861-1947," *Geographical Review, Geographical Review* Vol. 99, No. 3 (July 2009), p. 411.

35 Peter J. Hugill, "The American Challenge to British Hegemony, 1861-1947," pp. 408-411.

36 A.F.K. 오오건스키 지음, 민병기 옮김, 『국제정치론』(서울: 을유문화사, 1977), 411-412쪽.

37 Kori Schake, *Safe Passage: The Transition from British to American Hegemony* (Cambridge: Harvard University Press, 2017), pp. 3-5.

38 History, "War of 1812," https://www.history.com/topics/war-of-1812/war-of-1812.

39 안두환, "19세기 영국의 대미국 인식: 적대적 공존에서 유화적 승인으로," 정재호 엮음, 『평화적 세력 전이의 국제정치』(서울: 서울대학교출판문화원, 2016), 27쪽 재인용.

40 안두환, "19세기 영국의 대미국 인식," 33-34쪽.

41 Office of Historian, "Venezuela Boundary Dispute, 1895-1899," https://history.state.gov/milestones/1866-1898/venezuela.

42 John J. Mearsheimer, *The tragedy of great power politics*, p. 237, 247.

43 Joseph S. Nye Jr and David A. Welch, *Understanding Global Conflict and Cooperation*, p. 89.

44 Stanley Chapman, "British Exports To The U.S.A., 1776-1914: Organisation And Strategy (3) Cottons And Printed Textiues," *Textile Society of America Symposium Proceedings*. 598 (1990), pp. 33-34. https://digitalcommons.unl.edu/tsaconf/598.

45 A. F. K. 오오건스키, 『국제정치론』, 410-411쪽.

46 안두환, "19세기 영국의 대미국 인식," 55-57쪽.

47 존 스틸 고든 지음, 강남규 옮김, 『월스트리트 제국』(서울: 참솔, 2009), 294-298쪽.

48 박종희, "20세기 영국과 미국의 금융패권 경쟁과 상호인식," 정재호 편, 『평화적 세력전이의 국제정치』, 101-105쪽.

49 Oriana Skylar Mastro, "The Stealth Superpower: How China Hid Its Global Ambitions," *Foreign Affairs*, January/ February 2019, p. 39; 『新华网』, "'大棋局' 系列高端访谈第五期：全球治理：中国方案 中国担当," 2017.9.21.; Wang Jisi, "Did America Get China Wrong?" p. 184.

50 Hannah Selinger, "Trump is looking for a civil war. His followers are only too happy to oblige," *Independent*, 2020.4.20.

51 George Packer, "We Are Living in a Failed State," *The Atlantic*, June 2020; BBC, "Coronavirus: Biden vows to reverse Trump WHO withdrawal," 2020.7.8.

52 페르낭 브로델 지음, 주경철 옮김, 『물질문명과 자본주의 III-1』(서울: 까치, 1997), 341-342쪽; Giovanni Arrighi and Beverly J. Silver, *Chaos and Governance in the Modern World System*, pp. 31-33; Giovanni Arrighi, *Adam Smith in Beijing*, p. 162.

53 Joseph S. Nye Jr, "No, the Coronavirus Will Not Change the Global Order," *Foreign Policy*, 2020. 4.16.

17 친미와 친중 사이 : 한반도는 무엇을 할 것인가?

1 이춘근, 『미중 패권 경쟁과 한국의 전략』(서울: 김앤김북스, 2016), 376-392쪽.

2 황정욱·심인성·이승관, "한미 21세기 전략동맹이란," 〈연합뉴스〉, 2008.4.20.

3 The White House, "President Bush Participates in Joint Press Availability with President Lee Myung-Bak of the Republic of Korea," 2008.4.19. https://georgewbush-whitehouse.archives.gov/news/releases/2008/04/20080419-1.html.

4 "秦刚就中韩关系' 六方会谈' 中美人权对话等答问," 『中国日报网』, 2008.5.28.; 정욱식, "'한미동맹은 과거의 유물' 반격 나선 중국," 〈오마이뉴스〉, 2008.5.28.

5 김흥규, "한중 사드 대치는 양패구상(兩敗俱傷)," 『아주경제』, 2017.3.8.

6 배기찬, 『코리아 생존전략』(고양: 위즈덤하우스, 2017), 590-591쪽.

7 KDI, "인터뷰: 이수훈 동북아시대위원회 위원장," 2005.12 http://eiec.kdi.re.kr/publish/naraView

.do?cidx=5111.

8 John Feffer, "Grave threat and grand bargains: The United Staes and regional order in North-east Asia," John Feffer ed. *The Future of US-Korean Relations* (New York: Routledge, 2006), p. 185; 김태경, "부시에 백기 투항한 동북아균형자론," 〈오마이뉴스〉, 2005.6.3.

9 张莉霞·沈林·任彦, "周边国家不盲从 美包围中国的图谋将落空,"『人民网』, 2005.3.25; 王峴生, "军事述评: 韩美同盟四大致命伤,"『人民网』, 2006.9.12.

10 『광해군일기』[중초본] 11년(1619) 4월 11일 갑자.

11 『광해군일기』[정초본] 광해 11년(1619) 4월 21일 갑술.

12 한명기, 『임진왜란과 한중관계』(서울: 역사비평사, 1999), pp. 229-264, 283-286; 『광해군일기』[정초본] 광해 11년(1619) 4월 2일 을묘.

13 한명기, 『임진왜란과 한중관계』, p. 278; 『광해군일기』[중초본] 11년(1619) 7월 14일 을미.

14 Michael Handel, *Weak States in the International System* (London: Frank Cass, 1981), p. 181.

15 Michael Handel, *Weak States in the International System,* pp. 188-189.

16 박수찬, "전례 없이 충돌한 한미 국방…방위비 갈등 확산되나,"『세계일보』, 2020.2.29.; Jesse Johnson, "State Department spokeswoman says Seoul's scrapping of intel pact with Japan threatens U.S. troops," *The Japan Times,* 2019.8.29.; Motoko Rich and Edward Wong, "Under U.S. Pressure, South Korea Stays in Intelligence Pact With Japan," *The New York Times,* 2019.11.22.

17 Glenn H. Snyder and Paul Diesing, *Conflict among Nations: Bargaining, Decision Making, and System Structure in International Crises* (Princeton: Princeton University Press, 1977), p. 46.

18 오관철, "중국 왕이 외교부장, 미국 사드 빗대 '유방 앞에서 칼춤 춘 항장',"『경향신문』, 2016.2.14.

19 "社评: 中韩应相互体谅决不可互逼,"『环球时报』, 2016.2.16.

20 "外交部发布声明 坚决反对美韩在韩部署'萨德'系统,"『中国网』, 2016.7.8.

21 고영득, "중국 '사드 보복' 한한령 피해액, 최대 15조 원에 달해,"『경향신문』, 2017.5.21.; 예영준·김영주, "정부는 한한령 끝났다 하지만 … 롯데 피해만 2조원대,"『중앙일보』, 2018.3.1.

22 백성원, "미국, 중국 '사드 보복' 강한 비판… '비이성적이고 부적절'," VOA, 2017.2.28.

23 "黃-트럼프 통화……, '트럼프, 中에 사드 입장 전달'," YTN, 2017.4.8.; "황 대행-트럼프 통화…긴밀 공조 확인," KBS, 2017.4.8.

24 "社评: '习特会'给复杂中美关系加注动力,"『环球时报』, 2017.4.8.

25 Steve Holland·Koh Gui Qing, "At U.S.-China summit, Trump presses Xi on trade, North Korea; progress cited," *Reuters,* 2017.4.8.

26 "社评: 关键时刻, 萨德又从背后捅中国一刀,"『环球时报』, 2017.4.26.

27 "Highlights of Reuters interview with Trump," *Routers,* 2017.4.28.

28 "Highlights of Reuters interview with Trump," *Routers,* 2017.4.28.

29 이유정, "미 국방부, 내년 예산서 '사드 기지 비용 580억 한국이 낼 것'," 『중앙일보』, 2020.02.14.

30 이재호, "박근혜 외교, 널뛰기도 이런 널뛰기 없다 : [정세현의 정세토크] 미국 가서 중국 자극⋯이게 균형외교인가?" 〈프레시안〉, 2015.10.21.

31 박홍환, "北 때문에 ⋯ 하룻 만에 뒤집힌 사드 운명," 『서울신문』, 2017.7.29.

32 "社评 : 关键时刻, 萨德又从背后捅中国一刀," 『环球时报』, 2017.4.26.

33 『서울신문』, "[JTBC 대선토론] 문재인, 코리아 패싱 질문에 '미국이 무시하는 나라 누가 만들었냐' 발끈," 2017.4.26.

34 『선조실록』 26년(1593) 3월 28일 계미; 4월 20일 갑진; 한명기, 『임진왜란과 한중관계』, 49-50쪽.

35 John Bolton, *The room where it happened* (New York: Simon & Schuster, 2020), pp. 310-311, 330.

36 Hongseo Park and Jae Jeok Park, "How Not To Be Abandoned by China: North Korea's Nuclear Brinkmanship Revisited," *The Korean Journal of Defense Analysis* Vol. 29, No. 3 (2017), pp. 371-387.

37 오세진, "F35 도입 비난한 북한 '남한, 선제공격 야망 버리지 않아'," 『서울신문』, 2019.9.5.

38 박홍서, "왈츠가 아인슈타인을 만날 때: 상대성이론을 통한 신현실주의 이론의 재해석," 『국제정치논총』 제51집 3호(2011), 29-34쪽.

39 안윤석, "조선신보, 이도훈 본부장 방미 비난, '남조선 당국자, 중재자, 촉진자 행세에 집착'," 『서울평양뉴스』, 2019.10.8.; 박경준, "'대화 끼지 말라'는 북에 난처한 청와대, 난관 속 촉진자역," 〈연합뉴스〉, 2020.1.11.

40 성연철, "문 대통령 '동북아 6개국+미, 동아시아 철도공동체 제안'," 『한겨레』, 2018.8.15.; 김동규, "'북한 낀 동아시아 철도공동체 실현 가능', 서울서 첫 국제회의," 〈연합뉴스〉, 2019.9.4.

41 한상용, 김동현, "러시아대사 '남북러 철도·가스 협력사업, 한반도 안정에 기여'," 〈연합뉴스〉, 2020.7.7.

42 임형섭, "리커창, 文대통령 東亞철도공동체에 中 도 함께 구상 용의," 〈연합뉴스〉, 2019.12.24.

43 서보혁, "남북한 철도연결사업의 기대효과와 과제," 이웅현 편, 동아시아 철도네트워크의 역사와 정치경제학II (서울: 리북, 2008), 291-292쪽; 안효성, "야쿠닌 러 철도공사 사장 '북한, 한반도종단철도 개통에 긍정적'," 『중앙일보』, 2015.5.28.

44 권소현, "한국 OSJD 정회원 가입 ⋯ 유라시아철도 연결 기반 마련," 〈이데일리〉, 2018.6.7.

45 이군호, "공간은 살해되었다! : 독일 근대작가들을 통해 본 철도의 시공간," 이웅현 엮음, 『동아시아 철도네트워크의 역사와 정치경제학 II』, 228-230쪽.; 오창섭, 『근대의 역습: 우리를 디자인한 근대의 장치들』(서울: 홍시, 2013), 274-275쪽.

46 진시원, "동아시아 철도네트워크의 기원과 역사: 청일전쟁에서 태평양전쟁까지," 조진구 엮음, 『동아시아 철도네트워크의 역사와 정치경제학I』(서울: 리북, 2008), 119쪽.

찾아보기

건설적 전략 동반자 관계 177

고노에 후미마로近衛文麿 63

고든, 리처드Richard Gordon 170

곤차로프, 세르게이Sergei N. Goncharov 90, 92

공세적 현실주의offensive realism 20, 162

공자학원 284

공진화coevolution 194

구단선九段線 274

구동존이求同存異 159, 177, 238

구레비치, 피터Peter Gourevitch 105

9·19 공동성명 223, 225

"국가 안보 전략"National Security Strategy of the United States of America 266

국공합작 56, 58, 63, 64, 203, 205

국제상설재판소 190

군벌 49-51, 53, 54, 56, 57, 205

군사적 케인스주의 166-169

군산복합체 26, 160, 166, 167, 169

그람시, 안토니오Antonio Gramsci 283

그레그, 도널드Donald Gregg 133

그로미코, 안드레이Andrei A. Gromyko 109

글라이스틴, 윌리엄William H. Gleysteen Jr. 135

길핀, 로버트Robert Gilpin 121

나이, 조지프Joseph Nye 283, 285, 294

네 윈Ne Win 114

네오콘 168

녜룽전聶荣臻 124

닉슨 독트린 22, 121

닉슨, 리처드Richard Nixon 22, 107, 116, 119-122, 124-126, 130, 131, 133, 141, 142, 185, 215

대소 일변도 정책 77, 78, 99, 103, 105

대약진운동 104, 105, 107, 112, 139, 228, 251, 288, 316

대장정 67, 73

덜레스, 존John Foster Dulles 107, 108

덩샤오핑鄧小平 73, 104, 127, 128, 151, 154, 199, 291

동아시아 철도 공동체 319, 320

돤치루이段祺瑞 51

두테르테, 로드리고Rodrigo Duterte 275

둡체크, 알렉산더Alexander Dubček 124

들뢰즈, 질Gilles Deleuze 16, 182

딘스모어, 휴Hugh A. Dinsmore 40

라모, 조슈아 쿠퍼Joshua Cooper Ramo 289

라카토슈, 임레Imre Lakatos 165

레닌, 블라디미르Vladimir Ilich Lenin 23, 54, 55, 72, 263

레이건, 로널드Ronald Wilson Reagan 136, 147

레이쓰하이雷思海 148

레주언Le Duan 129

렌즈버그, 마틴 하트Martin Hart-Landsberg 290

로쉬친, 니콜라이Roshchin, Nikolai 72

로스, 로버트Robert S. Ross 162

롤백 정책roll back policy 97

루스벨트, 시어도어Theodore Roosevelt. Jr. 43, 45, 46

루스벨트, 프랭클린Franklin D. Roosevelt 28, 63, 64, 74-76

루트왁, 에드워드Edward N. Luttwak 144

뤄루이칭羅瑞卿 114

류샤오치劉少奇 104

리덩후이李登輝 204

리민치Li Minqi 291

리샤오李曉 233

리즈수이李志綏 108, 123

리처드슨, 빌Bill Richardson 217

리치, 마테오Matteo Ricci 34

린뱌오林彪 95, 114

마르크스, 카를Karl Marx 250, 291

마셜, 조지George Marshall 76, 77

마쑤馬素 49

마잉지우馬英九 205, 206

만주사변 47, 61

말리크, 야코프Yakov A. Malik 18, 91, 92

매카트니, 조지George Macartney 32

맥머레이, 존John V. A. MacMurray 49

맥아더, 더글러스Douglas MacArthur 17, 95, 98, 208, 314

맥엘로이, 닐Neil McElroy 108

맥킨리, 윌리엄William Mckinley 42

맨스필드, 마이클Michael Mansfield 135

맬패스, 데이비드David Malpass 190

먼로, 제임스James Monroe 22

모로, 제임스James Morrow 220

몰로토프, 뱌체슬라프V. M. Molotov 72

묄렌도르프, 파울 게오르크Paul George Möllendorff 39

문명 충돌론 164, 165

문호개방정책 9, 25, 40-44, 46, 50, 52, 53, 61, 64, 69, 70, 139, 140, 270, 275

문화대혁명 104, 105, 114, 288

미국 우선주의America First 277

미군 관찰조 67, 68, 69, 71, 75, 80, 103

미니맥스minimax 전략 189

미어샤이머, 존John Mearsheimer 20, 162, 294

미일 방위 협력 지침Guidelines for U.S.-Japan Defense Cooperation 209

민주 여신民主女神 171, 172

민주 평화론 164

바렛, 데이비드David D. Barrett 67

바르샤바 외교 채널 106, 108

반 띠엔 중Van Tien Dung 112

반분열국가법反分裂國家法 197, 203, 205, 212

반접근/지역거부anti-access/area denial 전략 268, 269

방어적 현실주의defensive realism 162

버킷, 폴Paul Burkett 290

벅, 펄Pearl S. Buck 45

번디, 윌리엄William P. Bundy 115

베버리지, 앨버트Albert Beveridge 42

베이징 컨센서스 289

보드리야르, 장Jean Baudrillard 26

보즈워스, 스티븐Stephen W. Bosworth 216

보호할 책임Responsibility to Protect, R2P 181

볼턴, 존John Robert Bolton 315

부시, 리처드Richard C. Bush 211

부시, 조지 H. W. George H. W. Bush 179

부시, 조지 W. George W. Bush 177, 302

부토, 줄피카르Zulfikar Ali Bhutto 135

브레스트-리토프스크Brest-Litovsk 단독 강화 조약 54

브레즈네프 독트린 123, 306

브레즈네프, 레오니트Leonid Brezhnev 125

브레진스키, 즈비그뉴Zbigniew Kazimierz Brzezinski 126

브레턴우즈 체제 141, 143, 150, 247, 295

브로델, 페르낭Fernand Braudel 298

비동조화decoupling 249, 259

비전통 안보non-traditional security 181

사드THAAD 268, 269, 302, 306-312, 314-316

삼농 문제三農問題 236

상하이협력기구SCO 188

샤프, 월터Walter Sharp 217

서비스, 존John S. Service 67-69

세계무역기구WTO 139, 193

세력 전이power transition 이론 163, 293

소강사회小康社會 235

소프트 파워 142, 231, 255, 283-287

손턴, 리처드Richard Thornton 92

솔레이마니, 거셈Qassem Soleimani 263

순망치한脣亡齒寒 101, 112, 218

스나이더, 리처드Richard L. Sneider 134

스노, 에드거Edgar Parks Snow 113

스키너, 키론Kiron Skinner 164

스톡스, 윌리엄William N. Stokes 73
스튜어트, 존John Leighton Stuart 77
스트레인지, 수잔Susan Strange 142
스티븐슨, 캐슬린Kathleen Stephens 217
스틸웰, 조지프Joseph W. Stilwell 68, 69
스팀슨, 헨리Henry L. Stimson 61
시안西安 사건 62
시티코프, 테렌티 포미치Terenty Fomich Shtykov 87
신냉전 8, 28, 126, 136, 183
신브레턴우즈 체제 146, 153, 155, 220
『신시대국방백서』新時代國防白皮書 268, 271
신형대국관계新型大國關係 178
쌍궤병행雙軌竝行 223, 226
쑨원孫文 49, 50, 52-54, 56, 57
쑹메이링宋美齡 60
쑹자수宋嘉樹 60
쑹자오런宋敎仁 53
쑹쯔원宋子文 60
아리기, 조반니Giovanni Arrighi 283, 290-292
아시아로의 회귀Pivot to Asia 144
아시아인프라투자은행AIIB 188, 242, 317
아유브 칸, 모하마드Mohammad Ayub Khan 114
아이작, 헤럴드 로버트Harold Robert Isaacs 59, 60
아이젠하워, 드와이트Dwight Eisenhower 105, 107, 108, 110, 169
아이켄그린, 배리Barry Eichengreen 141
아이켄베리, 존John Ikenberry 193, 281
IMF 특별인출권SDR 242
아인슈타인, 알베르트Albert Einstein 19
안보화securitization 182
알바그다디, 아부 바크르Abu Bakr al-Baghdadi 266
애국주의 174, 175
애그뉴, 스피로Spiro T. Agnew 133
애스퍼, 마크Mark Asper 8, 306
애치슨 선언 70, 88-90
애치슨, 딘Dean Acheson 70, 88-90, 96
앨리슨, 그레이엄Graham Allison 13, 14, 16, 17, 231
얄타 체제 27, 28, 79, 105
양제츠楊洁篪 216
연평도 사태 216
오간스키, A. F. K.　A. F. K. Organski 293
오바마, 버락Barack Obama 144, 178, 216, 226, 270, 317
오스틴, 워런Warren Austin 98
오웰, 조지George Owell 17
왈츠, 케네스Kenneth N. Waltz 15, 17, 162
왕샤 조약望廈條約 32, 33, 38, 172
왕샤오광王紹光 172
왕샤오둥王小東 173
왕이王毅 7, 193, 223, 238, 307
왕지스王緝思 194
왕징웨이汪精衛 52
왕후이汪暉 173
우다웨이武大偉 216
우팅팡伍廷芳 41
우페이푸吳佩孚 56
운명 공동체 186, 187, 238
워싱턴 컨센서스 289
워싱턴 회의 52
원교근공遠交近攻 9, 37, 38, 40, 44, 75, 123, 187
원월항미援越抗美 114, 127
원톄쥔溫鐵軍 237
월러스틴, 이매뉴얼Immanuel Wallerstein 28
웨드마이어, 앨버트Albert Coady Wedemeyer 76
웨이위엔魏源 33, 35, 38
웨이펑허魏鳳和 200
위안스카이袁世凱 40, 50-53, 70, 80
윌슨, 토머스 우드로Thomas Woodrow Wilson 46, 50, 51
6자 회담 187, 216, 222
6·4 천안문 사건 159, 165, 170, 172, 174, 179, 260
이이제이以夷制夷 33, 37-40, 125

이해관계자stakeholder 178, 183
"인도-태평양 전략 보고서"Indo-Pacific Strategy Report 8, 210, 270
인민 전쟁 114
인민 지원군 98, 99
인지 자본주의cognitive capitalism 149
일국양제一國兩制 201, 202, 207
일대일로一帶一路 192, 234, 237-240, 242, 258, 271, 272, 274, 284-286, 317, 320
자유항행 작전 8, 210, 270, 276-278
자칼 외교jackal diplomacy 33
자크, 마틴Martin Jacques 289
작전계획 5015Operation Plan 5015 215, 221
장제스蔣介石 34, 35, 47, 56-60, 62, 63, 64, 66-68, 70-72, 74-77, 79-81, 88, 93, 106-108, 116, 187, 204, 205
장즈둥張之洞 41
장징궈蔣經國 41
장쭤린張作霖 51
저우언라이周恩來 75-77, 98, 107, 109, 114, 119, 125, 130, 131, 170, 215, 218
전구치리全球治理 187
정비젠鄭必堅 177
정화鄭和 21
『조선책략』 36
존슨, 린든Lyndon B. Johnson 115
존슨, 찰머스Chalmers Johnson 166
졸릭, 로버트Robert B. Zoellick 177, 178, 183, 185, 186
중국 모델 287-290, 291
중국 위협론 13, 14, 158, 160-168, 179, 188, 194, 209, 239, 267
중국 제조 2025中國製造 2025 250, 254, 256, 258
중국인 배척법Chinese Exclusion Act 45, 46
중국황후호Empress of China 31, 270
중소 동맹조약 80, 88, 89
지경학 239, 274, 317
지식 기반 경제 149, 245, 256

진, 하워드Harward Zinn 44
진원펑勤雲鵬 52
진주 목걸이 전략 272
쭌이遵義 회의 73
차이메리카Chimerica 22, 153
차이잉원蔡英文 201-203, 205, 206, 208, 210
찬, 스티브Steve Chan 163
천수이볜水扁 201, 204
천이陳毅 112, 114, 124
천종밍陳炯明 49, 53, 56
천하주의天下主義 288
치앙마이 이니셔티브 다자간 협정CMIM 241
치앙마이 이니셔티브CMI 240
카라한 선언Karakhan Declaration 55
카우츠키, 카를Karl Kautsky 263
카첸슈타인, 피터Peter Katzenstein 165
카터, 지미Jimmy Carter 126, 127, 134, 135
카트라이트, 제임스James Cartwright 217
케네디, 존 F.John F. Kennedy 19, 120
케네디, 폴Paul Kennedy 21
케인스, 존 메이너드John Maynard Keynes 296
켈로그, 프랭크Frank B. Kellogg 49, 57
코로나 사태 7, 26, 146, 155, 181, 183, 189, 207, 249, 258, 286, 291, 297-299
코리아 패싱 215, 309, 312, 313
코시긴, 알렉세이Alexei Kosygin 112
쿠, 니콜라스Nicholas Khoo 129
쿠바 미사일 위기 18, 19, 110
크루그먼, 폴Paul Krugman 155
크리스텐센, 토머스Thomas Christensen 70, 97
클라우제비츠, 칼 폰Carl von Clausewitz 16, 264
클린턴, 빌Bill Clinton 159, 179, 183
클린턴, 힐러리Hillary Clinton 178, 216
키신저, 헨리Henry Kissinger 99, 119, 121-123, 125, 126, 131, 133, 141, 194, 215, 216
타이완 관계법Taiwan Relations Act 197, 205, 209, 212
탈수정주의 85, 86
탈영토화 227

트럼프, 도널드Donald Trump 7, 8, 25, 155, 164, 169, 186, 189, 190, 193, 209-211, 223, 224, 226, 239, 242, 247-250, 258, 259, 265-267, 270, 273, 277, 297, 298, 308-310, 315

트루먼독트린 28, 81

트루먼, 해리Harry S. Truman 17, 70, 76, 78, 80, 81, 89, 95-97, 98, 314

티토, 요시프 브로즈Josip Broz Tito 70, 81, 89, 93

틸러슨, 렉스Rex Tillerson 215, 216, 221

파니카르, 카발람Kavalam Madhava Panikkar 98

파머스턴 자작 헨치 존 템플Henry John Temple, 3rd Viscount Palmerston 293

판, 청신Chengxin Pan 168

퍼거슨, 니얼Niall Ferguson 153

펑궈장馮國璋 51

페어뱅크, 존John K. Fairbank 45, 46

평화공존 정책 105, 110

포드, 제럴드Jerrold Ford 125, 265

포터, 윌리엄William James Porter 132

포퍼, 칼Karl R. Popper 15

푸이溥儀 61

프리드먼, 토머스Thomas L. Friedman 180

프리드버그, 아론Aaron L. Friedberg 169

하나의 중국 200, 201, 203-205, 210, 211

하비, 데이비드David Harvey 150, 291

한궈위韓國瑜 203

한한령限韓令 308

항미원조抗美援朝 114, 198

『해국도지』海國圖志 33, 35, 36, 38

해리먼, 윌리엄William Averell Harriman 72

헌팅턴, 새뮤얼Samuel P. Huntington 164

헐, 코델Cordell Hull 64

헤이, 존John Hay 40, 140

헤일리, 니키Nikki Haley 169

홉스, 토머스Thomas Hobbes 16

홉슨, 존John Atkinson Hobson 33

화이트, 해리 덱스터Harry Dexter White 296

화평굴기론和平崛起論 177-179

환태평양경제동반자협정Trans Pacific Partnership 190, 238, 317

황쭌셴黃遵憲 36, 37

황화黃華 69

후안강胡鞍鋼 172

후야오방胡耀邦 170

후진타오胡錦濤 216, 284

후차오무胡喬木 200

훙호펑Hung Ho-fung 155, 183

흄, 데이비드David Hume 14

흐루쇼프, 니키타Nikita S. Khrushchyov 18, 19, 105, 108-110, 112

힌튼, 카르마Carma Hinton 170

미중 카르텔
갈등적 상호 의존의 역사

1판 1쇄. 2020년 9월 14일

지은이. 박홍서
펴낸이. 정민용
편집장. 안중철
편집. 강소영·윤상훈·이진실·최미정

펴낸 곳. 후마니타스(주)
등록. 2002년 2월 19일 제2002-000481호
주소. 서울 마포구 신촌로14안길 17, 2층(04057)
전화. 편집 02.739.9929/9930 영업 02.722.9960
　　　 팩스 0505.333.9960

SNS. humanitasbook
블로그. humabook.blog.me
이메일. humanitasbooks@gmail.com

인쇄. 천일 031.955.8083
제본. 일진 031.908.1407

값 18,000원

이 도서의 국립중앙도서관 출판예정도서목록(CIP)은
서지정보유통지원시스템 홈페이지(seoji.nl.go.kr)와
국가자료공동목록시스템(www.nl.go.kr/kolisnet)에서
이용하실 수 있습니다(CIP제어번호: CIP2020037138).